계명대학교와 캠퍼스 선교

계명대학교와 캠퍼스 선교

초판1쇄 인쇄 2025년 10월 24일
초판1쇄 발행 2025년 10월 31일

지 은 이 이종원
펴 낸 이 신일희
펴 낸 곳 계명대학교 출판부
출판등록 제347-1998-1호(1970. 9. 1)
주 소 대구광역시 달서구 달구벌대로 1095
대표전화 053-580-6233
팩 스 053-580-6235
홈페이지 www.kmupress.com

ISBN 979-11-6516-259-7 93230
정가 23,000원

이 연구는 2023년도 계명대학교 비사연구기금으로 이루어졌음
(과제번호 - 20230349)

계명대학교와 캠퍼스 선교

이종원

계명대학교 출판부

머리말

기독교 정신으로 창립되어 126년이 지나는 계명대학교의 역사 속에서 진행되었던 캠퍼스 선교의 발자취를 살펴보는 본 저서는 다음과 같은 목적으로 저술되었다.

첫째, 초창기부터 구현해 왔던 계명대학교의 기독교적 정체성을 정립하고 우리에게 주어진 선교적 사명을 되새기려 한다. 둘째, 계명대학교가 진리와 정의와 사랑의 하나님 나라를 위해 힘써왔던 발자취를 살펴보면서 계명인의 자긍심을 드높이고자 한다. 셋째, 계명대학교의 복음화를 위해 헌신한 이들의 사랑과 섬김을 통해 우리에게 주어진 책무를 되새기고 도전과 각성의 계기로 삼고자 한다. 넷째, 과거의 역사를 되짚어 보면서 이를 교훈으로 삼아 캠퍼스 선교를 위한 새로운 비전과 동력의 토대를 마련하고자 한다.

초창기 개신교 선교사들에 의해 시작된 한국에서의 선교는 교육 선교의 차원에서 대학을 설립하여 근대식 교육 발전에 큰 공헌을 했고, 젊은 지도자들을 배출하여 한국 사회의 근대화와 한국교회에 크게 이바지했다. 기독교대학에서의 교육과 선교는 기독교 정신을 사회에 구현하기 위한 중요한 기반이며 통로가 되었고, 선교의 핵심축으로 기능하여 왔다. 1899년 제중원에서 시작된 계명대학교는 미국 북장로회 선교부의 헌신과 봉사 위에 기독교 정신을 바탕으로 1954년 대학 교육을 시작하였다. 계명에 초석을 놓은 초창기의 선교사들은 이 땅에 진리와 정의와 사랑의 하나님 나라를 건설하기 위한 거룩한 목적을 품고 주춧돌을 놓았다.

창립 100주년을 기념하여 1999년 준공한 성서캠퍼스의 정문과 아담스채플은 계명이 추구하는 기독교 정신을 잘 드러내고 있다. 정문은 앞뒤 각각 12개의 둥근 기둥이 받치고 있는 세 개의 건축물로 구성되었는데, 이 세 건축물은 성부, 성자, 성령의 삼위일체 하나님을 상징하며 동시에 기독교의 중요한 가치인 믿음, 소망, 사랑이며 계명의 교육이념인 진리, 정의, 사랑을 의미한다. 또한 앞쪽의 12개의 기둥은 예수의 12제자, 뒤쪽의 12개 기둥은 오늘을 살아가는 계명의 구성원들을 의미한다.

궁산 중턱에 자리 잡은 아담스채플은 계명인들의 영적인 구심점이자 계명인들이 지속적으로 실현해야 할 하나님 나라를 상징한다. 아담스채플로 올라가는 길 입구 옆의 큰 바위에는 "큰 문과 작은 문"을 새긴 한자가 있으며, 그 아래에는 "좁은 문으로 들어가라 사망으로 인도하는 문은 크고 그 길이 넓어 그리로 들어가는 자가 많고, 생명으로 인도하는 문은 좁고 길이 협착하여 찾는 이가 적으니라"라는 마태복음 7장 13절~14절 말씀이 새겨져 있다. 이는 아담스채플로 올라가는 길은 좁고 힘들지만, 생명과 구원에 이르는 길임을 상징한다.

아담스채플로 올라가는 길 중간에는 단테의 『신곡』을 모티브로 한 세 개의 조형물이 나란히 서 있다. 맨 아래 위치한 직사각형의 조형물은 지옥문을 의미하는데, 가운데는 크고 넓게 뚫려 있어 쉽게 들어갈 수 있을 정도다. 바로 위에 위치한 조형물은 각 모서리가 많이 깎여 육각형 모양을 하고 있으며, 가운데는 조금 작은 형태로 연옥문을 상징한다. 맨 위 조형물은 완전히 둥글고, 가운데는 주먹 하나 들어갈 정도로 아주 작은데, 천국문을 의미한다. 이는 천국으로 들어가기가 쉽지 않으며, 예수 그리스도를 닮은 온전한 품성으로 다듬어진 자들만 들어갈 수 있음을 의미한다.

아담스채플은 세 개의 탑과 돔으로 이루어져 있는데, 세 개의 탑은 진리와 정의와 사랑을 의미하고, 가운데의 돔은 하나님의 나라를 상징한다. 즉 계명의 창립 정신인 "진리와 정의와 사랑의 나라를 위하여"를 강조한다. 또한 캠퍼스 곳곳에 있는 건축물과 상징물 속에는 기독교 세계관을 반영하고 있는데, 이는 계명의 기독교 정신이 캠퍼스 전체에 자연스럽게 스며든 모습이며, 계명은 이러한 정신을 구현하기 위해 힘써 왔음을 드러낸다.

『계명대학교 30년사』, 『계명대학교 40년사』, 『계명대학교 50년사』, 『계명대학교 50년사 자료집』, 『사진으로 보는 계명 50년』, 『초창기의 계명인』, 『빛을 여는 계명인』, 『계명대학교 120년사』, 『계명대학교 성서캠퍼스 세계를 향해 빛을 비추다』 등의 계명대학교의 역사를 다룬 책들에는 캠퍼스 선교에 관한 자료가 산발적으로 흩어져 있다. 하지만 계명대학교의 역사 속에서 기독교 정신이 구현되어 하나님 나라를 실현했던 캠퍼스 선교의 생생한 발자취를 중심축으로 연구된 결과물은 찾기가 쉽지 않다.

계명대학교를 선교적 관점에서 고찰한 연구로는 허도화 교수의 "기독교대학과 교목실의 역할과 구조(『대학과 선교』 11집, 2006년 12월)", "한국교회의 위기 극복을 위한 대안교회로서의 대학교회(『대학과 선교』 19집, 2010년 12월)", "기독교대학의 정체성 회복 방안: 기독교인 교수의 책임과 역할을 중심으로(『대학과 선교』 19집, 2010년 12월)", "신앙과 학문의 통합을 위한 복음적 인성교육: 기독교대학의 인성교육을 위한 새로운 패러다임(『신학사상』 173, 2016년 1월)"과 김문영 목사의 박사학위 논문인, 『한국 기독교대학 채플에 대한 비평적 연구』 등이 있다.

허도화 교수의 연구들은 계명대학교의 캠퍼스 선교를 구성하는 데 중요한 기초자료가 된다. 특히 교목실이 감당해야 할 선교적 역할과 사명, 기독인 교수가 가져야 할 책임과 역할, 계명대학교 대학교회의 역사와 대학교회가 앞으로 구현해야 할 비전 등의 주제들은 계명의 선교 역사를 고찰하는 데 중요한 실마리를 제공하고 있으며, 캠퍼스 선교의 현장에서 교목실과 기독인 교수, 대학교회가 지닌 역할과 사명을 일깨우면서 깊은 통찰력을 제공하고 있다. 하지만 이러한 연구 또한 캠퍼스 선교의 현장보다는 이론적인 접근에 치중되어 있다.

본 저서는 진리와 정의와 사랑의 나라를 위해 힘써 온 계명대학교 126년 동안의 역사를 선교의 측면에서 재구성하고, 이를 통해 캠퍼스 선교를 위한 통찰과 비전을 제시하고자 한다. 계명대학교의 역사 속에서 진행되었던 캠퍼스 선교를 중심축으로 고찰함으로써, 잘된 일들은 적극적으로 계승하고, 부족한 부분은 보완하면서 캠퍼스 선교를 위한 비전과 전략을 모색하고자 한다.

이를 위해 본 저서는 세 시기로 구분하여 총 3부로 구성하였다.

제1부는 1899년부터 1954년 계명기독대학의 설립 이전까지의 역사를 중심으로 다루고자 한다. 이를 위해 초창기 계명대학교의 역사를 다룬 자료들을 참고하면서 계명의 정신적 기초를 놓은 선교사들이 구현하고자 했던 하나님 나라의 이상을 살펴보고자 한다. 제중원으로부터 시작된 의료선교와 교육선교의 역사를 살펴보면서 윌리엄 베어드, 제임스 아담스, 헨리 브루언, 우드브리지 존슨, 아치발드 플레처, 하워드 마펫 등 대구·경북 지역의 선교를 위해 헌신한 선교사들의 비전과 헌신을 살펴보고자 한다.

제2부는 1954년부터 1980년대 성서캠퍼스 이전까지의 역사를 중심으로 대명캠퍼스 시대의 선교 역사를 조명해 보고자 한다. 이를 위해 학교의 역사를 다룬 책과 더불어 교목실 회의자료와 신앙위원회 회의자료, 계명대신문 자료에 기초하여 대명캠퍼스에서 진행된 선교 역사를 살펴보고자 한다. 대명동에서 설립된 계명대학의 설립 이념과 초급대학에서 종합대학으로서의 면모를 갖추어가던 시기에 진행되었던 캠퍼스 선교의 역사를 조명하면서, 계명대학의 설립을 위해 헌신했던 에드워드 아담스 선교사와 아치발드 캠벨 선교사, 대학 발전의 기초를 다진 신태식 명예총장의 사랑과 섬김, 그리고 계명 동산을 향한 비전을 고찰하고자 한다. 그리고 교목실 중심의 선교활동과 농촌계몽전도대와 기독교 클럽의 봉사활동을 살펴보고자 한다.

제3부는 1980년대부터 현재까지 성서캠퍼스를 중심으로 진행되어 온 선교 역사를 다루고자 한다. 3부는 계명대신문과 지인들의 도움을 많이 받았으며 캠퍼스 선교와 관련해서 최근의 자료까지 포함하고 있기에 이 저서의 기여도가 가장 많은 부분이라 생각된다. 성서캠퍼스 시대는 종합대학으로서의 모습을 완전히 갖추고 다양한 선교 및 봉사활동이 활발하게 진행되었는데, 교목실의 선교활동과 기독 공동체의 연합행사, 그리고 캠퍼스 선교를 위해 힘쓴 주요 기관들의 활동을 중심으로 살펴보고자 한다.

계명대학교 캠퍼스 선교의 역사를 정리하면서 자료가 부족함을 절감하였다. 캠퍼스 선교에 관한 자료가 흩어져 있거나 유실되어서 깊이 다루지 못한 아쉬움이 많았다. 그럼에도 많은 분들의 도움과 격려가 있었기에 가능했다.

먼저 허도화 교수(전 교목실장)님께 깊은 감사의 마음을 전합니다. 기독교학과에서 주관하는 <예배와 찬양> 자료를 보내주셨고, 관련 논문도 소개해 주셔서 큰 도움이 되었습니다. 교목실의 박소영 목사님과 김은민 선생님은 교목실 회의록과 신앙위원회 자료와 <멘토와 꼬마친구들> 자료를 보내주셨고, 김문영 목사님은 2000년대 초반부터 2010년대 초반까지 채플에 관한 자료를 공유해 주셨습니다.

<대학교회> 관련 자료는 임경수 교수님(전 교목실장)과 권병훈 목사님의 도움이 있었습니다. 박민수 교수님은 <계명 신학 산책> 자료를, 최해운 교수님은 최근 진행한 <교수선교회> 자료를, 이상식 교수님은 <중국 유학생 선교>와 <전국교수선교대회> 자료를, 우채영 교수님은 <교수선교합창단> 자료를, 김춘해 교수님은 대학교회가 주최한 <찬양세미나>와 <성가大합창제> 자료를, 조현정 교수님은 <명교생활관 기독인 모임> 자료를 보내주셨습니다. <복음선교회> 관련해서는 김점웅 팀장님과 정경훈 팀장님, 그리고 김성환 선생님의 도움이 컸습니다.

<기독교의 이해>, <기독교와 계명인> 등 기독교 교과목의 최근 변천에 대해서는 이인경 교수님이, 계명인성교육원의 비교과 프로그램에 대해서는 김춘이 교수님과 허선호 교수님의 도움이 큰 힘이 되었습니다. 동산의료원의 전세광 목사님은 『동산의료원 100년: 1899~1999』를 흔쾌히 빌려주셨고, 보내주신 <전도회 70주년-계명대학교 동산의료원 전도회> 자료와 『십자가와 수술칼』과 『한 알의 밀알이 되어』 책도 큰 도움이 되었습니다.

황재석 교수님은 의료선교의 역사에 관한 강의 자료를 흔쾌히 공유해 주셨고, 간호대학의 김혜영 학장님은 『빛을 여는 어제와 오늘 계명대학교 간호대학 100년사: 1924-2024』를 보내주셨습니다. 목요일의 만남에 관한 자료는 남택수 장로님의 도움을 받았으며, <교수선교회>와 <대학교회> 등과 관련해서는 이병로 장로님과 이혜숙 권사님과 서희승 집사님의 도움이 있었으며, 박재현 선생과 유하빈 학생은 초창기 신문 기사 정리를 위해 수고를 많이 했습니다.

사랑하는 아내 류은숙은 책을 쓸 때마다 가장 큰 도움을 주는 조력자입니다. 아내는 늘 곁에서 용기를 불어넣을 뿐 아니라 자료 정리와 교정을 위해 수고를 많이 했습니다. 이러한 도움에 덧입어 불필요한 부분은 걷어내고, 글을 좀 더 매끄럽게 다듬을 수 있었습니다. 이 책의 출판을 허락해주신 신일희 총장님과 출판부 심사를 맡은 교수님들, 그리고 출판을 위해 늘 도움을 아끼지 않은 최상근 선생님과 출판부 선생님들에게 깊이 감사드립니다.

숭실대학교 교목실에서의 9년과 베어드학부대학에서 6년, 그리고 2015년부터는 계명대학교에서 교목으로 일하면서 캠퍼스 선교를 위해 헌신하는 믿음의 선배들과 동료들을 만나 기독인 연합행사와 여러 모임으로 말씀을 나누었던 일들이 아름다운 추억으로 남습니다. 계명대학교와 숭실대학교는 1954년 미국 장로교 선교부의 후원으로 같은 해에 개교하였으며 기독교적 창립 정신을 지키기 위해 노력해 오고 있습니다.

계명대학교의 캠퍼스 선교 역사를 정리하면서 계명의 설립자들이 품었던 선교의 열정이 계명인들을 통해 이어지고, 대명캠퍼스에서 성서캠퍼스로 확장되고 발전하는 과정에서 수많은 이들의 기도와 땀과 헌신의 자취들을 깊이 느낄 수 있었습니다.

최근 들어 캠퍼스 선교를 위해 열정을 불태웠던 이들의 떠난 자리가 더 크게 느껴집니다. 교수선교회와 복음선교회를 이끌면서 신우회와 성경공부 그리고 기도회 모임을 주도하던 분들의 자리가 텅 빈 채로 남아서는 안 될 것입니다. 누군가 그 자리를 이어받아 캠퍼스 선교를 위한 모임과 기도가 지속되기를 기도합니다. 진리의 빛으로 온누리를 환하게 밝히고, 정의의 빛으로 세상을 평화롭게 만들며, 사랑의 빛으로 삶의 자리를 행복하게 가꾸어 하나님 나라가 영원하기를 소망합니다.

2025년 10월

궁산 자락 아담스채플 연구실에서

이종원

목차

2부

대명캠퍼스 시대의 선교 역사 56

1부

초창기 계명대학교의 선교 역사

1. 계명대학교 창립 이전과 대구 지역

2. 대구에 온 선교사들과 기독교의 부흥

3. 제중원의 설립과 의료선교

4. 병원전도회와 선교활동

1부

초창기 계명대학교의 선교 역사

1. 계명대학교 창립 이전과 대구 지역

한국 근대사의 발전은 기독교의 전래와 더불어 시작되었다. 복음에 대한 뜨거운 열정을 품고 조선에 온 선교사들은 가난과 질병과 무지로 황폐한 이 땅에 기독교문화와 서양의 과학기술과 의술을 도입하여 진리와 정의와 사랑의 빛으로 밝혔다. 계명대학교의 창립은 개신교 선교사들의 봉사와 헌신의 텃밭에서부터 시작되었다. 계명대학교 동산병원의 전신인 제중원이 시작되던 1899년 당시 대구·경북 지역은 봉건적인 색채와 전근대적인 사유의 틀을 말끔히 벗어버리지 못한 상태였다. 하지만 계명의 선구자들은 서양의 과학기술과 의술을 통해 봉건적인 구습에서 벗어나 진리 안에서 자유를 누리며, 질병을 치유하며 사랑 안에서 온전하도록 이끌었다.

(1) 구한말의 시대 상황

19세기 중엽 청나라는 아편전쟁으로 홍콩을 영국에 할양하면서 개항

하였고, 일본은 가나가와조약을 체결하면서 미국에 개항하였다. 우리나라도 1876년 일본과 병자수호조약, 1882년 미국과 조미수호통상조약, 1883년 독일과 조독수호통상조약, 영국과 조영수호통상조약 등의 조약을 맺으면서 문호를 개방하게 되었다. 개항 이후 근대적 사상과 제도가 빠르게 수용되었고, 민권 쟁취 투쟁이었던 동학운동이 일어난 것도 기독교, 천주교가 전파한 자유와 평등사상이 토착화되는 밑거름이 되었다.[01] 동학운동의 실패와 서양 종교의 확산은 사대주의 병폐 해소와 함께 근대화를 가속화시켰다.

급변하는 세계 정세를 공부하기 위한 시찰단과 유학생이 파견되었고, 외국 문물을 경험하고 돌아온 이들에 의해 근대 사상과 제도가 적극 도입되기 시작하였다. 근대화를 선도할 인물을 양성하기 위한 교육에 목말라하던 시대적 상황과 맞물려 조선에 온 기독교 선교사들에 의하여 교육을 통한 선교활동이 활발하게 전개되었다. 1886년 서울 정동에 설립된 육영공원, 1885년 헨리 아펜젤러 선교사에 의해 설립된 배재학당, 1886년 메리 스크랜튼 선교사에 의해 설립된 이화학당과 같은 교육기관과 함께 신식 의료 기술과 체계를 갖춘 제중원과 같은 의료기관을 통하여 선교는 활발하게 이루어질 수 있었다.

(2) 구한말 조선에 온 선교사들

1884년 알렌(Horace N. Allen) 선교사가 중국을 통해 조선에 들어왔으며, 1885년에는 언더우드(Horace Grant Underwood) 선교사와 아펜젤러(H. G. Appenzeller) 선교사 부부가 4월 5일 부활절 아침에 제물포로 들어오게 되었다. 그리고 스크랜턴(W. B. Scranton)과 헤론(J. W. Heron) 선교사가 들어왔다. 선교사들이 조선으

01 계명대학교 120년사 편찬위원회, 『계명대학교 120년사』 (대구: 계명대학교출판부, 2019), 181.

로 향하게 된 것은 학생자원운동(Student Volunteer Movement)의 영향이었다. 19세기 말 복음적 부흥 운동을 주도했던 무디(D. L. Moody)는 미국 전역을 돌면서 영적 대각성을 일으켰고, 많은 젊은 지성인들에게 해외 선교에 대한 뜨거운 열망을 불어 넣었다. 그 결과 "모든 사람이 모든 곳으로 가라(All should go, and go to all)"는 구호로 1888년에서 1930년까지 약 20만 명의 선교 헌신자가 생겨났고, 이들 중 약 2만 5백 명의 선교사들이 파송되었다. 그리하여 마포삼열, 언더우드, 아펜젤러, 존슨, 하디 등 약 300명의 선교사가 조선으로 오게 되었다.

선교사들이 왔을 당시, 조선은 무지로 인한 어둠과 경제적인 가난 그 자체였다. 정치적으로는 제국주의를 확장하려는 열강들의 세력으로 인하여 국운은 점점 기울고 있었다. 이를 극복하기 위해 서양의 근대식 교육을 통해 국가를 새롭게 일으키려 했다. 1894년 갑오경장에서는 교육이 국가 보전의 근본임을 강조하였으며, 고종은 교육을 통하여 나라를 바로 세우고자 교육입국 조칙을 반포했다.

신교육을 통해 나라를 일으키고자 하는 뜨거운 열망과 기대로 전국 곳곳에서 신교육을 가르치는 학교들이 우후죽순처럼 세워지게 되었다. 이때 구한말 조선에 온 개신교 선교사들과 한국인 선각자들이 주도적인 역할을 감당했다. 당시 서울에는 알렌을 비롯하여 언더우드, 아펜젤러, 스크랜턴 선교사들이 활동했고, 사무엘 마펫(Samuel Maffet), 윌리암 제임스 홀(William James Hall), 윌리엄 베어드(William M. Baird, 한국명 배위량) 등의 선교사들은 서울과 평양을 오가면서 교육과 의료를 통해 복음의 기틀을 다지고 있었다.

(3) 대구에 전파된 기독교 복음

대구읍성은 선조 때 임진왜란을 막기 위해 쌓은 토성과 그 후 영조가 쌓은 석성이 지금까지 이르렀다. 대구를 중심에 둔 영남지방은 불교 1600년, 유교 500년의 긴 전통을 가지고 수천 년 동안 무속신앙의 본고장이었다. 주민들은 배타적이고 보수적이며 양반 고유의 고집스러운 성향을 지니고 있었다. 이렇게 접근하기조차 힘든 지역을 미국 북장로교 선교부는 한국 내지 선교(Korea Inland Mission)의 핵심지역으로 정하고 베어드 선교사가 부산에서 대구로, 대구에서 서울로, 서울에서 평양까지 올라가 숭실 학당을 세우면서 복음의 기초를 놓았다.

대구에 처음으로 도착한 선교사는 1893년 미국 북장로교에서 파송 받은 베어드 선교사였다. 베어드 선교사는 대구읍성의 왼쪽 성벽 가까운 땅을 매입하여 대구 선교지부의 기초를 마련하였다. 1899년에는 대구선교 지부가 세워져 헨리 브루언(Henry Bruen, 한국명 부해리) 선교사가 선교센터장으로 부임하였고, 존슨 선교사에 의해 제중원이 시작되었다.

예수 그리스도의 공생애 사역은 복음 전파(preaching)와 가르침(teaching)과 치유(healing)의 삼위일체 사역이었다. 복음 전파와 가르침과 치유를 아우르는 예수의 3대 사역은 오늘날까지 그대로 적용되어 효과적인 결실로 이어지고 있다. 전도를 통한 복음 전파와 교육기관을 통한 가르침, 그리고 의료선교를 통한 치유 사역은 지금도 효과적이다. 선교사들이 해외로 파송되면 현지에서 교회를 세우고 학교와 병원을 세워 선교하게 된다. 교육과 의료를 겸하는 선교 방법은 현지인들의 현실적인 필요를 효과적으로 충족시키면서 복음을 전하는 이상적인 선교방식이기에 우리나라에도 교회와 학교와 병원을 세우고 선교한 흔적을 쉽게 찾을 수 있다. 대구읍성 안에서 교육과 의료와 교회를 통한 세 가지 선교사역이 동시에 진행될 수 있었던 것은 하나님의 특별한 섭리와 선교사들의 탁월한 혜안 덕분이라 생각된다.

2. 대구에 온 선교사들과 기독교의 부흥

(1) 대구에 온 선교사들

1) 윌리엄 베어드

대구 지역에 처음으로 들어온 외국인 선교사는 윌리엄 베어드 선교사이다. 베어드 선교사는 1885년 하노버 대학에서 공부한 후, 1888년 맥코믹 신학교를 졸업하였다. 그리고 1903년 하노버 대학에서 철학박사 학위를 받았다. 베어드 선교사는 1891년 1월 8일 일본 요코하마에 도착하였고, 1월 29일에 부산항에 도착하였다.[02] 베어드 선교사는 부산을 선교기지로 삼아 경남 일대에서 선교활동을 펼치면서 몇 차례에 걸쳐 경북내륙 지방을 다니면서 전도 여행을 했다. 베어드 선교사는 1893년 4월 17일부터 5월 20일까지 서경조 전도사와 심부름꾼 소년 박재용과 함께 조랑말을 타고 부산에서 출발하여 동래, 밀양, 청도, 대구, 낙동, 상주, 풍산, 안동, 의성, 영천, 경주, 울산 등의 지역을 거치는 장거리 전도 여행을 했다.[03] 다음은 베어드 선교사 일행이 4월 22일(토요일 오후)에 대구에 도착한 상황이다.[04]

> 방금 대구에 도착했는데, 오후 1시경이다. 오전 중에 대구에 도착하기 위해 아침 일찍 길을 떠나 팔조령이라는 높은 산언덕을 처음으로 넘었다. 고개를 넘자 아주 길고 좁은 계곡으로 들어섰는데, 이 골짜기가 점점 넓어지면

---

02 리처드 베어드, 숭실대학교뿌리찾기위원회 역주, 『윌리엄 베어드』 (숭실대학교출판국, 2016), 30-32.

03 리처드 베어드, 『윌리엄 베어드』, 68-76.

04 같은 책, 70-71.

서 대구 지역이 있는 계곡으로 연결되었다. 도시 곳곳마다 사람들로 북적댔고, 연 1회 열리는 큰 시장인 약령(藥令)에 온 장사꾼들로 무척 붐볐다. 정부 보고에 의하면 이 도시에는 3,700여 가구가 살고 있다. 그러나 사람들은 실제로 그보다 약 3배가 더 많은 10,000여 가구나 된다. 그렇다면 이곳 인구는 5만 명 정도 될 것이다.

베어드 선교사는 4월 22일에서 25일까지 대구에 머물렀다. 당시 대구는 약령시로 유명했는데, 일 년 중 4월 하순경 약재상이 가장 많이 모이는 시기에 맞추어 베어드 선교사는 선교활동을 했다. 그는 대구에서 지내는 동안 사람들과 이야기를 나누면서 책을 배포하였다. 동행한 서경조 전도사의 회고에 따르면, 베어드 선교사 일행이 약령시에 도착하는 순간 책을 얻으려는 사람들이 구름 같이 몰려들어 전도할 시간은 없었고 대신 책을 많이 나누어 주었다.

베어드 선교사는 1893년 9월 25일부터 10월 11일까지 부산에서 서울까지 육로로 여행했는데, 이번에는 김해, 창원, 함양, 남원, 진주, 공주, 논산을 거쳐 서울에 도착하였다.[05] 베어드 선교사는 경상도 지역의 인상을 잊지 못한 듯 1894년 4월 30일부터 5월 12일까지 얼빈(Irvin, 어을빈) 선교사와 고윤하 전도사를 데리고 다시 전도 여행을 했다. 얼빈 선교사는 부산 선교부에 배치된 의료선교사였고, 고윤하는 서경조가 1차 여행 후 병으로 인해 고향으로 돌아감에 따라 후임자로 선정된 황해도 해주 출신(서울여대 고황경 박사의 조부)이다. 2차 내륙지방 여행의 경유지는 1차 순회 여행 때와 비슷하게 대구, 상주, 안동, 경주를 경유하였다.[06] 이들이 전도 책자를 나눠주거나 책을 파는 동안, 얼빈 선교사는 환자를 진료하고 약을 주거나 팔았다.

---

05 리처드 베어드, 『윌리엄 베어드』, 80-86.

06 계명대학교 동산의료원, 『동산의료원 100년: 1899~1999』 (대구: 계명대학교 동산의료원, 1999), 24.

두 차례에 걸친 내륙 전도 여행을 통해 베어드 선교사는 경북지방 선교를 위한 기지로 대구가 가장 적합하다고 판단하였다.[07] 대구는 경상감영이 있는 정치적 중심지로 7만 5천 명의 주민을 가진 도내 최고 인구 밀집 지역이고, 낙동강을 통해 부산으로 연결되는 등 접근성이 좋은 데다 약령시가 열려 상업적으로도 중요한 곳이며, 관리들이 외국인의 부동산 구입과 수리 및 입주를 방해하지 않았기 때문이었다.[08] 베어드 선교사는 1895년 11월 미국 북장로교 해외선교부로부터 승인을 받을 수 있었고, 대구선교지부는 1897년부터 본격적인 활동을 전개할 수 있었다.[09]

부산을 중심으로 선교활동을 하던 베어드 선교사는 1895년 12월 대구로 선교지를 옮길 계획을 세웠고, 1896년 1월에는 대구 읍성 남문 안에 있는 기와집 한 채와 초가집 다섯 채를 매입했다.[10] 그리고 그는 관찰사를 찾아가 대구에 선교지부를 개설하기 위해 부산에서 대구로 이사할 계획을 밝혔다. 베어드 선교사가 마련한 집은 정완식의 가옥으로, 본인 가족과 조선인 전도사들이 함께 살면서 전도 비품을 보관할 창고, 예배당, 주민을 접촉할 수 있는 장소와 의사가 있을 경우를 대비하여 진료실 등으로 사용할 수 있었다.

베어드 선교사는 1896년 4월 부인과 아들 존과 함께 대구에 와서 몇 주간 체류하였다가 다시 부산으로 갔다. 그리고 9월에는 짐과 가재도구를 가지고 배로 낙동강을 따라 대구에 도착하였다. 하지만 10월 베어드 선교사는 서울의 선교사 연례회에 갔다가 선교회의 교육자문(교육담당 고문)을 맡게 되

07 선교지부(Station)는 선교사 가족들과 한국인 조사(전도사)들이 살 수 있는 주택, 전도 비품을 보관할 수 있는 창고, 예배당, 주민과 쉽게 접촉할 수 있는 사랑방, 의사가 있는 경우 환자를 치료할 수 있는 진료소 등을 구비하고 있었다.

08 동산의료원, 『동산의료원 100년』, 25.

09 계명대학교 120년사 편찬위원회, 『계명대학교 120년사』, 14.

10 계명대학교 120년사 편찬위원회, 『계명을 빛낸 사람들』 (대구: 계명대학교출판부, 2019), 18.

면서 사역지를 서울로 옮기게 되었다. 베어드 선교사 가족의 대구 체류 기간이 짧았던 것은 6월과 9월 사이 부산에서 3개월 동안 여름휴가를 보냈고, 10월 중에는 다시 부산으로 내려갔다가 서울 선교사 연회에 참석했기 때문이다. 베어드 선교사 가족은 대구에서 6주간밖에 살지 못하고, 12월에는 서울로 이전하게 되었다.

베어드 선교사가 서울로 가게 된 이면에는 호기심 많은 사람들의 극성 때문이라는 설도 있다. 사람들은 그의 부인과 아기를 보려고 아침부터 저녁까지 베어드 선교사의 집에 몰려와 구경하다가 대문을 밀쳐 부수거나 물독을 건드려 엎지르기도 했고, 심지어는 밤에 신방 구경하듯 문에 구멍을 뚫고 훔쳐보기도 했다. 베어드 선교사의 부인은 사생활 침해로 인한 문화충격을 이해할 수 없었고 신경과민이 되었다. 이러한 속사정이 베어드 선교사가 대구선교를 단념하게 된 이유 중 하나로 추정된다.[11] 베어드 선교사가 떠나면서 대구 선교지부는 그의 처남인 제임스 아담스(James E. Adams, 한국명 안의와) 선교사가 맡게 되었다. 아담스 선교사는 마침 부산에 도착하여 한국어 공부를 하던 중 베어드 선교사의 요청으로 대구 지역의 선교를 맡게 되었다.

2) 제임스 아담스

제임스 아담스 선교사는 1867년 미국 인디애나주 맥코이(McCoy)에서 출생했다. 그는 선교에 비전을 품고 시카고에 있는 맥코믹 신학교에서 신학을 공부했다. 아담스 선교사는 한국으로 파송받아 1895년 5월 29일 부산에 도착하였다. 그는 부산에서 1년 6개월 동안 한국어를 공부하면서 선교사 실습을 하던 중, 대구 지역 선교업무를 인계받으면서 1897년 11월 1일 대구로 오게 되었다.

---

11 동산의료원, 『동산의료원 100년』, 26 참고.

아담스 선교사는 아내 넬리 딕(Nellie Dick)과 두 아들, 그리고 어학 선생 김재수와 보모 체이스를 데리고 대구로 부임하였다. 그가 대구로 향하던 중 밀양 유천에서 말에서 떨어지는 사고로 척추를 다쳐 다시 부산으로 돌아갈 수밖에 없는 어려움을 겪기도 했다.[12]

제임스 아담스

대구에 온 아담스 선교사는 일 년 중 봄과 가을에 두 번 열리는 약령시(藥令市)에서 하루에 두 시간씩 성경책과 소책자를 팔았다. 그해 겨울에는 한국어 교사인 김재수 조사를 데리고 먼 시골 장터를 다니면서 복음을 전하면서 책도 팔았다. 아담스 선교사는 김재수 조사와 같이 1898년 3월부터 몇 개월 동안 대구의 동쪽과 북쪽 지방 순회 전도를 했으며, 8월부터 몇 개월 동안에는 대구의 서쪽과 남쪽 지방 순회 전도를 했다.

아담스 선교사는 대구에 도착하자마자 베어드 선교사가 마련해 두었던 선교지부 내 사랑채에서 그의 가족과 어학 선생, 보모 등 7명이 참석한 가운데 첫 예배를 드렸다. 1897년 11월 1일에 드린 예배를 시작으로, 새롭게 믿게 된 이들이 늘어나게 되었다. 당시 이들이 예배드린 사랑채를 '야소교회당', '남문 안 예배당' 또는 '남문 안 교회당'이라 불렀는데, 훗날 대구제일교회로 발전하였다. 대구제일교회는 1901년 남자 사경회를 개최하였고, 이후 해마다 사경회를 개최하여 성경을 가르쳤다.[13] 당시 일제 치하에서 한글을 가르치기가 쉽지 않았음에도 이에 굴하지 않고 사경회를 통해 한글로 된 성경을 가르침으로써 민족의식을 고취시켰다.

아담스 선교사의 헌신으로 2년 후인 1899년에는 20개 처소에서 기독

---

12 계명대학교 120년사 편찬위원회, 『계명을 빛낸 사람들』, 19.
13 전재규, 『대구는 제2의 예루살렘』 (경산: 기독교역사문화연구소, 2012), 148.

교 신자들이 생겨났으며, 세 곳에는 교인들이 함께 모여 예배드렸다. 아담스 선교사는 1899년 3월부터 김재수 조사와 함께 대구를 중심으로 몇 개월 동안 지방 순회 전도를 했다. 또한 평양에서 정익로, 안봉주 두 전도인을 초빙하여 대구 읍내 여러 곳에서 전도 집회를 열었다. 이러한 전도 활동의 결과 1901년부터 1913년까지 청도, 경산, 고령, 영천, 달성, 영일 지역 등 18개의 교회가 세워졌다.[14]

아담스 선교사는 1899년 존슨(Woodbridge O. Johnson, 한국명 장인차) 의료선교사와 함께 '제중원'을 개원한 데 이어 1906년 10월에는 중등교육기관인 계성학교를 설립하였다. 그는 초등학교 졸업생들에게 배움의 길을 열어주기 위해 대구선교기지 내 초가에서 27명의 학생으로 계성학교를 시작했다. 아담스 선교사는 리차드 사이드보섬(Richard Henry Sidebotham, 한국명 사보담) 선교사와 함께 학생들을 가르치면서, 학교 건물을 짓기 위해 선교본부에 5천 달러를 요청했다.[15] 1907년에는 신입생 48명을 모집하였고, 1908년에는 예배용 채플 건물과 교실 5칸을 완공하였고, 1910년에는 기숙사를 완공하였다.

(2) 대구에 일어난 기독교 부흥

한국의 예루살렘으로 불릴 정도로 폭발적인 부흥이 일어났던 평양과 보조를 같이하여 대구·경북 지방에도 기독교가 전파되어 대구는 남한의 예루살렘으로 급성장하였다. 아담스 선교사에 이어 존슨 선교사가 대구에 도착하였고, 1899년 한옥 한 채에 미국약방이라는 간판을 걸고 대구에서 최초의 서양식 의료기관인 제중원이 탄생하게 되었다. 1898년 10월에는 브루

---

14 초창기의 계명인 편집위원회, 『초창기의 계명인』 (대구: 계명대학교 출판부, 2004), 26.
15 장봉학, 『한국선교의 개척자들』 (부산: 육일문화사, 2009), 247.

언 선교사와 그의 아내가, 1901년에는 바렛(W. M. Barret, 한국명 방위렴) 선교사가 대구에 부임하였다. 대구선교지부는 경북지방을 3개 구역으로 나누어 사역했는데, 경산, 영천, 포항 등 동부지방은 아담스 선교사가, 선산, 군위, 김천, 칠곡 등 서부지방은 브루언 선교사가, 안동, 봉화, 영주 등 북부지방은 바렛 선교사가 담당하였다.[16]

1899년 선교사들은 성문 밖 민둥산이었던 서쪽 편의 넓은 언덕을 매입하고 다음과 같이 감격의 감사기도를 드렸다.

> 이곳은 창조주 하나님께서 우리 선교부를 위해 예비해 놓은 땅이다. 저녁때 언덕에서 시가지를 내려다보면 다윗이 압살롬과 싸워 이긴 후 세운 다윗의 망대와 같은, 성문 꼭대기를 제외하고는 연기에 자욱한 시가지를 신비스럽게 바라볼 수 있다.[17]

선교사들은 그곳이 비록 불모지의 민둥산이었음에도, 하나님께서 대구·경북 지방의 선교를 위해 예비하신 거룩한 땅임을 믿음으로 고백하였다. 선교사들은 1903년 매입한 땅에 벽돌집으로 제중원을 건축하였고, 1905년 태풍으로 무너졌으나 재건하였다. 이렇게 시작된 제중원은 성장을 거듭하여 동산기독병원으로 발전하였다. 선교사들은 이 동산에 사택을 지었으며, 1906년에는 인접한 언덕을 매입하여 계성학교를 설립하였고, 1907년에는 신명학교를 설립하였다.

청라언덕 위에 선교사들이 세운 세 채의 집은 모두 붉은 벽돌로 지어진 2층 양옥으로 1910년 어간에 건축되었다. 벽돌은 서울에서 가져왔고, 기초돌과 계단돌은 1907년에 무너뜨린 대구읍성의 돌을 사용하였고, 건축 재목

16 계명대학교 120년사 편찬위원회, 『계명대학교 120년사』, 15.
17 전재규, 『대구는 제2의 예루살렘』, 114.

은 백두산에서 자생하는 붉은 소나무를 사용하였다.[18] 현재 이 세 건물은 선교박물관, 의료박물관, 교육역사박물관으로 사용하고 있는데, 예수 그리스도가 복음을 전파하고, 병자를 고치시고, 가르치신 것을 상징한다. 선교박물관 1층은 한국교회사와 경북교회사, 그리고 동산병원의 역사가 전시되어 있고, 2층은 성경 관련 자료들이 전시되어 있다. 의료박물관 1층은 동산병원의 성장 과정과 함께 의료기구와 장비들이 전시되어 있고, 2층은 마펫 원장의 침실과 거실, 생활 도구들이 전시되어 있다. 교육역사박물관 1층은 문화적인 도구들과 농기구, 교육 관련 자료들이 전시되어 있다. 2층은 대구 3·1독립운동과 관련된 자료들이 전시되어 있다.

의료박물관 앞마당에는 은혜정원이라는 선교사 묘지가 조성되어 있다. 모두 10기의 묘비석이 있는데, 그중 3기는 대구에서 선교하다 순교한 넬리 딕(Nellie Dick), 마르타 스위처(Martha Switzer), 마르타 스코트(Martha Scott)의 묘비석이다. 넬리 딕은 31세의 젊은 나이로 대구에 부임하여 12년 동안 아담스 선교사를 도우면서 헌신하다가 43세의 나이에 소천했다. 그녀는 1909년 다섯 번째 아이를 유산하고, 그 후유증으로 세상을 떠났다. 그녀의 장례식에는 대구·경북 지역의 교인 2~3천 명이 참석하였으며 장지까지 따라가서 애도를 표하면서 슬퍼했다.

동산병원의 동편 언덕은 청라언덕이라고 부르는데, 청라(靑蘿)는 푸른 담쟁이의 한자어이다. 담쟁이는 담장이나 벽돌집을 잘 타고 올라가 사면을 푸르게 한다.[19] 원래 이 땅은 달성 서씨의 개인 소유지였는데, 묘지가 산재해 있던 민둥산이었다. 이 언덕은 달성(달성공원) 동쪽에 위치해서 동산(東山)이라고 했으며, 공동묘지로 사용되어 무연고 무덤도 있었고, 쓰레기를 버리는 곳이기도 했다. 선교사들은 이곳을 하나님이 예비하신 약속의 땅으로 고백하며

18 같은 책, 108.
19 같은 책, 91.

정성껏 가꾸었다.

선교사들은 성안의 냄새와 연기, 소음에서 벗어날 수 있었기에 감사하면서 벽돌로 집을 짓고 담쟁이를 심었다.[20] 선교사들이 주택과 울타리에 담쟁이를 심은 것은 자연스러운 정서였으며, 청교도적인 삶의 양식을 실현하고자 하는 의지를 드러내는 표현이기도 했다.[21] 1906년에 세운 계성학교 본관 정면에 심은 담쟁이가 전면 전체를 휘감고 옥상까지 뒤덮고 있다. 이처럼 청라는 청교도 신앙을 이 땅에 정착시킨 선교사들의 신앙을 드러낸다. 그들은 청라를 심어 민둥산을 푸르게 가꾸었고, 담쟁이는 담장과 벽을 타고 올라가 푸르게 뒤덮었다.

(3) 선교사들의 교육 사업

1) 계성학교 설립

아담스 선교사가 대구선교지부에서 운영한 소학교는 '대남소학교'와 '신명여자소학교', '계성학교(Boy's Academy)'가 있다. 대남소학교는 희도학교의 전신이며, 대구 사립초등학교의 효시이다. 1900년 가을 몇몇 교인들이 남자 소학교를 운영하기 위한 예산을 절반 모금했고, 나머지 절반은 선교사들이 부담했다. 학생은 10명에서 15명 정도였으며, 교육과정은 베어드 선교사가 평양에 세웠던 숭실학당을 모델로 삼았다.

---

20 같은 책, 93.

21 미국 동북부에 정착했던 청교도들은 교회와 학교와 병원을 세웠는데, 교육과 선교를 목적으로 세운 선교학교(mission school)들은 명문 학교로 발전하였다. 하버드(1636), 예일(1701), 펜실베니아(1740), 프린스턴(1745), 컬럼비아(1745), 브라운(1764), 다트머스(1769), 코넬(1853) 대학 등 8개의 대학에는 담쟁이가 심겨 있어, 아이비리그 대학(IVY League School)이라 부른다.

아담스 선교사는 대구로 부임할 때부터 초등교육 외에 중등교육 문제에도 깊은 관심이 있었다. 1897년 8월의 선교보고서에 따르면, 그는 선교여행을 다닐 수 없는 겨울 두 달 동안의 학교 운영 계획을 선교부에 건의하기도 했다. 그가 구상한 학교는 단순히 한문만 가르치는 서당 같은 재래식 교육기관이 아니라 서양의 선진 과학 문물을 배울 수 있는 산술, 지리, 역사, 천문학, 기독교의 교리 등과 같은 체계적인 교과과정을 갖춘 학교였다.

아담스 선교사는 대남소학교를 졸업한 학생들을 중심으로 27명을 모집하여 1906년 5월 1일 계성중학교를 시작했다. 계성(啟聖)이라는 교명은 대구제일교회의 박덕일 조사가 지었는데, '영적인 출발', '거룩한 시작'이라는 뜻이 내포되어 있다. 개교 후 처음 한 달은 아담스 선교사가 가르치고, 다음 6주간은 부산의 사보담 선교사가 와서 가르쳤다.[22]

계성중학교는 초가집 건물로는 부족하여 선교부에서 지원한 5천 달러의 건축비로 학교 건물을 신축하였다. 교실 5개와 예배실 한 개가 마련된 2층 양옥으로 된 붉은 벽돌 신축 교사는 1908년 건축을 시작하여 1910년에 완공하였다. 계성중학교는 1911년 5월 첫 졸업생을 배출했고, 1931년까지 154명의 졸업생을 배출했는데, 그중 17명이 목사가 되었고, 30명이 조사 또는 전도사가 되었으며, 50명이 교회학교 교사가 되었다. 조사나 전도사, 교회학교 교사 중에는 나중에 목사가 되거나 장로가 되어 교회를 섬겼는데, 이처럼 계성중학교는 대구·경북 지역의 기독교 발전에 큰 원동력이 되는 인재를 배출하는 산실이었다.[23]

---

22 계명대학교 120년사 편찬위원회, 『계명을 빛낸 사람들』, 30.
23 같은 책, 31.

2) 신명학교 설립

헨리 브루언 선교사의 부인 스코트 브루언(Martha Scott Bruen, 한국명 부마태) 선교사가 여학생 중등학교인 신명학교를 1907년 10월에 설립하였다. 이 학교의 학생들은 존슨 선교사의 부인 에디스 파커(Edith M. Parker)가 '바느질반(Sewing class)'이란 이름으로 모집해 두었던 학생들이었다. 파커 선교사가 집집마다 다니면서 소녀들을 모집할 당시 여성 교육에 대한 무관심으로 인해 많은 어려움을 겪기도 했다. 하지만 신명학교가 여성 교육을 시작함으로써 여성 교육의 중요성을 일깨우는데 크게 기여하였다.

헨리 브루언

아담스 선교사가 설립한 대남소학교와 브루언 선교사가 설립한 신명여자소학교는 처음에는 별개의 학교였지만, 1914년에 희원학교와 순도학교로 각각 개명되었다.[24] 아담스 선교사의 부인 넬리 딕도 대구·경북 지역 최초의 여성 사역자로서 대구제일교회의 유년주일학교를 설립하였고, 전도부인을 양성하는 일에 앞장섰다. 그녀는 주중에 가정을 방문하면서 여성들에게 성경과 한글을 가르쳤으며, 주일에는 부인들을 위한 사경회에서 강사로 활동하기도 하였다.

24 대구제일교회 교인이었던 박순도와 서희원이 두 학교의 발전을 위해 각각 400원과 300원의 거금을 쾌척했다. 그리하여 두 사람의 뜻을 기리기 위해 '대남소학교'는 '희원학교'로 '신명여자소학교'는 '순도학교'로 교명을 바꾸었다. 그러다가 1926년 두 학교가 통합될 때 희원의 '희'자와 순도의 '도'자를 합쳐 희도보통학교로 불리게 되었다. 희도학교는 현재 종로초등학교이다. 같은 책, 28.

(4) 아담스가 전도 기금

미국 선교본부에서는 네비우스 선교 정책(자전, 자립, 자치)에 따라 선교지의 현지 교회들이 스스로 자립할 수 있도록 유도 정책을 펼치게 되면서, 선교사들이 세운 교회와 학교에 지원하는 재정지원을 중단하게 되었다. 이제 겨우 정착 단계에 있던 선교 사업은 재정지원의 중단으로 인해 큰 어려움을 겪게 되었다. 밤마다 잠을 이루지 못하고 불면증에 시달리던 아담스 선교사는 집을 나서다 심한 현기증에 쓰러지게 되었다.

1918년 51세의 아담스 선교사는 미국으로 돌아가 요양을 시작했지만, 치료는 간단치 않았다. 이 와중에서도 아담스 선교사는 대구의 교회와 학교를 위한 선교기금을 마련하기 위해 모금 운동을 시작하였다. 이것이 바로 '아담스가(家) 전도 기금(The Adams Evangelistic Fund)'이다. 아담스 선교사가 조성한 전도 기금은 그의 건강이 악화되어 미국으로 돌아가야 했던 1924년부터는 그의 두 아들 에드워드 아담스(Edward N. Adams, 한국명 안두화)와 벤자민 아담스(Benjamin N. Adams, 한국명 안변암)에게 인계되었다.

이 기금으로 약 25명에서 30명의 전도인을 선발하여 전도활동을 활발하게 할 수 있었다.[25] 1930년 이전 약 10년 동안 전도 기금을 통하여 72개의 교회가 세워졌는데, 이는 당시 대구를 포함한 경북 노회 전체 교회 중 약 25% 정도였다. 아담스 선교사의 헌신으로 대구 지역의 교회는 크게 성장, 발전하였다. 1897년 한 명의 기독교인도 없던 대구에 1945년에는 교회가 17개로 늘어났으며, 해방과 더불어 자유로운 분위기 속에서 복음이 활발하게 전해져 1950년대에는 대구 시내의 교회가 70여 개로 늘어났다.

---

25 같은 책, 39.

3. 제중원의 설립과 의료선교

(1) 제중원 설립

우드브리지 존슨

제임스 아담스 선교사는 미국에서 존슨(Woodbridge O. John, 한국명 장인차) 선교사와 알고 지내던 사이였다. 아담스 선교사는 당시 열악한 의료현실을 보면서 의사의 필요성을 절실하게 느꼈다. 아담스 선교사는 의료선교의 뜻을 품고 있던 존슨 선교사에게 편지하면서 "함께 사역한다면 큰 도움이 될 것"이라고 요청하였다. 그리하여 존슨 선교사는 아담스 선교사와 함께 협력하기로 결심하고 대구선교지부로 파송을 받게 되었다. 존슨 선교사는 1869년 6월 9일 미국 일리노이주 게일즈버그(Galesberg)에서 출생했으며, 1897년 말 28세의 나이에 그의 부인 에디스 파커와 함께 미국 북장로교회 대구선교지부 선교사로 파송받았다.

그는 1890년경 라파예트대학(Lafayette College) 재학 중 무디 목사의 부흥 집회에 참석하여 도전을 받고 선교사로 헌신하기로 결심하였다. 그는 의료선교사로서의 꿈을 실현하기 위해 펜실베이니아 의과대학에 들어갔다. 1895년 6월 의과대학을 졸업한 후 뉴욕 브루클린의 킹스 카운티 병원(King's County Hospital)에서 인턴 과정을 마치고, 더 많은 경험을 쌓기 위해 윌키스 바레 시립병원(Wilkes Barre City Hospital)에서 레지던트 과정을 밟고 정식 의사가 되었다.[26] 에디스 파커는 슬로운 산과 병원(Sloane Maternity Hospital)에서 단기 육아 교육과정을 이수했으며, 이때 소독법, 산과학, 신생아와 산모의 간호, 환자의 병상 만

26 같은 책, 44.

들기 등을 익혔다.[27]

존슨 선교사 부부는 1897년 10월 28일 결혼 후, 11월 18일 미국에서 출발하여 12월 22일 부산에 도착하였으며, 12월 25일에 대구에 도착하였다. 존슨 선교사는 의료 활동을 바로 시작하려 했지만 어려움이 많았다. 그가 미국에서 한국으로 올 때 부산으로 보낸 짐이 제물포로 잘못 가는 바람에 짐을 찾는 데만 6개월이 걸렸으며, 진료실을 마련하는 데도 오랜 시간이 걸렸다. 이러한 여러 사정으로 인해 진료소 개원까지는 2년이 걸렸는데, 존슨 선교사는 1899년 7월 그가 주문한 의약품이 도착하자 바로 '미국약방'을 열었다.

존슨 선교사는 이 와중에도 한국어를 배우겠다는 생각에 2년간 여름마다 파계사에 들어가 한국어를 익혔다. 그는 1899년 10월 26일 진료소로 사용할 작은 초가 한 채를 대구선교지부 내에 마련하고 개원 준비에 들어갔다. 그는 큰 방을 약제실과 수술실 대기실로 꾸미고 필요한 약품과 물품을 주문했으며, 모두 준비되자 '제중원(濟衆院)'이라는 간판을 내걸고 의료 활동을 시작했다. 제중원은 '대중을 구제하고 치료하는 집'이란 뜻으로, 당시 미국 북장로교 대한선교부가 한국에 설립한 병원은 서울, 평양, 선천에 있었는데, 모두 같은 이름을 사용했다.

제중원의 개원 시기는 성탄절 직전인 1899년 12월 24일로 추정되며, 개원 후 이듬해 여름까지 약 6개월 동안 1,700명의 환자를 진료했는데, 이 중 800명은 새 환자였다. 50차례의 수술과 80차례의 왕진도 했으며, 1901년과 1902년 사이에 진료 환자의 수는 약 2,000명에 달했다. 진료소 건물은 작은 진찰실과 작은 창고, 그리고 큰 방으로 삼등분되어 있었는데, 큰 방은 약제실과 수술실로 나누었다. 대기실은 15명이 들어가면 꽉 찰 정도였는데, 추위와 더위를 피할 정도였다. 대기실 앞쪽에는 철사로 울타리를 쳐 놓고

---

27 동산의료원, 『동산의료원 100년』, 30.

빗장 달린 대문을 세웠는데, 이는 사람들이 진찰실과 수술실로 들어오지 못하게 하기 위함이었다. 병원 건물은 낮은 데다 성벽 가까이 있어서 통풍이 잘 되지 않는 등 건강에 위협을 느낄 정도로 열악하였다.[28]

제중원 개원 당시 존슨 선교사는 한국인의 90% 이상이 절대적 빈곤층에 속하며, 질병의 원인에 대해서 무지하다는 데 큰 충격을 받았다. 당시 사람들은 질병의 원인이 나쁜 귀신 때문이라 믿고, 귀신을 무서워하였다. 또한 의원(醫員)들은 질병에 대해서 무지하여 피가 순환한다는 사실도 몰랐고, 정맥과 동맥의 차이를 신경이 있고 없고의 차이 정도로만 알았으며, 시체를 해부하는 것은 생각조차 하지 못하고 있었다.

존슨 선교사는 천연두 예방 접종과 학질 치료제의 대량 보급에도 앞장섰다. 천연두는 당시 어린이 사망률의 50% 가량을 차지하는 무서운 질병이었다. 존슨 선교사는 천연두 예방약을 미국의 제약회사에 주문하여 널리 보급시켰다. 백신의 소문은 금방 퍼지게 되었으며, 접종 비용 또한 저렴했기에 가난한 가정의 아이도 예방 접종을 할 수 있었다. 천연두와 함께 유행했던 질병은 말라리아(학질)였는데, '금계랍'이라고 불린 '키니네(quinine)' 덕분에 많은 생명을 구할 수 있었다. 존슨 선교사는 의료 조수 역할을 하던 서자명에게 제중원 대기실에서 전도 서적을 팔면서 성경 구절이 인쇄된 키니네도 함께 팔도록 했다. 서자명은 환자들의 주소와 성경을 잘 기록해 두었다가 치료가 끝난 후 그들의 집을 찾아가 복음을 전했다.[29] 병이 완치된 사람들은

28 계명대학교 120년사 편찬위원회, 『계명을 빛낸 사람들』, 49.

29 서자명은 아담스 선교사가 전도하여 예수 믿은 첫 결실이었다. 그는 1898년 12월에 학습을 받고, 1899년 6월에 세례를 받았다. 서자명은 예수를 믿으면서 상투를 자르고 개화인 행세를 한다고 하여 보수적인 달성 서씨 문중에서 쫓겨나기도 했지만, 굴하지 않고 열심히 교회에 출석했다. 서자명은 제중원에서 전도사 역할을 했을 뿐 아니라 경북 지역에 기독교가 널리 전파되는 시기에 전도인이 되어 대흥교회(성주), 금곡교회, 전지교회, 내반동교회(경산), 평천동교회(영천 임고), 우천동교회(영천 청통), 경산교회(성주) 등에서 활약하였다. 동산의료원, 『동산의료원 100년』, 37. 계명대학교 120년사 편찬위원회, 『계명을 빛낸 사람들』, 52.

존슨 선교사의 의술에 놀라고 감사한 마음이던 차에, 서자명이 전도하자 기쁜 마음으로 예수를 믿게 되었다.[30]

제중원에서 뿌린 의료선교의 열매로 예수 믿는 사람도 점점 늘어났다. 환자들에게 나누어 준 약봉지에는 성경 말씀이 인쇄되어 있었고, 약병에는 약의 사용법이 적힌 바로 밑에 성경 말씀을 새겨 넣었다.[31] 치료를 받고 예수를 믿게 된 사람도 늘어났다. 존슨 선교사의 첫 수술 대상이었던 한 여성은 한쪽 눈을 상실한 상태였는데, 제중원에서 육체적인 눈을 뜸과 동시에 영적인 눈까지 뜨게 되었다. 부유한 상인이었던 이참봉은 7년간 늑막염과 축농증을 앓다가 수술 후 완치되었고, 감동하여 예수를 믿게 되었다. 서삭불은 그의 어머니가 백내장으로 두 눈이 완전히 멀었다가 수술 후 시력을 회복하자 예수 믿기로 결심했으며, 코카인 발작 증상을 보이던 정석사는 입원 치료 후 기독교인이 되었고 아편 중독에서도 벗어나게 되었다.[32]

이 외에도 절도범이었던 이순명은 1년간 제중원에서 무료로 치료받고 퇴원 전 복음을 받아들였고, 종아리에 난 종기가 10년 동안 접시만큼 커진 서른 살의 노총각이 상처를 치료받고 예수를 믿게 되었다. 박춘실은 한쪽 발에 생긴 염증 치료를 위해 한의원에서 쑥뜸을 받았는데, 비위생적인 쑥뜸으로 상처가 더욱 커지게 되었다. 그가 제중원을 찾아왔을 때는 무릎 밑을 절단해야 할 정도로 심각한 상태였다. 박춘실은 제중원에 입원하여 치료를 받았으며, 신실한 기독교인이 되었다.[33]

30 계명대학교 120년사 편찬위원회, 『계명을 빛낸 사람들』, 53.
31 같은 책, 83.
32 같은 책, 53.
33 계명대학교 120년사 편찬위원회, 『계명대학교 120년사』, 84.

(2) 새로 이전한 제중원

약전골목 안 대구선교지부의 초기 제중원은 원래 머슴이 살던 집과 헛간을 개조한 임시 건물이었다. 이 건물은 병원으로 사용하기에 장소가 좁았을 뿐 아니라 여러 소음으로 인해 어려움이 많았다. 초기 제중원 건물은 약 7m 높이의 대구 읍성 축대 안쪽에 위치했기에 통풍이 잘되지 않았다. 천장은 낮고 좁아 여름에는 실내 온도가 올라가 건강에 위협을 느낄 정도로 열악하였다. 존슨 선교사는 "비좁고 갑갑해서 여름에는 의사가 자기 건강의 위험을 각오하지 않고는 일을 할 수 없는 곳"이라고 표현할 정도였다.[34] 선교사들이 겪었던 불편은 3S로 표현된다. 견디기 힘들 정도의 냄새(smell)와 아침저녁으로 밥을 지을 때 나는 연기(smoke), 그리고 개 짖는 소리, 다듬이질 소리, 굿하는 소리로 인한 여러 소음(sound)으로 어려움이 많았다. 이에 선교사들은 새로운 부지를 물색하였다.

어느 날 저녁 무렵, 아담스, 브루언, 존슨 세 사람은 함께 한 언덕에 올랐다. 이 언덕은 양쪽 언덕 끝이 시가지와 접한 고지대로 대구읍성을 한눈에 바라볼 수 있을 만큼 전망이 좋았다. 성안의 냄새와 소음과 연기에서 벗어날 수 있었으며, 공기 또한 맑았다. 헐벗은 황무지였지만 선교사들이 보기에 여섯 채의 선교사 주택과 정원 그리고 큰 병원이 서고도 남을 만큼 쓸모 있는 땅이었다.

1903년 4월에 새 병원을 짓기 위해 서울에서 벽돌공이 내려왔다. 건축비용은 미국 필라델피아 제2장로교회의 메리 라이트(Mary H. Right) 여사의 헌금으로 충당되었고, 설계는 고든(M. B. Gordon)이 맡았다. 새로 지은 건물은 구조상 결함으로 1905년 태풍으로 무너졌고, 이듬해 1,250달러를 추가로 들여 다시 신축하였다. 1907년부터 1908년까지 환자 수는 약 5,000명을 넘었

34 "1899~1900 존슨의 의료보고서", 동산의료원, 『동산의료원 100년』, 39.

으며, 병원 신축 후 환자는 해마다 급증했다.[35] 선교사들이 불모지에 터전을 잡으면서 불모지 야산이 동산(東山)으로 이름이 바뀌었고 청라언덕으로 변했다. 또한 기독 의사들이 진료하는 언덕이라고 하여 '누가 언덕'이라고도 부르게 되었다.

(3) 근대식 의학교육

존슨 선교사는 1908년과 1909년 사이에 제중원에서 청년 7명을 선발하여 근대식 의학교육을 시작하였다. 당시 가르쳤던 교육 내용은 해부학, 생리학, 약품 조제, 치료학, 내과학, 산과학, 외과학, 영어 등이었다.[36] 능력이 출중한 학생은 왕진을 가서 분만을 돕거나 가벼운 치료를 대신 하기도 했다. 존슨 선교사가 이듬해 병으로 급하게 귀국하는 바람에 의학강습이 전문적인 의학교육으로 발전하지는 못했지만, 소수의 학생들을 선발하여 의학을 가르쳤던 것은 매우 의미 있는 첫 출발이었다. 존슨 선교사는 대구에서 최초로 제왕절개 수술을 시행하여 성공했다. 제왕절개는 당시로서는 매우 획기적인 의료행위였다. 제왕절개 수술에 성공하자 존슨 의료선교사의 명성은 더욱 높아졌다.[37]

---

35 같은 책, 40.
36 계명대학교 120년사 편찬위원회, 『계명을 빛낸 사람들』, 56.
37 같은 책 57.

(4) 나환자 보호소 설립

경상도 지역은 하늘이 내린 형벌로 여겨 천형병(天刑病)이라 부르기도 했던 한센병 환자가 많은 곳이었다. 한센병은 당시 의학으로는 고칠 수 없는 불치병으로 인식되어 공동체에서 추방되거나 격리 수용될 수밖에 없었기에, 환자들은 육체적인 고통과 함께 사회적 단절로 인한 정신적 고통을 겪어야 했다. 1908년 손·발가락이 모두 떨어져 나간 한 젊은 스님이 존슨 선교사를 찾아와 "내 병을 고쳐주든지 아니면 죽여 달라"고 호소했다. 이를 계기로 존슨 선교사는 1909년 제중원 근처의 초가집 한 채를 구입하여 나환자보호소(Leper Asylum)를 설립하여 10명의 한센병자를 돌보았다. 이것이 대구 최초로 나환자를 돌보는 시설이 되었고 후에는 '대구애락보건병원'의 모태가 되었다. 제중원에서 시작된 한센병 환자에 대한 의료사업은 삶의 극단으로 내몰린 환자들에게 희망을 준 사랑의 불씨가 되었다.

1910년 존슨 선교사가 사임하면서, 2대 원장인 아치발드 플레처(Archibald G. Fletcher, 한국명 별리추) 선교사가 나환자보호소를 책임지게 되었다. 1916-1917년 선교보고서에 따르면, 대구선교지부가 나병원을 준공하였으며, 남녀 환자 100명 이상을 수용하였다. 존슨 선교사는 나환자보호소를 설립하고 선발한 학생에게 의학을 강의하면서 5천 명 이상의 환자를 치료하였을 뿐 아니라 1899년과 1900년에는 아담스 주택과 자신의 주택을 지을 때 건축을 감독하기도 했다. 그는 1901년 발진티푸스(Typhus)에 걸렸고 극도로 쇠약해졌다. 하지만 1903년에는 새 병원 신축 공사가 시작되었기에 그는 편히 쉴 수 없었다. 이처럼 계속된 과로로 인해 그의 육체는 쇠약해져 안식년을 1년 앞당겨 1903년 미국으로 돌아갈 수밖에 없었다.

1903년 11월 널(M. N. Null) 선교사 부부가 존슨 선교사를 대신해서 왔지만, 이들의 체력도 고갈되었다. 널 선교사는 오전에는 어학 공부를 하고, 오후 2시부터 시작하여 저녁 7시까지 쉬지도 못한 채 환자를 돌보았다. 과다한 업무로 인하여 그의 몸도 점점 쇠약해져 1905년 다른 선교기지로 옮겼다. 존슨 선교사는 1906년 여름 다시 대구로 돌아왔으나, 이듬해 5월에 병이 다시 재발하였다. 선교부에서는 존슨 선교사에게 의료 활동을 중단하고 쉬도록 권고했다. 하지만 존슨 선교사는 병원의 업무와 환자들을 돌보는 관리 감독과 재정 문제까지 책임져야 했기에 편히 쉴 수 있는 형편이 아니었다.

이 무렵 안동에 선교기지가 개설되자 존슨 선교사는 휴가를 겸해 안동에서 새 의사가 올 때까지 업무를 맡게 되었다. 존슨 선교사는 안동으로 잠시 옮겼지만, 안동의 업무도 만만치 않았다. 휴식과 재충전을 위해 갔지만, 그는 여러 업무로 인해 충분한 휴식을 취할 수 없었고, 다시 대구로 돌아올 수밖에 없었다. 이후 존슨 선교사는 1912년 11월 지병으로 인하여 15년 동안의 선교를 마무리하고 미국으로 돌아가게 되었다.

4. 병원전도회와 선교활동

(1) 아치발드 플레처

아치발드 플레처 선교사는 1910년 가을 존슨 선교사의 뒤를 이어 동산병원에 부임하였다. 그는 1882년 캐나다 온타리오 플레처에서 출생했으며, 미국 아이오와주 시립의과대학을 거쳐, 1905년 시카고 내외과 의과대학을 졸업했다. 의대를 졸업하고 2년간 개인 병원을 운영하던 그는 1907년 선교부에 해외 파견 신청서를 제출하면서 "복음을 알지 못하는 많은

아치발드 플레처

사람들에게 복음을 전하기 위해 나의 일생을 하나님과 주님에게 바치려 한다"라고 신청 동기를 밝혔다.[38]

그는 미국 북장로교 해외선교부로부터 1908년 3월 2일 선교사로 임명받고, 1908년 8월 28일 한국에 입국하였다. 그는 1909년 11월 아서 웰본(Arthur G. Welbon, 한국명 오월번) 선교사 부부와 함께 안동선교지부에 도착하였고, 이듬해인 1910년 안동성소병원을 설립하여 초대 원장으로 의료 활동을 하였다. 그는 1910년부터 1941년까지 제중원 2대 원장으로서 활동했는데, 일제강점기와 맞물려 수많은 고난과 시련을 겪었지만 어려움을 지혜롭게 극복하면서 병원 발전에 힘썼다.[39]

플레처 원장 재임 기간에 제중원을 대구동산기독병원으로 개명했으며, 빠른 속도로 성장하여 1913년에는 외래환자가 1천 명을 넘게 되었다. 환자 증가에 따라 1914년에는 3,000달러로 외래진료소를 증축했으며, 1천 명의 입원환자와 5천 명의 외래환자를 진료하는 수준에 이르렀다. 또한 1927~1928년에는 1만 달러로 난방 시설과 기타 시설을 갖춘 외래진료소를 신축했다.

플레처 원장은 동산기독병원에서 5년간 봉사한 후, 1914년 안식년 휴가를 떠났다가 1915년 5월 15일 다시 돌아왔다. 그는 매일 약 75명의 환자를 진료했다.[40] 1916-1917년 선교보고서에 따르면, 외래 환자의 수는 17,047명이었고 입원 치료를 받은 환자는 794명, 280건의 수술이 진행될 정도로 환자가 폭증했다.[41] 쉴 틈 없이 병원 일에 전력하던 플레처 원장은 건강이 나빠져 1918년 4월부터 3년간 미국으로 휴가를 떠났다가 되돌아오기도 했다. 플레처 원장의 잦은 질병으로 병원 문을 닫아야 하는 경우가 많았지만, 그

38 동산의료원, 『동산의료원 100년』, 52.
39 계명대학교 120년사 편찬위원회, 『계명대학교 120년사』, 88.
40 같은 책 89.
41 도널드 R. 플레처, 『십자가와 수술칼』 (대구: 동산의료선교복지회, 2021), 165.

가 없는 동안에는 한국인 의사 또는 외국인 간호사가 병원을 운영하였다.[42]

플레처 원장은 존슨 선교사가 돌보았던 나환자보호소를 더욱 확장시켜 1913년 대구애락원을 설립하였다. 그는 1912년 영국 나환자 선교회(British Mission to Lepers)의 창설자인 베일리(Wellesley C. Bailey)와 그의 부인을 동산기독병원에 초청하였다. 플레처 원장은 이들에게 대구 나환자의 실태를 설명하고 후원을 호소하였다. 당시 동산기독병원에서 진행하고 있던 나환자 요양사업을 영국 나환자선교회의 사업으로 인정해 줄 것과 동산기독병원 안에 영국 나환자선교회 한국지부를 설치할 것을 청원했다.[43]

베일리 부부는 영국으로 돌아가 한국 나환자들의 상황을 알렸고, 영국의 한 기부자가 5천 달러를 후원하였다. 1913년 초 영국 나환자선교회는 이 중 2천 달러를 플레처 원장에게 송금해 주는 동시에 동산기독병원의 나환자 구제 사업을 영국 나환자선교회 사업으로 승인하고, 동산기독병원 안에 영국 나환자선교회 한국지부 설치를 허가하였다.[44]

플레처 원장은 영국 나환자선교회의 후원으로 기존의 보호소를 대폭 수리해서 1913년 3월 1일부터 나환자병원으로 명명하고, 나환자를 단순히 수용·보호하는 차원을 넘어 나환자 치료에 목표를 두었다. 1915년 4월 영국 나환자 선교회에서 송금한 1만 5천 원으로 달성군 내당동에 4만여 평의 부지를 매입하였다. 그리고 남녀 병동, 진료실, 중앙 예배당, 창고, 농장 등을 짓고 100여 명의 나환자를 수용했다. 나환자병원은 1917년 6월 24일 준공되었으며, 입원환자들이 먹을 채소와 곡식을 재배할 수 있는 작은 농장도 갖추었다.[45]

플레처 원장은 한센병자를 단순히 수용 보호하는 요양원(asylum) 개념에

---

42 계명대학교 120년사 편찬위원회, 『계명대학교 120년사』, 90.
43 동산의료원, 『동산의료원 100년』, 170.
44 계명대학교 120년사 편찬위원회, 『계명대학교 120년사』, 90-91.
45 같은 책, 91.

서 탈피하여 이들을 치료해서 사회에 적응하게 만드는 나병원(leper hospital)으로 발전시켰다. 또한 도내의 의성, 군위 등의 10여 개 지역에 순회 치료소를 설치하여 나환자들을 돌보았다. 병원 이름도 나병원이라고 붙이지 않고 일반 진료소 이름을 붙여 시골에 흩어져 있는 한센병 환자들이 이웃 주민들에게 알려지지 않고 은밀히 진료소를 찾아와 촐무그라 기름(chaulmoogra, 대풍수 나무기름) 주사를 맞을 수 있었다. 이 주사는 한센병을 완전히 치료할 수는 없었지만, 질병의 확산은 막을 수 있었으며 양성 환자를 음성 상태로 전환시킬 수 있었다.[46] 1931년 나병원 보고서에 따르면, 나병원 설립 이후 총 1,100명의 환자를 수용했다. 치료받은 결과 492명이 음성 환자로 퇴원하고, 62명은 징계를 받아 퇴원하고, 137명은 병원에서 사망했다. 1931년 기준 나병원에는 남자 220명, 여자 185명이 입원하였다.

2층 벽돌로 지은 예배당 건물도 신축했다. 현대식 난방 시설과 냉·온수 시설을 완비하였으며, 2층은 식당, 아래층은 부엌, 세탁장, 창고, 샤워장, 세면실, 화장실을 갖추었다. 초기 증세의 환자들은 벽돌 건물에 입원시키고 증세가 심한 환자들은 한옥에 따로 입원시켰다. 환자들이 만족하고 즐겁게 생활하도록 여러 활동도 권장하였다. 정원 가꾸기, 음식 만들기, 청소하기, 바느질하기, 빨래하기, 보급품과 땔감 수레로 나르기, 병아리·토끼·돼지 키우기 등을 하도록 하였으며, 집수리나 간단한 치료 또는 병리 검사도 스스로 하도록 했다. 또한 운동회나 음악회를 개최하여 환자들에게 여가 선용의 기회를 제공하였다.[47]

1933년부터는 농업 전문 선교사인 챔니스(O. V. Chamness, 한국명 차광수) 목사를 부원장으로 초빙하여 한센병 환자들이 입원하여 치료받는 동안 소규모 농사짓기와 과수 재배 등의 농업 관련 교육을 이들에게 시켰으며, 뿐만 아니

---

46 동산의료원, 『동산의료원 100년』, 12.
47 같은 책, 67.

라 토끼, 닭, 소, 돼지, 양 등을 사육하는 농장 교육도 체계적으로 받도록 했다. 챔니스 목사는 환자들이 실습 동안에 일한 노동에 대해서 임금을 주었고, 이 돈을 개인 명의로 저축해 두었다가 퇴원 후에 창업 자금으로 쓸 수 있도록 했다.[48]

1939년의 보고서에 따르면, 당시 나병원은 5만 1,644평에 농사·정원·과수원·축산 등 여러 목적으로 이용되었다. 전체 50개의 건물 중에서 35개는 630명의 숙소, 부엌, 식당, 세탁장, 교회, 학교 등으로 운영되었다. 나병균에 감염되지 않은 자녀를 위한 집에는 30명의 어린이가 수용되었으며, 6개 동은 나환자가 아닌 일반 직원 숙소로 사용되었고, 나머지 건물은 가축을 사육하는 축사로 사용되었다. 나병원은 원무과, 의무과, 총무과, 환자과, 고아원, 농업과, 종교과 등 7개로 분류하여 기독교적 원칙에 따라 운영되었으며, 아침에는 예배를 드렸다. 나병원에서는 1년 평균 50~60명이 건강한 몸이 되어 퇴원하였다.[49]

(2) 병원전도회 조직

플레처 원장 부임 후 동산병원은 박덕일 장로와 홍순화 전도 부인을 병원 전도사로 초빙했다. 박덕일은 플레처 원장이 안동지방 선교사로 활동하던 초기 그의 어학 선생이었다. 박덕일은 동산기독병원의 전도사가 되어 환자들에게 전도지를 나눠주고, 홍순화는 여성을 대상으로 전도했다. 1920년 목사 안수를 받은 박덕일은 1921년 동산병원 전도목사로 임명되어 1930년까지 시무하였다. 그는 무료로 환자를 돌보았으며 나병원 교회를 겸해 활동

48 같은 책, 12.
49 같은 책, 68.

했다.[50]

1921년 2월 플레처 원장은 모든 환자에게 복음을 전하고, 그들이 예수 그리스도를 믿고 교회로 인도되는 것을 목적으로 '대구동산기독병원 전도회(Hospital preaching Society)'를 조직하였다. 당시 동산기독병원에서 일하던 전 직원 26명이 회원으로 구성되었다. 병원전도회는 복음 전도자와 전도 부인을 세워 세 팀을 꾸려 매월 임무를 바꾸어가면서 사역하였다. 첫 번째 팀은 병원 대기실에서 진료를 기다리던 외래환자들과 입원환자들을 찾아 기도하고 전도하였다. 두 번째 팀은 예수를 믿게 된 환자나 가족이 자신의 고향에서 전도해 주기를 원할 때는 퇴원 시 동행하여 환자의 마을에 거주하면서 퇴원 환자의 가족과 친척 및 이웃에게 전도하였다. 세 번째 팀은 이미 형성된 기독교 집단을 재방문하여 돌보는 사역을 하였다.[51]

병원전도회의 초대 회장은 플레처 원장이었고, 부회장은 김재명이, 서기는 진기찬이, 회계는 김덕수가 맡았다. 월례회의 주요 안건은 전도 지역 결정, 회계 보고, 전도 보고 등이었다. 전도 지역은 전도인과 상의해서 결정하였으며, 매월 수입과 지출을 보고하였으나 대부분 예산이 초과되었는데, 초과된 부분은 병원이나 플레처 원장이 충당하였다.[52]

농촌 지역은 대개 낮에는 여자들만 집에 있었기 때문에 여자 전도인이 필요했다. 농촌 전도를 다녀온 박덕일 목사는 여자 전도인의 필요성을 인식하고 칠성교회, 신명학교 전도회, 성경학교 전도회에 청원하여 여자 전도인을 지원받았다. 이후 동산기독병원의 농촌 전도는 남녀가 한 조가 되어 1개월 정도 농촌에 머물면서 교회가 설립될 때까지 전도하였다.[53] 1927년 당시 6명의 전도인은 남녀 1명씩 한 조가 되어 첫째 달은 병원에서 전도하고, 둘

50 계명대학교 120년사 편찬위원회, 『계명대학교 120년사』, 107-108.
51 도널드 R. 플레처, 『십자가와 수술칼』, 208.
52 같은 책, 110.
53 같은 책, 110-111.

째 달은 농촌 지역에 나가서 전도하고, 셋째 달은 이미 설립한 교회를 순회하거나 낙심한 이들을 찾아 전도하였다. 병원전도회는 한 달에 한 번씩 보고회를 열었고, 다음 달 전도 계획을 수립했다. 운영 경비는 회원들의 후원으로 일부 충당되었으며 일부는 병원이 부담했다.

다음은 초창기 병원전도회 보고 내용이다.[54]

> 대구에서 60마일 떨어진 곳이며 높은 산에 둘러싸여 있다. 60가구 정도이며 대부분 가난하다. 무학력자들이 많고 선교사가 다녀간 적이 없다. 주민 중 한 사람이 동산기독병원에 치료받으러 왔다가 복음을 듣고 예수를 믿게 되었다. 그가 퇴원한 후 전도인을 보내어 46명의 새 신자를 얻어 교회를 세웠다. 이들 신자 중 네 명이 처음으로 상투를 자르고 집 안에 있는 사당을 철폐하였다. 가난한 중에도 연보하여 다섯 칸짜리 초가집을 사서 교회를 설립했다.

1927년 대구선교부 연례보고서(Daegu Station Annual Report)에 따르면, 당시 동산기독병원 전도회가 설립한 교회는 52개이며, 이 중 8개 교회가 없어지고, 44개가 존속하였다. 교인은 모두 886명이며, 평균 교인 수는 20명 정도이다. 1930년을 전후하여 플레처 원장과 초대 동산병원 원목이었던 박덕일 목사는 병원을 중심으로 많은 교회를 세웠다. 초창기 설립된 교회의 위치를 유심히 살펴보면 동산병원을 중심으로 대구·경북 지방의 기독교가 급성장했음을 알 수 있다. 동산병원과 대구제일교회를 중심으로 많은 학교와 교회가 생겨났고, 지역 사회의 발전과 교육에 큰 공헌을 했다.

전도회가 설립한 최초의 교회는 1921년 박덕일 목사가 개척한 반성교

54 『동산의료원 100년사』, 57.

회이다. 병원전도회가 147개 교회를 개척했다고 하나, 기록상으로는 127개로 되어 있다. 현재까지 남아 있는 교회로는 팔달교회, 평리교회, 남광교회, 대명교회, 동촌교회, 월배교회 등이며, 대구 시외에는 영천금호교회, 구룡포교회, 경주아화교회, 청도신읍교회, 장기교회, 건천제일교회, 칠곡동명교회 등이다. 일제의 탄압에도 불구하고, 플레처 원장 재임 당시 개척한 교회가 112개에 이를 정도로 놀라운 성과를 거두었는데, 이는 복음에 대한 열정과 영혼 구원에 대한 열망이 낳은 열매였다.

(3) 영아보건사업

1920년 당시 부모들은 제대로 된 수유 방법이나 위생, 우유와 아이를 돌보는 방법에 관해 전혀 알지 못했다. 이로 인해 아이의 생존율은 10%에 불과했다. 다행스럽게도 선교사 가정은 모두 젖소를 키우고 있었으므로 작은 건물 하나와 필요한 설비만 있다면 상당한 양의 우유를 확보할 수 있었다.

영아 복지(baby welfare)에 대한 개념조차 없던 시대에, 1930년 2월 14일 동산기독병원 구 진료소 건물 안에 '대구영아보건소'를 설립하였다.[55] 신생아를 등록하고 병원의 소아과 의사가 매주 한 번씩 정기 검진을 하도록 했으며, 우유 공급실과 음식 조리실을 갖추고 영아들의 건강상담 및 보건교육과 더불어 우유와 음식을 제공하였다.[56] 부모들이 너무 가난했기에 우유 급식을 포함한 영아보건소의 모든 서비스는 무료로 운영되었다.[57] 당시 등록한

55 같은 책, 12.
56 도널드 R. 플레처, 『십자가와 수술칼』, 301.
57 계명대학교 120년사 편찬위원회, 『계명대학교 120년사』, 119.

영아의 수는 약 150명이었으며, 나이에 따라 6개월 이하의 영아는 매주 오고, 6~12개월 영아는 2주마다. 한 살 이상은 한 달에 한 번씩 오도록 했다. 우유는 매주 두 번(화, 금) 아침 10시 30분부터 11시 30분까지 제공했다.[58]

영아보건소에는 가난한 집의 허약하고 병든 불쌍한 아이들이 등록하여 돌봄을 지원받았는데, 대구영아보건소가 설립된 이래 9년간 970명이 등록했고, 매주 평균 30명이 방문했다. 한국인 의사의 아내들이 자원봉사자로 참여하여 일을 도왔고, 하루 평균 12명의 어린이가 와서 무료로 우유를 공급받았다.[59] 동산기독병원의 영아보건사업은 최초로 영아복지 개념을 도입하여 운영함으로써 우리나라의 미래를 밝히는 데 크게 기여하였다.[60]

플레처 원장은 공중보건 계몽에도 앞장섰는데, 1925년에 『괴질병 예방』, 『가정 위생』, 『상처 치료』, 『파리와 병의 관계』 등의 책을 저술하여 전도회 소속 부인들이 농촌 지방에 전도 나갈 때 팔도록 했고, 『기독신보』에 위생 보건이라는 고정란을 두고 '폐결핵 치료법', '음식물', '결핵과 술, 담배' 등의 글을 연재하기도 했다.

(4) 병원전도회의 초기 선교활동

1921년에서 1941년 사이 병원전도회 소속 목사는 박덕일, 김충한, 정재순, 김원휘, 강신창 등 5명이었고, 장로는 허일 1명이었다. 남전도사는 9명이었으며, 여전도사는 10명이었다. 정재순, 김원휘는 3·1운동에 적극 참여한 연유로 옥고를 치렀으며, 1941년에서 1942년까지 근무한 김용규 목사는 신

58 동산의료원, 『동산의료원 100년사』, 14.
59 같은 책, 73.
60 계명대학교 120년사 편찬위원회, 『계명대학교 120년사』, 122.

사참배를 거부하여 옥고를 치렀다.

1930년대 일제의 강압적인 식민지 통치하에서 교인 수가 줄고, 예배를 드리지 못하는 경우도 있었다. 1935년의 전도 보고에 따르면, 30명이 되던 교인들이 20명으로 줄어들었고, 모임 장소가 없어 3주간 예배를 드리지 못하기도 했다.[61] 일본이 1937년에 중일전쟁을 일으키고 1941년에는 태평양전쟁을 일으키면서 전도회에 더 큰 시련이 닥쳤다. 일본이 미국과 미국인을 적국으로 간주하고 추방령을 내렸다. 이로 인해 미국 선교사들이 세운 교회, 학교, 병원들이 감시와 탄압의 대상이 되었고, 전도 활동은 대부분 금지되거나 해산되었다.[62] 일제는 예배를 방해하며 예배당을 시국 강연소로 만들었고, 교회에 애국 헌금, 비행기 헌금을 강요하고 식량과 놋그릇을 헌납하게 했다.[63]

1941년부터는 선교사들까지 박해하여, 대영제국의 시민이라 함부로 대하지 못했던 플레처 원장 부부까지 박해하여 1년 동안 가택에 연금시키기도 하였다. 일제의 강압으로 많은 선교사들이 본국으로 돌아갔지만, 플레처 부부는 꿋꿋이 남아 버티다가 1943년 8월 9일 한국을 떠났다. 플레처 원장이 떠난 후 장원용이 임시원장으로 부임하였다. 하지만 일제의 경북 경찰부는 동산기독병원과 애락원의 운영권을 빼앗아, 재단법인 경북공중보건협회에 경영권을 넘겨 버렸다.[64] 제3대 장원용 원장이 부원장으로 격하당하고 나카타 카오루가 원장직을, 야마모토가 사무장직을 맡았다.

1945년 8월 15일 해방이 되자, 문영복 병리 시험 과장이 동산기독병원 5대 원장으로 추대되었다. 문영복 원장은 일제강점기 동안 병원의 원래 모습을 보존하여 크게 신임을 받았으며, 병원을 환수하는 데 큰 힘을 기울였

---

61 같은 책, 123.
62 같은 책, 124.
63 같은 책, 127.
64 같은 책, 128.

다.[65] 1946년 10월 1일 대구에서 좌익폭동이 발생하였다. 당시 문영복 원장은 히포크라테스 선서에 입각하여 대치한 시민과 좌익, 경찰 모두 차별 없이 부상당한 사람을 치료하라고 지시했다. 동산기독병원은 적산관리국과의 오랜 교섭 끝에 '원래 소유자인 미국 북장로교회 대한선교부에 되돌려 주라'는 명령을 받아, 1948년 11월 26일자로 환수되었다. 미국 선교부와 대한선교회의 목적대로 동산기독병원의 시설과 장비를 복원하고, 의료 봉사와 선교를 통해 주님의 나라를 이루려는 본래의 의도대로 회복하기 위한 작업이 진행되었다.[66]

(5) 하워드 마펫

하워드 마펫

하워드 마펫(Howard F. Moffett, 한국명 마포화열)은 1917년 8월 16일 평양에서 한국의 초대 선교사 사무엘 마펫(Samuel Austin Moffett, 한국명 마포삼열)과 루시아 마펫(Lucia Fish Moffett) 사이에 넷째 아들로 태어났다. 그는 동양의 예루살렘이라 불리던 평양에서 태어나 유소년 시절을 보냈다. 그는 한국 장로교회의 아버지이자, 장로회신학대학교의 설립자인 아버지의 선교사역을 보면서 자랐다. 사무엘 마펫은 고난과 핍박 속에서 선교사역을 했지만, 그의 마음은 항상 조선 사람에 대한 사랑이 넘쳤다. 하워드 마펫은 아버지를 통해 조선 사람을 사랑하는 법을 배웠고, 아버지의 선교 열정을 이어받아 의료선교사가 되었다.

65 같은 책, 131.
66 같은 책, 133.

그의 아버지가 신학교를 통해 교회지도자를 양성하고 교회를 세우는 사역에 헌신했다면, 그는 병원을 통해 환자를 사랑하고 섬기며 의료지도자를 양성하는 일에 헌신했다. 그는 1948년 31세에 미국 북장로교 의료선교사로 한국에 파송되었다. 그는 동산기독병원에서 45년 동안 병원장, 학교법인 기독대학 이사장, 계명대학교 동산의료원 협동의료원장 등을 역임하면서 동산병원을 발전시켰다. 그는 해방 후 1948년 동산기독병원장으로 임명된 뒤, 활발한 해외 모금을 통해 당시 불과 68병상이던 작은 동산병원을 1천여 병상의 대형 병원으로 성장시켰고, 선교, 교육, 의료 봉사 등 여러 방면에서 큰 업적을 쌓으면서 대구·경북 지역의 복음화에 온 힘을 쏟았다.

1957년 마펫 원장은 동산기독병원이 중흥의 길로 나아갈 수 있는 토대를 마련하기 위해 다음 두 가지 사업에 힘썼다. 첫째, 병원 직원들의 관리 능력 향상을 목적으로 임상과장과 행정과장을 미국에 연수시켜서 선진 의술과 관리 기술의 선진화를 도모했다. 둘째, 전기 기계부, 영양사, 공인 회계사, 의무기록사, 자재공급실, 간호사, 물리치료사, 일반외과 의사, 정형외과 의사 등 각 분야의 전문인을 초빙하여 외국 연수를 가지 않고도 선진 의술 및 기법을 전수받도록 했다.[67]

마펫 원장은 간호대학과 의과대학을 설립하는 일과 동산의료원과 계명대학교를 합병하는 일에 헌신했다. 한국인에 대한 하워드 마펫의 사랑은 그의 아버지에게서 체득된 것이다. 그의 아버지에 대한 유일한 이미지는, 바로 "한국 사람을 진짜 많이 사랑"하였다는 것이다. "45년간 대구는 우리의 고향이었고 영원히 우리 마음속 고향으로 남아 있을 것입니다."[68]라고 말한 마펫 원장은 늘 "한국은 내 고향, 미국은 타향"이라고 입버릇처럼 말했다. 하워드 마펫은 죽을 때에도 "내 고향 대구에 묻어 달라"고 유언을 남길 정도

67 계명대학교 120년사 편찬위원회, 『계명대학교 120년사』, 143.
68 동산의료원, 『동산의료원 100년사』, 810.

로, 인생의 황금기를 오롯이 대구에서, 대구 사람으로, 대구 사람을 위하여 살았다. 그리하여 하워드 마펫과 그의 부인 델 마펫(Delle Mackenzie Moffett)의 유해는 두 곳에 묻혔는데, 절반은 미국의 휘튼 가족 묘지에, 나머지 절반은 동산의료원 은혜정원에 안장되었다.

(6) 병원전도회의 순회 선교활동

병원전도회는 회원들의 회비로 1951년부터 무의촌 진료 전도에 주력하면서 미약한 교회들을 경제적으로 후원하였다. 교회 후원은 다양하게 진행되었는데, 한국전쟁으로 부서진 교회 건물을 새로 세우거나 수리하는 비용을 지원했고, 목회자가 없는 교회에는 전도사를 파견하였다. 또한 어려운 경제 형편에 처한 농촌교회의 경우에는 교역자의 생활비를 후원하면서 도서구입비를 지원하고 의료비 감면의 혜택도 제공하였다. 특히 의료시설이 없는 곳을 위해서는 무의촌 순회진료대와 출촌전도대를 조직하여 순회하면서 성례를 베풀거나 부흥집회를 하면서 의료봉사와 더불어 복음선교도 했다.[69]

1950년대 한국 농촌은 가난하였으므로 의료시설이 없는 경북 일대의 무의촌에서 펼친 병원전도회의 전도활동은 성과가 컸다. 출촌진료전도대는 1951년부터 1960년까지 활동하였는데, 토요일 오후에 진료를 나가 무의촌 단거리 진료전도와 고아원 순회 진료 전도를 했다. 낮에는 의사, 약사, 간호사가 환자를 진료하고 복음반은 가정을 방문하여 전도했으며, 밤에는 뉴스나 교육 영화를 상영하면서 주민 계몽과 더불어 전도 강연을 했다.[70]

---

69 동산의료원, 『동산의료원 100년사』, 160.
70 계명대학교 120년사 편찬위원회, 『계명대학교 120년사』, 147.

선교활동은 가는 곳마다 인기를 끌었으며 복음을 효과적으로 전했다. 마펫 원장은 선명회 피어스의 기부금으로 아동 병원을 설립해서 고아원 아이들을 무료로 치료해 주었다. 병원전도회에서는 10년 이상 대구 시내와 근교의 고아원을 순회하면서 진료했다.[71] 또한 연말연시나 명절에는 양로원, 고아원, 폐결핵 요양소, 재해를 당한 이들에게 구제금과 위문품을 전달하는 등 구제 사업도 했다.[72] 다음은 마펫의 1957~1958년 병원선교에 관한 연례 보고서의 내용이다.

> 4개의 농촌교회를 설립하려 하는 5명의 전도인을 후원하고 있는데, 이들의 자립을 위해 지원을 중지할 계획이다. 이들 전도인들이 병원의 두 원목과 전일제 전도 부인들, 평신도 전도인과 병원 직원 가운데 자원한 봉사자들과 함께 도움이 필요한 농촌교회로 전도를 나간다. 전도인들은 주민들과 개인적으로 많은 접촉시간을 갖기 위해 토요일 오후나 저녁에 출발한다. 주민들에게 전도지를 나눠주고 종교영화 상영이나 무료로 진료할 준비를 해서 간다. 그곳 주민을 초청하여 대규모 전도집회를 열기도 했다. 이를 통해 986명이 예수를 믿기로 작정했고, 3,385명이 무료 치료를 받았다.[73]

마펫의 1960~1961년 연례보고서에 따르면, 10명으로 구성된 공중보건팀이 울릉도에서 열흘 동안 1만 7,000명의 주민을 대상으로 무료 진료 활동과 더불어 전도활동을 했다. 공중보건팀은 1,200명을 치료해 주었는데, 진료팀은 여러 마을을 다니면서 환자를 돌보았고, 다른 팀은 전도했으며, 밤에는 성경 말씀을 전했다.[74] 병원전도회가 전도 활동을 다닐 때는 주로 트럭을 이용했는데, 마펫 원장의 노력으로 1959년 11월에 미국에서 버스 한

---

71 같은 책, 148.
72 같은 책, 149.
73 동산의료원, 『동산의료원 100년』, 132.
74 같은 책, 137.

대를 기증받기도 했다. 동산병원 전도회는 단거리 진료 전도, 장거리 진료 전도, 하계 특별 진료 전도, 총괄적 보건 진료 전도 등을 진행했다.

하계 특별 진료전도대는 1961년 8월부터 활동을 시작했는데, 경북 영주에 수해가 극심했던 지역에 진료전도대 27명이 이틀간 1,214명의 환자를 진료하였다. 진료 봉사는 주로 해안 지역에서 활동하였는데, 무더운 8월 초순 기간을 이용하여 낮에는 진료하고, 오후에는 휴식을 하면서 재충전하는 형식으로 휴가를 겸하여 진행하였다.[75]

단거리 진료전도대는 병원에서 50km나 1시간 이내 거리의 지역을 대상으로 진료하면서 전도하였는데, 의사와 간호사, 약사, 전도사, 간호 학생, 서무 직원, 운전기사로 구성되었다. 장거리 진료전도대는 병원에서 약 50-150km 정도 떨어진 곳을 방문하여 화·수 2일간 진료와 전도를 하였는데, 1963년 5월 6일간 1,372명의 환자를 진료하면서 시작되었다.[76]

원내 전도는 1961년 이후 원목실에서 교직원 수양회와 부활절 예배, 추수감사절 예배, 성탄 예배를 드리고, 불우청소년과 농어촌 목회자 자녀에게 장학금을 지급하고 미자립 교회를 후원하였다. 동산기독병원의 전도회는 '㈔동산의료선교복지회'로 지금까지 이어져 국내 및 해외 의료 봉사를 통한 선교를 활발하게 진행하고 있다.

---

75 계명대학교 120년사 편찬위원회, 『계명대학교 120년사』, 164.
76 같은 책, 164.

2부

대명캠퍼스 시대의 선교 역사

2부

대명캠퍼스 시대의 선교 역사

1. 계명대학 설립의 선구자들

(1) 에드워드 아담스

1) 학창 시절

에드워드 아담스

에드워드 아담스 선교사는 1895년 2월 6일 미국 캔자스 주 토피카(Topeka)에서 태어났다. 그는 태어난 지 3개월 만에 그의 아버지 제임스 아담스 선교사를 따라 한국으로 온 이후, 42년간 한국 선교를 위해 봉사했다. 그는 특히 계명대학교의 공동설립자로서, 초대 이사장과 2개 학장으로 계명대학교의 발전을 위해 헌신하였다.

아담스는 우스터(Wooster) 대학과 맥코믹 신학교(McCormick Theological Seminary)를 졸업하고 만 26세의 나이로 시카고장로회에서 목사안수를 받았다. 그는 맥코믹 신학교에서 학생자원봉사자 시카고연맹 의장으로 활동하기도 하였다. 맥코믹 신학교를 졸업한 아담스는 한국의 선교사로 지원하여 1920년 10월 선교사로 임명받았다. 그는 1921년 시카고 장로회에서 목사 안수를 받았고, 그해 9월 10일 수산 컴스톡(Susan Comstock) 양과 결혼하고 바로 한국으로 출발하였다.

2) 한국에서의 선교활동

아담스 선교사의 첫 임지는 황해도 재령 선교부였다. 그는 시골교회를 순회하며 복음을 전했고, 성경학교에서 학생들을 가르쳤다. 재령 지역의 선교는 몇 개의 지역으로 나뉘어 있었는데, 남서부 지역은 샤프(Charles E. Sharp) 선교사가 맡았고, 동부와 북서부 지역은 아담스 선교사가 담당하였다. 재령 지역은 성경학교가 활발하게 진행되고 있었는데, 아담스 선교사가 부임한 1921년까지 매년 17,000명이 성경학교에 참석하여 신앙을 고백하였고, 평균 20,000명의 참석자가 278개의 수업에 참가하였는데, 매 수업은 4일에서 10일까지 이어졌다.[77]

1925년 그의 부친 제임스 아담스 선교사가 조성했던 '아담스가 전도기금'의 관리책임이 그와 그의 동생 안변암(Benjamin) 선교사에게 맡겨지게 되면서, 그는 대구로 사역지를 옮겨 대구 성경학교 교장을 맡게 되었다. 그는 학교운영과 학사업무로 바쁜 와중에도 대구·경북의 여러 지역을 방문하면서 교회 설립에 힘썼으며, 15개 교회에서 20개 교회를 맡아 돌보면서 기독교 지도자 양성에도 힘썼다. 이러한 선교활동의 결과 120개의 교회가 설립되었으며, 한국인과 함께 순회전도를 하면서 기회가 있을 때마다 복음을 전했다.

아담스 선교사는 기독교계 중고등학교를 설립하거나 이사로서 활약하

---

77 계명대학교 120년사 편찬위원회, 『계명을 빛낸 사람들』, 73.

면서 인재 양성에도 힘썼다. 성경학교에서는 매년 3단계의 교육과정이 개설되었는데, 남자부는 1935년 83명, 1939년 72명이 2개월간 등록하였고, 여자부는 1936년 86명, 1939년 100명이 3개월간 등록하였다. 또한 교회가 없는 지역에서도 천막 전도에 힘을 기울여 1935년의 한 모임에서 600명이 참석하기도 하였는데, 이러한 노력의 결과 많은 교회가 설립되었다.

3) 강제 출국과 재입국

태평양 전쟁은 아담스 선교사에게 큰 시련을 안겨 주었다. 1941년 12월 7일 일본의 진주만 공습 이후, 다른 21명의 선교사들과 함께 한국을 떠나기를 거부한 그는 가족을 미국으로 돌려보내고, 10일간 투옥되는 고초를 겪었다. 그는 옥중에서 고생하면서도 취조관에게 '나는 어떤 고생을 시켜도 좋으니 조선 사람은 석방하여 달라'는 요청을 여러 번 하였고 자신에게 주어진 사식을 간수의 눈을 피해 가면서 조선 사람에게 나누어 주기도 하였다.

아담스 선교사는 투옥 후 감시원의 감시 속에 연금 상태로 지내다가 1942년 여름 송환 조치를 당해 미국으로 강제 출국되었다. 1945년 5월 2차 세계대전이 끝나갈 무렵, 한국으로 재입국 준비를 하던 아담스 선교사는 해방과 더불어 당시 주한 미군정사령관인 하찌 중장의 특별 초청으로 1946년 10월에 대구로 다시 올 수 있었다. 그는 대구에 도착하자마자, 선교사업을 하며 교회와 병원, 학교의 설립과 복구를 위해 힘썼다.

4) 한국 선교부 대표

1948년 1월 한국선교부를 재구성하기 위한 회의에서 아담스 선교사는 실행위원회 의장으로 선출되어 한국선교부 대표를 맡게 되었다. 그가 1949

년부터 1955년까지 대한 선교회 총무로 시무하던 중 6·25 전쟁을 겪었다. 전쟁이 발발했을 때, 그는 일본으로 대피하기를 거부하고, 부산과 대구의 임시 숙소에서 목사들과 그 가족들을 안전한 남쪽 해안으로 이송하며 홍수처럼 밀려오는 피난민들의 구조에 전력을 다했다. 1950년 12월 중공군의 개입으로 인해 전세가 역전되어 수많은 피난민들이 남쪽으로 향할 때, 그는 인천에서 피난민 수천 명을 배에 싣고 남쪽으로 대피시키기도 했다.

아담스 선교사는 서울이 공산군에 점령당하자, 자신의 왜건으로 밤새 달려 대구로 내려왔다. 중간에 왜건이 고장이 나서 차를 견인해서 대구로 내려오기도 했는데, 아담스 목사 일행의 도움으로 서울을 빠져나온 사람은 모두 3천여 명에 달했다. 미8군은 대구에 도착한 아담스 선교사 일행에게 대구와 부산에 있는 피난민들을 제주도와 거제도로 이송해야 한다는 지시를 내렸다. 그리하여 3주간 동안의 노력으로 8천 명의 사람들을 이송할 수 있었다. 그는 이러한 일들을 효과적으로 수행하기 위해 전국기독교협의회를 전국기독교비상위원회로 개편하여 피난민들에 대한 대피업무뿐 아니라 구호업무도 성공적으로 감당하였다.

5) 계명대학을 위한 헌신

아담스 선교사는 전쟁으로 인해 파괴된 교회와 교육시설의 복구 사업에 힘을 쏟았으며, 부친의 선교 정신을 이어받아 대구에 계명대학을 설립하는 데 앞장섰다. 3년간 계속된 6·25 전쟁으로 150만 명의 사상자와 360만 명의 부상자가 발생하였으며 전 국토는 초토화되었다. 그는 6·25 전란 후 흩어진 민심을 고등교육을 통해 회복하고자 하였다. 그는 기독교 사역에 전념할 젊은 인재들에게 고등교육을 제공할 기독교대학 설립을 통해 새로운 돌파구를 마련하고자 하였다.

그는 먼저 대구에 기독교대학을 세우기 위해 미국의 해외선교부에 재정

지원을 요청했지만, 선교부는 대학을 설립할 정도로 재정 형편이 넉넉하지 못했다. 해외선교부는 이미 평양에 연합기독교대학(Union Christian College, 숭실대학[78])을 설립하였고, 서울에는 조선기독교대학(Chosen Christian College, 연세대학)을 설립하였기에 대구에 세 번째 기독교대학을 설립하는 데는 동의하지 않았다.[79]

해외선교부의 반대에도 불구하고 아담스 선교사를 비롯한 교계 지도자들은 대구에 기독교대학을 설립하기로 하였다. 그 첫 모임이 1953년 6월 11일 계성학교 신태식 교장실에서 열렸는데, 아담스 선교사, 신태식 교장, 최재화, 김광수, 박병훈, 오병기, 신후식, 주덕근, 차태화 등이 참석하였다. 회의 안건은 계명기독대학 설립이었으며, 기성회준비위원회가 발족되어 회장은 아담스 선교사가 맡았고, 서기는 신태식 교장이 맡았다. 이후 8차례의 회의를 거쳐 재단 설립과 이사 선임을 결정하였다.

계명대학은 처음부터 4년제 정규 기독교대학으로 시작하고자 하였다. 하지만 당시 대학설립 붐이 있었고, 이는 대학의 질적 관리 소홀로 이어져 사회문제가 되었다. 정부에서는 일정한 규모의 교지와 강의실, 체육시설, 도서관, 실험 실습실 등을 갖추지 않으면 대학설립 허가를 내주지 않았다. 그리하여 1954년 4월 19일 '계명기독학관'이라는 사설학술강습회로 개관했다. 설립 당시 계명기독학관은 미국 북장로교 한국선교부 대구선교지부의 부지와 아담스 선교사 사택 등을 비롯한 신학교 강의실 등을 빌려 개관했으며, 철학과 58명, 영문과 60명으로 시작했다.

아담스 선교사는 미국 북장로회 해외선교부에 대학설립 예산을 요청하고 여러 기독교 단체에도 재정원조를 부탁했으나, 4천 달러밖에 모금하지

---

78 숭실대학은 장로교 선교사와 감리교 선교사가 연합해서 학교를 세웠기 때문에 '합성숭실'이라고 불렸다. 1915년 선교부 정책에 의해 감리교 선교사들은 평양을 떠나 서울의 조선기독교대학교로 합류하게 되고, 장로교 선교사들만 계속 남아 유지하다가 1938년에 일제에 의한 신사참배 거부로 자진 폐교되었다.

79 계명대학교 120년사 편찬위원회, 『계명을 빛낸 사람들』, 76.

못했다. 1954년 미국 해외선교부 한국담당관 존 스미스(John C. Smith) 박사가 내한하자, 그는 12만 5천 달러 상당의 재정지원을 요청했다. 그리하여 스미스 박사의 동의로 미국 해외선교부의 승인을 받게 되었다. 12만 5천 달러 중 3만 5천 달러는 서울에 재건하게 된 숭실대학을 위해 사용하고, 9만 달러는 계명대학 설립을 위해 사용할 수 있게 되었다.

1958년 초대 학장이었던 캠벨 선교사가 정년으로 퇴임하자, 아담스 선교사는 2대 학장으로 선임되었다. 아담스 선교사는 맡은 일에 헌신적일 뿐 아니라 사람을 세우는데도 탁월한 지도자였다. 1953년 계명기독대학을 설립할 당시 해외선교본부에서는 아담스 선교사에게 "기독교대학을 설립하게 되면 이를 맡아서 경영할 한국인 지도자가 있느냐?"고 물었다. 이는 당시 선교부의 정책이 현지인에게 학교경영을 맡긴다는 원칙 때문이었다. 아담스 선교사는 "지금 당장은 없지만 한국인 지도자를 육성하고 있다"고 답변했으며, 이를 실천하기 위해 신태식 교장과 명신홍 목사를 미국으로 유학 보냈다.

1953년 8월 신태식 교장은 선교부의 장학금으로 미국 펜실베니아주 피츠버그대학교에서 1년간 공부하면서 미국 각지의 교육기관을 견학하였다.[80] 아담스 선교사는 학장 취임과 동시에 계성학교의 신태식 교장을 교수로 채용하고 부학장에 임명하였다. 1961년 3월 13일 열린 법인 이사회에서 신태식 박사를 계명기독대학 후임 3대 학장으로 선임했다. 그의 임기가 남았음에도 미리 후임 학장을 선정한 이유는 후임 학장 선정 과정에서 생길 혼란을 방지하고자 함이었다.

그는 신태식 교장을 자신의 후계자로 삼기 위해 학사 운영을 함께 협의하면서 준비시켰다. 1961년 5·16 군사혁명이 일어나고 외국인이 교육기관장이 되지 못하게 되자, 그가 예견하고 준비한 대로 신태식 박사가 3대 학장이 되었

80 계명대학교 120년사 편찬위원회, 『계명대학교 120년사』, 204.

다. 아담스 학장은 갑작스럽게 퇴임하게 되었지만, 이미 후임 학장이 선임되었던 관계로 대학 운영은 차질 없이 진행되었다. 신태식 박사가 3대 학장으로 취임하고, 아담스 선교사는 명예학장, 협동학장으로 추대되었다. 아담스 선교사는 1963년 한국을 떠날 때까지 대학 발전에 많은 도움을 주었다.

아담스 선교사는 1962년 2월 20만 달러에 달하는 대학발전기금 모금운동에도 앞장섰다.[81] 그는 백여 개의 교회설립을 통해 복음 전파와 더불어 우리나라 농촌에 생기와 활력을 제공하였으며, 교육자로서 젊은 학도들의 인격도야에 심혈을 기울이고 민주주의 사상을 고취하여 인재양성에 이바지했다. 그는 1963년 42년 동안의 한국선교를 마치고 미국으로 돌아갔으며, 향년 70세로 생을 마감하였다.

6) 아담스 선교사의 공헌

아담스 선교사는 우리나라의 교육, 사회, 문화사업과 민주주의 교육의 발전을 위하여 많은 공헌을 하고 우리나라의 문화를 해외에 소개하는 선구자로서 헌신했다. 계명대신문 325호에서는 계명대학의 설립자 안두화 선교사를 집중적으로 조명하였다.[82] 안두화 박사 흉상제막식에 참석하기 위해 내한한 에드워드 아담스 여사는 남편 안두화 박사를 회고하면서 다음과 같이 말했다.

> 안 박사는 죽어도 대구는 잊지 못할 겁니다. 자신의 젊음과 정열을 바친 곳이 대구니까요. 그분은 하나님 앞에 기도하는 중에도 믿음의 대구, 소망의 대구, 사랑의 대구로 만들겠다고 했어요.

81 같은 책, 89.
82 「계명대신문」 323·324·325호 10면, 1978년 1월 10일.

안두화 목사의 아들 존(John)은 그의 아버지에 대해서 다음과 같이 회고하였다.

> 그는 깊은 감성을 가지고 있는 단순한 사람이었다. 겸손하였으며, 단순한 것들을 사랑했다. 그의 믿음과 삶은 단순하고 직접적이었다. 이러한 단순함은 그의 지혜의 열쇠이기도 했다. 그는 혼란스러운 상황에서도 중심을 벗어나지 않는 능력을 가졌다. 그는 소박한 사람이었다. 철저한 자기 성찰을 하면서 자신이 하나님의 뜻 안에 있는지 행동의 동기를 살폈다. 남에게 비판받을 때에도 방어적으로 반응하지 않고 그 비판 속에 배울 만한 진실이 있는가를 알기 위해 기도하였다.

계명대학교는 아담스 선교사의 공헌을 기억하기 위해 대명캠퍼스에 아담스기념관(Edward Adams Memorial Hall)을 1968년 9월 착공하여 1971년 5월 20일 봉헌하였으며, 1999년에는 성서캠퍼스에 아담스채플을 봉헌하였다. 아담스채플은 계명인들이 하나님께 경배와 찬양을 드리는 곳으로서, 주중에는 학생 채플을 진행하고 주일에는 대학교회가 예배드리는 장소로 사용하고 있다. 아담스채플은 한가운데 우뚝 솟은 동판지붕인 돔과 좌우 세 개의 삼각형 박공지붕 형상이다. 세 개의 탑은 기독교의 삼위일체 하나님인 성부, 성자, 성령과 믿음, 소망, 사랑 그리고 계명대학교의 교육이념인 진리, 정의, 사랑을 상징한다.

아담스채플 대예배실 정면에는 3,770여 개의 파이프로 구성된 거대한 오르간이 보인다. 1999년에 13억 원을 들여 제작한 대형 오르간은 독일 베를린의 칼 슈케(Karl Schuke)사가 디자인하여 제작하였다.[83] 오르간의 윗부분은 세 개의 왕관 모양을 하고 있는데 이는 성부, 성자, 성령 삼위일체 하나

83 손인호 외, 『계명대학교 건축물의 역사』 (대구: 계명대학교출판부, 2015), 192.

님을 의미한다. 하단에는 "DEI PRO REGNO VERITATIS IUSTITIAE ET CARITATIS"라는 라틴어가 새겨져 있는데, 계명대학교의 교육이념인 "진리와 정의와 사랑의 나라를 위하여"라는 의미이다. 대예배실 좌우 창문과 가운데 돔 천정에는 예수의 12제자를 비롯하여 성경의 주요 내용과 계명대학교의 이미지를 형상화한 스테인드글라스로 꾸며져 있다. 햇빛이 스테인드글라스에 비치면, 화려하고 아름다운 천연색 그림이 보는 이들에게 큰 감동을 선사한다.

(2) 아치발드 캠벨

1) 학창 시절

계명대학의 초대 학장인 아치발드 캠벨(Archibald Campbell, 한국명 감부열) 선교사는 1890년 9월 28일 펜실베니아주 필라델피아에서 태어났으며, 10대 초반에는 워싱톤주 시애틀로 이사하여 성장하다가 1913년 6월 워싱턴대학교에서 토목공학을 전공하였다. 그는 대학 시절 여름방학을 이용하여 알래스카의 광산회사와 워싱턴 주의 고속도로 공사장에서 측량사로 일하기도 했다.

그는 대학을 졸업한 후 뉴저지 주의 프린스턴으로 여행하게 되었는데, 여행 도중 자신의 생애를 예수 그리스도와 그의 복음을 위해 선교사역에 헌신하기로 결심하였고, 프린스턴신학교에 진학하여 1916년 6월에 졸업하였다. 그는 1916년 9월 헬런 오트(Helen M. Otto, 한국명 안혜리)와 결혼하였으며, 부부는 함께 한국 선교사로 헌신하게 되었다. 그들은 유니버시티장로교회의 후원을 받아 1916년 12월 9일 한국으로 오게 되었다.

2) 강계에서의 선교활동

캠벨 선교사 부부는 1916년 12월 9일 한국에 도착하였다. 12월의 몹시 추운 겨울날, 캠벨 부부는 얼어붙은 압록강을 따라 소달구지(bull sled)를 타고 한국으로 입국하였다. 당시 26세였던 캠벨 선교사는 1917년 2월부터 평안북도 강계에서 1940년까지 24년간 선교활동을 하였다. 그는 산골 마을을 걷기도 하고 때로는 자전거를 타고 다니며 교회를 방문하면서 마을 사람들에게 복음을 전했다. 먼 지역에 있는 교회를 순회하면서 방문할 때는 이삼 주씩 집에 가지도 못할 정도로 바쁜 일정을 보냈다. 그는 강계읍 교회의 설립과 발전에 중요한 역할을 하였다.

캠벨 선교사는 1923년에 안식년을 맞아 잠시 귀국하였고, 이듬해 6월에는 필라델피아에 소재한 펜실베니아대학교에서 교육학(수학) 석사학위를 취득하였다. 그는 1925년 다시 강계로 돌아와 선교활동에 매진하는 한편, 강계 '영실소년학교(Youngsil boys' Academy)'의 교장에 취임하여 교육 사업에 힘을 쏟았다. 그는 "몸이 튼튼해야 공부도 잘할 수 있다"는 신념에 따라 운동장을 만들고 축구장과 트랙의 선을 그었다. 그리고 매년 봄과 가을이면 운동회를 열어 우승자에게 배지와 리본을 수여하였다.

캠벨 선교사 부부는 강계에서 24년 동안 헌신적으로 봉사했고, 주민들로부터 많은 사랑을 받았다. 강계의 교인들은 캠벨 선교사 부부의 완벽한 한국어 구사, 사역에 대한 헌신, 주민에 대한 사랑 등을 기리기 위해 기념비를 세웠는데, 기념비는 사면 화강암 첨탑 형으로 한국어, 일본어, 중국어, 영어 등 4개 국어로 새겨졌다.[84]

캠벨 선교사는 1938년 신사참배를 강요하는 일본 정부의 요구를 거부하다가 스스로 학교를 폐교하게 되었다. 당시 많은 교회와 목사들이 신사

---

84 계명대학교 120년사 편찬위원회, 『계명을 빛낸 사람들』, 102.

참배에 찬성하고 순응할 때, 캠벨 선교사는 끝까지 신사참배를 거부하고, 신앙의 양심과 말씀의 가르침을 지키기 위해 노력했다. 제2차 세계대전으로 인해 미국으로 송환 조치를 당하자, 그는 1940년에 미국으로 귀국하여 펜실베이니아 주와 뉴저지 주의 여러 교회에서 목회하였다. 전쟁이 끝나고 해방이 되자 그는 1946년 초에 한국으로 돌아오게 되었다. 그가 다시 파송 받은 곳은 대구였으며, 대구와 경북의 여러 지역을 순회하면서 선교활동을 했다. 6·25전쟁이 발발하자, 그는 전쟁고아들을 돌보고 피난민들에게 구호물자를 나누어주는 일을 했다.

3) 총회신학교 초대 교장

6·25전쟁으로 서울의 신학교들이 부산으로 피난 갔다가 1951년 5월 28일 대한예수교장로회 총회에서 조선신학교와 장로회신학교를 통합하여 총회 직영 '총회신학교'를 개교하기로 결정했다. 그때 조선신학교와 장로회신학교는 서로 대립 관계에 있던 기독교 단체에서 운영 중이었는데, 양측을 통합하여 신학교를 새롭게 출범시켜야 할 상황이었다. 양측 입장에서 중립적인 위치에 있던 캠벨 박사를 적임자로 생각하여 교장으로 추천하였다. 그리하여 캠벨 선교사는 1951년 9월 사무엘 마펫(마포삼열) 선교사의 주도 하에 대구에 신설된 대한예수교장로회 총회신학교 초대 교장으로 취임하였다.

당시는 전쟁 중이라 재산도, 건물도, 교수도, 심지어 책마저도 없는 상황이었다. 신학생들 대부분은 중공군이 남하할 때 북한에서 피난을 내려온 사람들로서 사설 신학교를 다니던 사람들이 많았다. 조금 떨어진 곳에 선교사 주택이 한 채 있었는데, 지하는 피난민이 사용하고, 1층은 신학교 사무실로 사용하고, 2층은 기숙사로 사용하였다. 그곳에서 가까운 거리에 있던 서문교회를 임시 신학교 교실로 사용하였다. 총회신학교는 1953년 10월 18일

남산에 있던 교사로 복귀하게 되었다.

4) 계명기독대학 초대 학장

캠벨 선교사는 1952년 6월 안식년으로 귀국하여 펜실베이니아 주 젠킨스 타운의 비버 대학과 일리노이 주의 휘튼 대학에서 명예 신학박사 학위(D.D.)를 받았다. 그는 1954년 계명대학을 설립할 때 초대 학장에 취임하여 학교 운영에 적극적으로 참여하였으며, 아담스 선교사와 함께 캠퍼스 부지 물색과 확보에 힘썼다. 그는 아담스 선교사와 함께 1954년 11월 8일 문교부에 법인설립 인가를 신청하고 캠퍼스 부지 매입에 착수하였다. 캠벨 선교사는 학장이면서도 워싱턴대학교에서 토목공학을 전공했기에 캠퍼스 조성에 대한 총책임을 맡았다.

계명기독학관을 개관한 학교법인은 대구시 대신동 283번지, 현재 계성초등학교 자리에 있었던 아담스 선교사의 사택과 신학교 교사 등 모두 4동의 건물, 연건평 390평과 2,500평의 부지를 미국 북장로교 한국선교회 대구지부로부터 빌려서 학교를 운영하게 되었다.[85] 캠벨 학장은 캠퍼스 부지로 대신동 임시 캠퍼스에서 서남쪽으로 1.4km 떨어진 대명동 2345번지 일대 청석 바위 야산을 선정했다. 그곳은 여러 개의 문중 묘와 논밭이 있던 야산이었다. 당시 28명의 소유주가 있던 땅으로 2만여 평 되는 곳이었다. 그는 우선 1954년 11월 29일부터 땅 소유주를 한 사람씩 만나 매입하기 시작했는데, 소유주가 많았을 뿐만 아니라 문중 묘도 있어서 전부 매입하는데 약 3년의 기간이 걸렸다.

땅값은 그리 비싸지 않았지만, 여러 사람의 주인들을 설득하는 일은 쉬운 일이 아니었다. 어느 문중의 묘지는 그 집안의 종손이 묘역에 꽃나무를

---

85 같은 책, 107.

심고 석조물로 장식하여 아름답게 잘 가꾸어 놓고 있었다. 당시 한국에서 조상의 묏자리를 옮긴다는 것은 대단히 어려운 일이었기에 땅 주인들은 쉽사리 땅을 팔겠다고 하지 않았다. 캠벨 학장은 더 좋은 전망을 가진 땅을 섭외하면서 주인들을 설득한 끝에 땅을 모두 매입할 수 있었다.

5) 계명대학을 위한 헌신

캠벨 학장은 미국 북장로교 해외선교부에서 설립 자금으로 지원받은 9만 달러 중 4만 달러를 먼저 지원받아 땅 구입에 사용하였고, 나머지 5만 달러는 향후 운영 경비로 5년간 나누어 받기로 하였다. 하지만 해외선교부로부터 지원받은 9만 달러의 지원금은 학교 건축에 턱없이 부족했다. 이를 해결하기 위해 그는 부족한 대학설립 자금을 짧은 신발 끈에 비유하여, '신발끈 늘이기 작전(shoestringistics)'에 돌입하였다. 이 작전은 미 육군 대한지원단(Armed Forces Aid Assistance to Korea, AFAK)의 도움을 받아서 대학 건축을 진행하자는 계획이었는데, 대명동 본관 건축 시에 목재, 시멘트, 벽돌, 유리, 기와 등 6만 달러 상당의 건축자재를 지원받을 수 있었다.

대명캠퍼스 본관 설계는 미국 하버드대학교 대학원에서 건축학을 공부한 한국인 건축가 조자룡 씨에 의해 조지언 클로니얼 스타일(Georgian colonial style)로 설계되었다. 이 같은 건축양식은 미국의 프로테스탄트계 대학들의 건물에 적용된 것으로 기독교 신앙 및 학문의 우월성과 밀접한 연관이 있다.[86] 대명캠퍼스의 본관은 십자형(+) 평면을 이루고 있다. 북향 건물로 남쪽으로 뻗은 뒷날개에는 대강당이 있고 정면 중앙에는 주랑 현관 포르티코가 앞으로 튀어나와 있다. 본관 지붕 한가운데 가장 높은 곳에는 둥근 지붕

86 같은 책, 118.

(Cupola)이 있어 그 아름다움을 더하고 있다.[87]

캠벨 학장은 직접 학교 건물을 설계하고, 교가를 짓고, 교기와 학교 직인도 직접 만들었다. 또한 학칙 제정, 교복 선정, 본관 강단 의자 제작과 구입, 강의실용 의자 디자인 및 도색, 캠퍼스 조성을 위한 나무 심기 등 학교 운영과 관련하여 수많은 업적을 남겼다. 그는 학생들과 함께 일하는 것을 좋아했다. 그는 학생들과 자유롭게 대화하려고 운동 삼아 자전거를 타고 출퇴근하였다. 그는 음악과 시를 좋아하였고, 유머와 위트로 잘 웃겼으며, 인자한 성품으로 친화력이 넘쳤다. 그는 예술적 재능도 있어서 화가로서 많은 그림을 남겼는데, 그의 그림들은 은퇴한 선교사들과 선교사 자녀들의 집에서 볼 수 있었다.

한국말에 능통했던 캠벨 학장은 많은 교회들을 순회하면서 설교하였다. 계명대학교는 감부열 선교사의 섬김을 기념하여, 감부열관(캠벨 기념음악관)을 건립하였다. 감부열 선교사를 한국에 파송하고, 그를 지원했던 워싱턴주 시애틀 유니버시티장로교회가 2만 5천 달러를 지원하였다. 1953년에 출간한 『한국의 길을 걷고 있는 예수』는 캠벨 선교사가 목격하거나 수집한 17개의 에피소드를 담고 있는데, 이 땅에 살았던 신앙 선배들의 삶의 자취를 엿볼 수 있다. 또한 『韓人心中의 그리스도』(가남사, 1981)는 그가 6·25전쟁을 전후로 대구에서 일어난 일들을 단편적으로 기록한 자료를 모은 책이다.

캠벨 학장의 부인이었던 안혜리(Mrs. Campbell) 여사는 "College? - Why?, Where?"라는 글을 통해 기독대학의 설립정신과 역할에 대해 제언했다. 캠벨 여사는 계명대학의 정체성과 기독교대학으로서 바람직한 교육목적과 방향을 다음과 같이 제시하였다.

> 첫 번째 질문인 "왜?"에 대해서는 논쟁의 여지가 거의 없습니다. 모든

87 같은 책, 118.

직업에서 대학의 학위가 표준적 요구 사항이 되었으며, 전문직뿐만 아니라 다양한 분야에서 필요로 합니다. 미국 대학들도 건강한 신체, 탁월한 인격, 학문적인 지성, 그리고 진정한 종교 경험을 개발할 기회를 제공하는 것을 목적으로 하는 점에서 잘 드러납니다. 이에서 인간의 전인적인 발달—신체, 영혼, 정신—이 모두 포함되어 있습니다. 다음 질문은 "어디서?"인데, "기독교적 분위기 속에서"라는 것입니다. '분위기'란 공기와 같습니다. 여기에 기독교적이라는 형용사를 붙이면, 그 공기에 생명을 주는 특별한 의미를 부여하게 됩니다. 그렇다면 계명기독대학(Keimyung Christian College)은 "어떻게" 이러한 기독교적 분위기를 제공할 수 있을까요?

첫째는 강건한 신체와 체력입니다. 둘째는 학문적 성장입니다. 여호와를 경외하는 것이 지혜의 근본입니다. 계명대학은 매일 예배를 통해 학생들에게 한 가지 중요한 목표를 상기시킵니다. 인간의 최고 목적은 하나님을 영화롭게 하고 그분을 영원히 즐거워하는 것입니다. 계명에서 공부한 이들이 위대한 문학, 그림, 건축물을 창조하고, 위대한 과학자, 의사, 정치가, 성직자로 성장할 날을 기대합니다. 이 모든 길에서 학문적 성장은 필수 요소입니다. 셋째는 종교적 경험입니다. 기독교신앙에 헌신한 교수진은 한마음으로 헌신하며 살아갑니다. 예수 그리스도는 우리의 모퉁이 돌(Cornerstone)이십니다. 그분이 완전하시므로, 우리도 완전함을 추구해야 합니다. 이를 어떻게 이룰 수 있을까요? 바로 "진정한 종교 경험", 즉 하나님을 아는 것입니다. 창조주의 권능을 인식하고 그분을 구주와 주님으로 아는 것입니다.[88]

캠벨 선교사는 1966년 계명대학을 다시 방문하였는데, 방문에 대한 소감과 더불어 처음 대학을 시작하게 된 배경에는 제임스 아담스 선교사의 오랜 꿈에서 시작되었음을 다음과 같이 소개하였다.

계명기독대학을 8년 만에 다시 방문하게 되어 영광스럽게 생각합니다.

---

88 「계명대신문」 2호 2면, 단기 4290년(1957년) 11월 1일.

캠퍼스에서 이루어진 많은 변화를 보게 되어 감사한 마음입니다. 새롭게 지어진 건물들, 병설대학, 기숙사, 학생회관, 원형극장, 뱁칵 마을, 그리고 특히 캠벨 기념 음악당까지. 또한, 많은 나무가 무성하게 자라는 모습을 보니 기쁩니다. 캠퍼스는 여전히 꽃으로 장식되어 있습니다. 저는 채플이 행복하고 열정적인 학생으로 가득 차 있어 매우 기쁩니다.

제 마음은 대학의 시작을 떠올려 봅니다. 우리는 이 대학에 대해 많은 관심을 갖고 있으며, 큰 기대를 품고 있습니다. 교계와 경상남북도의 지역을 이끌어갈 기독교 지도자를 양성하기 위한 대학을 설립하는 것은 제임스 E. 아담스(Dr. James E. Adams) 박사의 마음과 꿈속에 오랫동안 자리 잡고 있었습니다. 그는 대구에서 최초로 상주한 선교사였습니다. 20세기 초반, 그는 이 지역에서 예수 그리스도의 교회를 세우는 사역을 시작하면서, 교육기관의 필요성을 절감했습니다.

아담스 박사는 하나님의 섭리 속에서 이 지역에 배치되었습니다. 그는 북한 지역에서 놀라운 부흥 운동이 일어나고 있다는 사실을 알고 있었으며, 평양에 대학을 세우려는 계획이 있었습니다. 그는 자신이 사역하는 이 지역에서도 비진을 실현하고지 했습니다. 그는 단순히 꿈만 꾸었던 것이 아니라, 계획을 세우고 실행에 옮겼습니다. 그는 선교사들의 거주지뿐만 아니라, 계성학교, 신명학교, 병원 그리고 대학을 위한 부지도 함께 매입했습니다. 그러나 당시에는 현재의 교육 규모를 수용할 만큼 충분한 부지를 확보하는 것이 어려웠습니다.[89]

위에서 알 수 있듯이, 캠벨 선교사는 계명대학의 성장과 발전에 대한 감격을 드러내면서, 계명대학이 제임스 아담스 선교사의 비전에서 처음 시작되었음을 밝힌다. 그동안 많은 어려움이 있었지만, 아담스 선교사와 같은 선구자들의 신앙과 헌신 덕분에 계명대학이 기독교 고등교육 기관으로 자리 잡게 되었음을 강조한다. 이처럼 그는 언제나 하나님만이 드러나고 높아

89 「계명대신문」 58호 3면, 1966년 11월 16일.

지기를 원하면서 신실하게 살기 위해 힘썼다.

(3) 신태식 명예총장

1) 학창 시절

동산(童山) 신태식은 1909년 1월 21일 경북 청송 복동 마을에서 태어났다. 1915년경 아담스 선교사에 의해 청송에 기독교가 전파되어 최초의 교회가 생겨났다. 그리하여 신태식의 가정은 초창기부터 기독교에 귀의하여 선교사들과 인연을 맺었고, 그의 부친 신경한은 복동교회를 설립하고 초대 장로가 되었다. 5살부터 한문 공부를 하던 신태식은 기독교에 의해 신식문화를 접하게 된 아버지의 영향으로 9살부터 청송 안덕에 새로 생긴 학숙(學塾)에 다녔으며, 청송 화목의 공립보통학교 4학년에 편입하여 1925년 3월에 6년제 보통학교의 5학년을 수료하였다.[90]

보통학교까지 마친 신태식은 그의 형 후식이 다니던 계성학교에 입학하였다. 계성학교에 입학한 신태식은 헨더슨(Harold H. Henderson, 한국명 현거선) 교장의 지도를 받으며 기숙사 생활을 하면서 공부하였다. 헨더슨 교장은 언제나 확신에 찬 목소리로 정의와 자유의 중요성과 개척정신을 강조했다. 이는 당시 어려운 시대를 견디기 위한 격려이기도 했지만, 날이 갈수록 심해지는 학교경영에 대한 일제의 간섭을 이겨내기 위한 자신의 염원이기도 했다. 헨더슨 교장의 가르침은 신태식에게 깊은 감동을 주었다.

계성학교를 졸업한 신태식은 헨더슨 교장의 추천으로 평양 숭실전문학교에서 공부하게 되었다. 헨더슨 교장은 숭실전문학교의 맥퀸(George S. McCune,

90 계명대학교 120년사 편찬위원회, 『계명을 빛낸 사람들』, 186.

한국명 윤산온) 교장에게 신태식의 입학을 추천했고, 맥퀸 교장은 신태식을 면담한 후 입학을 허락했다. 이때 그의 형인 신후식이 숭실전문학교에 다니고 있었기 때문에 많은 도움을 받았다. 신태식은 평양 숭실전문학교에서 벗츠 선교사의 조수로 일하며 영어와 성경 공부를 하면서 학문에 전념했다.

숭실전문학교를 다니는 동안 신태식의 몸은 쇠약해지고 결국 폐병이라는 무서운 병에 걸리고 말았다. 그는 일 년 동안 휴학을 하며 대구의 동산병원에서 치료를 받고 병이 어느 정도 회복된 후에는 청송에서 통원 치료를 했다. 그때 알게 된 간호원 전갑규는 대구의 동산간호학교를 졸업하고 간호원이 된 신여성이었다. 그녀는 신태식의 병간호에 지극 정성을 기울였을 뿐만 아니라 좋은 말동무도 되어주었다. 그렇게 둘은 사랑에 빠지게 되었고 신태식은 건강을 되찾게 되었다.

그때 평양의 숭실전문학교는 위기를 맞게 되었다. 맥퀸 교장을 비롯한 전 구성원들이 신사참배를 거부했기 때문이었다.[91] 맥퀸 교장은 신태식에게 일본에 가서 공부할 것을 권유하였고, 신태식은 그길로 센다이에 있는 동북제국대학으로 진학하게 되었다. 맥퀸 교장은 신태식이 동북제국대학의 영문과에 진학할 수 있도록 유학을 주선하는 한편 장학금까지 마련해 주었다.

2) 계성학교 교사 시절

신태식은 1939년 봄 일본의 동북제국대학을 졸업한 후 계성학교의 영어교사로 부임하였다. 이때 그의 나이는 29세였다. 신태식은 일본 유학을 통해 얻은 상식과 서양 문화에 대한 신지식을 겸비하고 있었기에 학생뿐 아니라 동료 교사에게도 존경의 대상이 되었다. 당시 함께 교사로 재직했던 정재각의 회고에 따르면, “신태식은 외면적으로 유순하면서도 내면적으로

---

91 숭실전문학교는 1938년 자진 폐교하게 되었다.

는 견실한 자기만의 사상체계를 가지고 있었다. 그는 조금도 좌절감 없이 계속해서 열성을 가지고 한 시간도 빠지지 않고 수업에 들어가 끝까지 가르쳤다"고 한다.[92] 신태식은 교실에서 제자를 가르칠 때나 공적인 일에 있어서 매우 엄격했다. 그의 첫 인상은 차갑고 근엄하였으나, 결혼 이후 차츰 온화한 성품으로 바뀌어 갔다.

어려서부터 엄격한 유교적인 교육을 받았고 일제에 대한 비판과 반항의식 속에서 자랐던 그의 교육 방법은 엄격했다. 그는 학생들이 자기 책임을 다하지 못하거나 비겁한 행동을 할 때는 용서 없이 심하게 야단쳤으며, 심지어 체벌을 하기도 하였다. 이 모든 엄격함은 학생들로 하여금 "자신의 주인"이요, "자유하는 인간"을 만들려는 것이었다. 그는 나라를 빼앗긴 채 일제의 지배를 받고 있는 상황에서 학생들이 각성하여 열심히 노력하고 자기 일을 책임 있게 수행할 것을 강조하였다. 비겁과 나태로 흐르기 쉬운 젊은이들에게 자주정신과 책임 의식을 일깨우며 정직과 근면과 책임을 강조하였다.

3) 계성학교 교장 시절

헨더슨 교장은 1941년 5월 20일 부산행 열차를 타고 수천 명의 대구 사람들의 전송을 받으면서 떠나게 되었다. 헨더슨 교장의 후임으로 진주사범학교의 교사로 재직하고 있던 김석영이 후임교장으로 임명되었는데, 그는 학교의 교명을 공산중학교로 변경하는 동시에 일제의 황국신민화 교육정책을 충실하게 따랐다. 1945년 8월 해방이 되면서 김석영이 도망가 버리자, 8월 17일 저녁 김성재 계성학교 재단이사장과 김병준 이사, 김태동 선생 등이

92 황종건, 『자유와 신념의 교육자, 동산 신태식』, 60-61.

모여 만장일치로 신태식 선생을 신임 교장으로 선출했다.[93] 신태식은 계성학교의 교장이 되었지만, 그가 인계받은 것은 아무것도 없었고 학교의 금고나 예금통장에는 한 푼도 남아 있지 않았다.

신태식 교장은 일제의 식민지 교육을 청산함과 동시에 자유 민주주의식 교육을 하는 계성학교로 복원해야 했다. 무엇보다 당장 교사들의 월급부터 해결해야 했고, 교명도 환원해야 했다. 그는 기독교와 아무런 관계가 없는 재단이사장 김성재를 설득하여 1948년 9월 1일 교명을 공산중학교에서 다시 계성학교로 환원하고 4년제를 6년제로 변경하여 혁신시켰다.[94]

해방과 더불어 농촌과 다른 지방에서 많은 인구가 대구로 몰려들었고, 그동안 일본식 교육을 기피하거나 관심이 없어 자녀를 중학교에 보내지 않았던 이들이 자녀들의 중학교 입학을 갈망했다. 통상적으로 학생 모집은 3월에 하지만, 신태식 교장은 부족한 예산을 충당하기 위한 목적으로 과감하게 9월에 1학년 두 학급을 모집하였다. 경상북도 학무국은 학생 입학을 취소하라고 통보했지만, 신태식 교장은 도지사를 찾아가 그간의 사정을 이야기하고 이미 선발한 학생들을 돌려보낼 수 없다고 정중하게 양해를 구했다. 그리하여 관료적인 행정당국과 옥신각신하다가 나중에는 흐지부지되면서 9월 입학은 일단락되었다.

이렇게 생긴 입학금과 수업료로 그동안 밀렸던 교사들의 월급을 지급할 수 있었고 학교를 어려움 없이 운영할 수 있었다. 신태식 교장은 자신이 옳거나 필요하다고 판단하면 책임을 지고 실천에 옮겼다. 그는 우선 일을 터뜨려 놓고 사후 수습을 하는 스타일이었다. 특히 교사 채용에서 훌륭한 교사, 마음에 드는 교사가 있으면 채용부터 먼저 했다. 예산도 필요하고 결재도 필요하지만 이는 수단일 따름이었다. 이처럼 큰 그림 속에서 문제를

---

93 계명대학교 120년사 편찬위원회, 『계명을 빛낸 사람들』, 191.
94 같은 책, 191.

해결하는 방식이 그만의 파격적이면서도 독특한 행정 스타일이었다.

신태식 교장은 일제 치하에서 황폐해진 학교 정원을 복구하고, 학교 건물과 시설을 보완하고 교직원을 재조직했다. 계성학교의 교육 방향을 설정하고 이를 교사와 학생들에게 인식시키기에 힘썼다. 계성의 교육목표는 "자유하는 생활", "자유할 수 있는 사람"이 되도록 하는 것이었다. '자유하다'는 것은 곧 주인이 되는 것이었기에 주인으로서 바람직한 자격을 갖추도록 교육할 것을 강조하였다. 이러한 자유와 책임에 대한 강조는 일생 강조하고 실천해 온 신태식 교장의 일관된 교육철학이었다.

계성학교는 이후 6·25 전쟁 등 교내외 여러 난관에 봉착하기도 했지만, 신태식 교장의 확고한 교육이념 하에 전인교육을 실시하면서 발전하였다. 우수한 교사들의 초빙과 교육재정기반 조성, 교사들에 대한 최고의 대우 등을 실시하면서 명문 학교로서의 위상을 굳건히 다져 나갔다. 신태식 교장은 또한 계성초등학교와 계성유치원을 설립하여 종합적 교육체계를 완성하였으며, 그 공로를 인정받아 미국 엠포리아대학(Emporia State University)에서 명예교육학박사 학위를, 캐럴 대학(Carroll University)에서 명예법학박사 학위를 수여받았다.

4) 계명대학을 향한 헌신

대구에는 오래전부터 기독교 계통의 고등교육기관 설립의 필요성이 절실했기에 대학 설립을 위한 첫 모임이 1953년 6월 11일 계성학교 교장실에서 이루어졌다. 아담스 선교사는 기성회의 조직이나 재단 설립, 이사 선임 등 주도적인 역할을 했고, 실질적인 자문과 보좌 역할은 신태식 교장이 맡았다. 이때 계성학교(啟聖學校)의 '계(啟)'자와 신명학교(信明學校)의 '명(明)'자를 따서 '계명'이라고 하자는 신태식 교장의 제안에 만장일치로 동의하였다.[95]

---

95 계명대학교 120년사 편찬위원회, 『계명을 빛낸 사람들』, 192. 「계명대신문」 739호,

1961년 5·16 군사 정변이 일어나고 9월에 '교육에 관한 임시특례법'이 발표됨에 따라 정년이 넘은 외국인은 기관장이 될 수 없게 되었다. 그리하여 1961년 11월 13일 아담스 학장의 뒤를 이어 신태식 박사가 계명기독대학 3대 학장으로 취임하게 되었다. 아담스 학장이 대학 발전을 위한 20만 달러 모금 운동을 시작했는데 신태식 박사가 이를 이어받아 완수하였다.

신태식 학장은 대학 부지가 좁다고 느끼고 대학 주변의 땅을 사들이기 시작했다. 대명캠퍼스의 아담스관 부지, 계명전문대학 건물 부지, 총장 공관 앞 주차장 등이 그가 어렵고 힘든 과정을 거쳐 구입한 땅들이다. 5·16군사정변 후 교육부의 특별 조치는 계명대학에 큰 타격을 주었다. 1961년 9월 당시 계명대학은 8개 학과에 학생 정원이 860명이었으나, 특별 조치 후 정원이 460명으로 감축되었다.[96] 신태식 학장은 대학 운영을 정상화하기 위한 방안으로 초급대학을 병설하였다.

계명대학에서 폐과된 교육학과, 보육학과, 가정학과 중 보육학과와 가정학과는 기독교계의 유치원 및 보육원 교사 양성과 농촌을 비롯한 일반 가정생활에 기여하기 위해 꼭 필요한 학과였다. 신태식 학장은 이러한 필요를 근거로 2년제 여자초급대학의 설립 허가서를 국가재건최고회의와 문교부에 제출하였다. 그 결과 1962년 2월 27일 가정학과 80명과 보육학과 80명 모두 160명 정원으로 계명기독대학 병설 여자초급대학의 인가를 받을 수 있었다.

또한 1962년 12월에는 학부에 가정과, 보육과를 복과시키는 한편 국어국문학과, 미술공예학과를 증설했다. 이로써 신태식 학장 취임 당시 5개 학과에 총 정원이 460명이던 학교 규모가 1964년 2월에는 9개 학과에 정원 860명으로 확대되었다. 여기에 여자초급대학 160명을 합하면 전체 정원은

1994년 5월 17일자 3면.

96 계명대학교 120년사 편찬위원회, 『계명을 빛낸 사람들』, 201.

1,020명 규모로 발전하였다. 1962년 6월에는 부설유치원을 인가받아 보육학과 학생들의 실험실습기관으로 기능하도록 하였다.

신태식 학장은 훌륭한 자질을 가진 교수진을 확보하기 위해 힘을 쏟았다. 신태식 학장이 취임할 당시 전체 교수는 전임강사 대우 2명을 포함하여 모두 16명이었다. 그중에 정교수가 2명, 부교수가 4명이었다. 1964년 3월 교수 채용 계약제를 실시하면서 보수를 다른 대학보다 높게 책정했다. 당시 학생등록금에 의존하는 대학의 재정 규모로는 힘든 일이었음에도 신태식 학장은 대담하게 추진하고 부족분은 메워 나가는 방법을 취했는데, 외국에서 끌어온 지원금으로 충당했다.

신태식 학장은 계명대학의 발전을 위한 재정확보를 위하여 국내외적으로 많은 모금 운동을 전개하였다. 그는 미국 정부나 특정 단체의 지원을 받은 해외여행에서도 발전 기금 모금을 위해 힘썼고, 여러 차례 미국 나들이를 하면서 직접 발로 뛰었다. 그는 미군과의 교류를 통해 건축 자재를 지원받는 일을 비롯해서 세계 굴지의 기업인 킴벌리 클라크(Kimberly Clark) 제지 회사를 방문해서 후원금을 받기도 했으며, 쉐텍(Shattuck) 내외, 뱁칵(Babcock) 남매, 정재호, 박명교 내외를 통해서 거액을 모금할 수 있었다. 그는 미국 출장을 갈 때마다 홀트 아동복지회의 입양 고아들을 데리고 가는 조건으로 비행기를 무료로 이용했다. 그가 1961년 학장으로 취임한 후 1971년까지 10년 동안 15회 이상의 해외 나들이를 하면서 수십만 달러의 기금을 모을 수 있었다.

교육시설을 설계할 때 신태식 학장이 가장 중점을 둔 건물은 도서관과 교수연구실이었다. 그는 학생들이 주도적으로 학습할 수 있는 도서관을 마련하기 위해 힘썼다. 도서관에 남다른 관심을 가졌던 그는 도서관 운영에 관해 전문적 지식과 능력을 갖춘 사서 직원을 도서관 책임자로 임명하였다. 이는 전례가 없는 일이었지만 선진국 도서관 운영체제의 장점을 잘 알고 있었기에 가능한 일이었다.[97] 그는 자신의 장서 전부를 학교에 기증하였다. 신태식 학장은 1967년 308평 35실 규모의 독립된 교수연구관을 마련했다. 교수들은 쾌적한 환경 속에서 자부심을 느끼며 연구에 매진할 수 있었다.

신태식 학장은 학교에 대한 남다른 열정과 애정으로 자신의 전부를 쏟아 부었다. 학교가 부지 확보 문제로 어려움을 겪을 때 자신의 사저를 학교에 기증하기도 했다. 신태식 박사의 호는 동산(童山)이다. 이 호는 산무초목왈동(山無草木日童), 즉 산에 초목이 없는 산을 동(童)이라고 한다는 옛말에서 따왔다. 에덴동산이나 놀이동산이 아니라 '민둥산'이라는 뜻이다. 그는 부모에게서 태어날 때는 큰 산이 될 자질을 가지고 태어났는데, 자신의 노력이 부족해서 울창한 수목을 가진 큰 산은 못되고 초목이 없는 작은 산이 되었다고 고백했다.[98] 자신은 민둥산으로 헐벗더라도 계명의 캠퍼스는 수목 우거진 동산으로 만들겠다는 의지를 겸손하게 표현한 것이다.

그의 인품이나 업적으로 보면 누구나 그를 '나무가 우거지고 기암절벽의 경관도 있는 큰 산'으로 인정할 터인데, 스스로는 '보잘 것 없는 언덕의 산', 또는 '헐벗은 민둥산'으로 자신을 칭하며 아호를 삼은 것은 그의 겸손한 마음을 엿볼 수 있으며, 자신의 희생을 통해 계명 동산을 더욱 푸르고 아름답게 만들려는 염원을 드러냈던 것이다. 그가 취임했던 1961년에는 풀 한 포기 나지 않던 청석 바위 야산이던 계명 동산이 종합대학으로 승격되면서 '숲이 우거진 아름답고 푸른 계명 동산'으로 변했다. 그즈음 신태식 학장은 떠날 때가 되었다고 생각했으며, "새 술은 새 부대에"라는 말을 남기고 미련 없이 떠났다.

종합대학으로 승격한 후 신태식 박사가 총장을 맡아 대학을 좀 더 안정시킨 후 다른 이에게 넘겨주는 것이 당연하다고 생각하는 사람들이 많았으

97 같은 책, 196.
98 같은 책, 218. 황종건, 『자유와 신념의 교육자, 동산 신태식』, 228-229.

며, 법인이사회도 그를 여러 차례 총장으로 모시려 하였다. 하지만 그는 한사코 사양하였다. 그리하여 법인이사회는 그동안 기획실장과 학감의 직무를 맡아 종합대학 승격에 공로가 많은 독어독문학과의 신일희 교수를 총장으로 선임하였다. 이로써 성서캠퍼스라는 더 크고 넓은 계명의 동산을 건설할 젊은 교수들이 중심이 되어 종합대학으로 웅비할 수 있게 되었다.

1973년 3월 1일 신입생 입학 환영사에서 신태식 박사는 "기독교 정신에 입각한 설립취지를 살려 전보다 더 분명한 사명감을 가져야 할 것"을 다음과 같이 강조하였다.[99]

> 우리 대학은 지방에 위치한 하나의 단과대학에 지나지 않습니다. 그러나 우리는 오히려 이런 소규모로서의 충실을 기하는 데에 본 대학 설립 취지가 있음을 자부하고 또 그렇게 하려고 노력하고 있습니다. (중략) 우리 대학은 기독교 정신에 입각하여 설립되었고, 기독교 정신의 실천을 위해서 이룩되었다는 사실입니다. 우리들은 다 같이 이 숭고한 설립 취지를 살려 나가야 할 것입니다.

신태식 학장은 1974년 신입생을 위한 환영사에서 "정의에 대한 확고부동한 신념을 갖고 대학이 나아갈 길을 개척해야 할 것"을 강조하였으며, 1976년의 환영사에서는 "기독교적 바탕에서 책임성 및 자신을 정립"할 것을 다음과 같이 강조하였다.[100]

> 여러분이 이 학교를 선택하게 된 것을 칭찬하고 싶습니다. 여러분들 중에는 처음 기도드리고 찬송을 부른 사람도 있을 것입니다. 우리 학교는 기독교 정신에 입각하여 교육시키는 곳입니다. 무엇인가 특별하게 가르치려 합

99 「계명대신문」 179·180호 1면, 1973년 3월 1일.
100 「계명대신문」 262·263호 1면, 1976년 3월 9일.

니다. 특별하게 가르친다는 것은 곧 기독교 정신에 입각해서 교육한다는 말입니다. 기독교적인 생각으로 나 자신을 이해하는 것입니다. 자기가 소속된 가정, 사회, 국가를 모두 이해하는 것이며, 여기서 자신은 시간적으로 영원히 그리고 공간적으로 무한히 확대될 수 있습니다. (중략) 올해를 "자기 정립의 해"로 정했습니다. 자신의 책임을 기독교적으로 이해하고 부과된 과제를 올바르게 처리하고 나갈 방향을 설정하는 것이 자기 정립의 길이라고 생각합니다.

신태식 학장은 계성학교와 계명대학을 위해 항상 솔선수범의 정신으로 섬김의 자리에서 헌신적으로 봉사하였다. 그는 고고한 성품과 강인한 의지가 조화된 성품을 지녔다. 그는 솟구치는 열정과 정확한 판단력으로 결단한 후에는 강력한 추진력으로 일을 진행시켰다. 그는 고집스러우면서도 서두르지 않는 침착함을 유지했으며, 늘 바쁘고 분주한 삶 속에서도 건강을 유지하였다. 그는 영원한 이상을 추구하면서도 자유와 책임을 강조하였으며, 일 처리에서는 정직과 공정의 원칙을 중요시했다. 그는 무책임과 비겁에 대해서는 경멸했지만, 노력하는 이들에 대해서는 칭찬과 격려와 후원을 아끼지 않았다. 그는 계명의 구성원들이 캠퍼스에 조성된 자연의 아름다움을 감사함으로 마음껏 누릴 것을 염원했다. 그의 신앙은 복음적인 토대 위에 서 있었으며, 편협하거나 독선적이지 않았다. 그는 언제나 사려 깊은 지성과 양심의 자리에서 하나님과 진솔하게 대화하기를 원하는 겸손한 마음으로 살았다.

2. 계명대학 설립과 기독교 정신

(1) 계명기독대학 설립

1946년 대구로 다시 돌아온 아담스 선교사는 대구에 기독교대학을 세우기 위해 미국 뉴욕 해외선교부에 지원을 요청했다. 재정 형편이 넉넉하지 못했던 해외선교부는 이미 평양의 숭실과 서울의 연세대학을 세웠기에 기독교대학을 추가로 설립하는 것을 허락하지 않았다. 하지만 아담스 선교사는 굳은 의지로 1953년 6월 대학설립을 위한 준비에 착수하였다. 아담스 선교사는 재정을 지원할 미국 북장로교 해외선교부 관련 업무를 맡고, 신태식 박사는 문교부와의 관계를 맡았으며, 경북노회장을 역임하였던 신후식 목사는 경북노회 등 종교단체와의 관계를 맡았다.

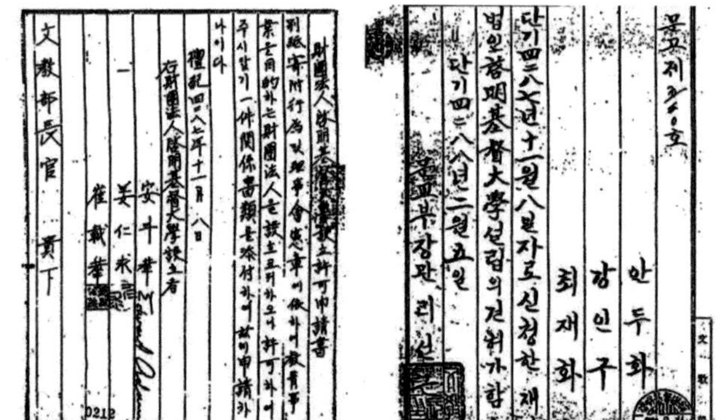
財團法人啓明基督大學設立許可申請書
別紙寄附行為及趣旨書에依하여教育事業을目的하는財團法人을設立코저하오니許可하여주시압기一件關係書類를添付하여玆에申請하나이다
檀紀四二八六年十一月八日
右財團法人啓明基督大學設立者
安斗華
姜仁求
崔載華
文敎部長官 貴下

안두화
강인주
최재화
단기四二八六년 十一월 八일자로 신청한 재단법인 啓明基督大學 설립의 건 허가함
문교부 장관

<계명대학교 설립문서, 계명대신문 782호 2면>

교명은 계성중·고등학교의 '계(啓)'자와 신명여자중·고등학교의 '명(明)'자를 따서 계명(啓明)이라고 하자는 신태식 교장의 제안에 아담스 선교사가 동

의하여 결정하였다. 계성이라는 교명은 "영적 출발"이라는 의미로서 1906년 남성정교회(현 대구제일교회) 박덕일 조사가 제안하였으며, 신명이라는 교명은 믿음의 토대 위에서 학문의 횃불로 어둠을 밝힌다는 의미로, 신명여자중학교 설립자인 브루언 선교사, 제임스 아담스 선교사, 남성정교회 박덕일 조사의 연석회의에서 정했다.[101]

1954년 2월 5일 임시이사회를 열어 대학설립을 인가받을 때까지 '계명기독학관'으로 개관하기로 하였다. 1954년 3월 20일 대구시 대신동 283번지 소재 미국 북장로교 선교지부에서 빌린 2,500평의 교지와 아담스 선교사의 사택을 이용해 철학과 58명, 영문과 60명 모두 118명의 학생으로 개관하였다. 설립 당시 시설로는 4동의 건물, 연건평 390평의 총회신학교[102] 교사 등이었고, 비품은 흑판 3개, 피아노 1대 등에 불과하였다.

'재단법인 계명기독대학' 구성을 마친 임시이사회는 계명기독학관을 운영하면서 1954년 11월 8일 문교부에 재단법인 계명기독대학과 계명기독학교 설립신청서를 제출하였다. 재단법인 설립 신청은 3개월 후인 1955년 2월 5일 리선근 문교부장관 명의로 허가를 받아, 설립자 안두화, 강인구, 최재화 세 사람의 신청에 의해 1955년 2월 25일자로 계명기독대학 설립이 허가되었다. 재단이사장으로 안두화 박사가 선임되었고, 초대 학장에는 감부열 박사가 임명되었다.

계명기독대학은 기독교정신에 입각한 지도자를 양성하기 위한 목적으로 설립되었다. 이 목적을 위해 법인 정관에는 "본 대학에 기독교교육을 담당하여 신령한 생활을 지도하고자 교목을 둠"이라는 조항을 명시했다.[103] 계명기독학교 설립 인가를 신청할 때, 기존의 영어영문학과, 철학과에 교육과

101 계명대학교 120년사 편찬위원회, 『계명대학교 120년사』, 188.
102 총회신학교는 감부열 선교사가 교장으로 있었다.
103 계명대학교 120년사 편찬위원회, 『계명을 빛낸 사람들』, 80.

를 추가하여 각 200명씩 총 600명을 정원으로 신청하였다. 하지만 시설 부족으로 입학정원이 400명으로 인가가 났다. 당시 교수진은 감부열 학장, 한명수 학감, 이성학 조교수(학생과장, 기숙사 사감), 김태한 조교수(교무과장), 윌리엄 그럽(William A. Grubb, 한국명 구의령) 전임강사, 조지 워스(George C. Worth, 한국명 오천혜) 전임강사 등 6명의 전임교수와 감성혁 외 8명의 강사로 구성되었다.[104]

아담스 선교사는 1955년 8월 8일 문교부에 '계명기독대학' 설립 허가 신청서를 제출하여, 1956년 2월 18일 허가를 받았다. 대학설립 허가 후, 영어영문학과와 철학과 학생 모두 계명기독대학 1, 2학년에 편입하고, 역사지리학과와 교육학과를 신설하여 4개 학과를 운영하면서 총 정원이 480명으로 늘어났다. 1956년 6월 14일 계명기독대학 창립 축하 및 학장과 교수 취임식을 가졌다. 학장으로 감부열 박사가 취임하였고, 학감에 한명수 교수, 부교수에 오천혜, 조교수에 안혜리(Mrs. Campbell), 구의령, 황성수, 이성학, 김태한, 박봉목, 교목에 차태화 목사가 취임하였다.[105]

계명기독대학은 1954년 11월 29일부터 대구시 남구 대명동 2345번지 대명캠퍼스의 부지 대부분을 매입하고, 1956년 2월 1일 대구시 중구 대신동에서 대명캠퍼스로 이전하였다.[106] 아담스 선교사는 재단 설립과 대학설립에 주역을 맡아 결정적인 기여를 하였음에도 초대 학장에는 캠벨 박사를 추대하였다. 1958년 8월 정년을 맞은 캠벨 학장이 퇴임하자 1958년 11월 25일 아담스 선교사는 2대 학장으로 취임하면서 신태식 박사를 부학장으로 임명하여 한국인 경영의 기틀을 마련하였다. 그는 1961년 11월 13일 신태식 박사를 학장으로 세워 대학 경영을 양도할 때까지 대학 규모를 확대하고 제도를 개혁함으로써 계명기독대학이 자율적으로 발전할 수 있는 토대를 구축

104 계명대학교 120년사 편찬위원회, 『계명대학교 120년사』, 195.
105 같은 책, 196.
106 같은 책, 197.

하였다.[107]

(2) 기독교적 창립 정신

1954년 계명대학이 설립될 때 창립 정신은 "너희는 먼저 그의 나라와 그의 의를 구하라(마 6:33)"였다. 설립 당시의 목적은 "남·여학생으로 하여금 예수 그리스도를 구주로 돈독히 신앙케 하여 예수 그리스도의 교훈을 좇는 국가 사회 및 교회의 지도자를 양성하기 위하여"로 되어 있었다. 계명기독대학은 교명 자체에 '기독'이라는 말이 들어 있는 것에서 알 수 있듯이 교육이념에 '기독교정신'을 강조한다는 점에서 일반 대학과 차별성을 지녔다. 이러한 면은 당시 계명기독대학의 요람에도 잘 드러나 있다. 계명기독대학의 교육이념은 기독교정신과 학술의 심오한 이론과 광범 정치한 응용법을 교수 연구하며, 국가와 인류 사회 및 교회 발전에 공헌할 지도적 인격을 도야함을 목적으로 하였다.[108]

계명대학이 지향하는 기독교 정신에 대한 강조는 「학칙」 제2조인 "교육목적 및 목표"에서 잘 드러난다.

> 우리 대학교는 기독교정신과 대한민국의 교육 정신에 입각하여 교육의 전인성 고취와 전문성 확립, 학문의 탁월성 추구와 윤리성 앙양을 교육목적으로 하며, 진리를 탐구하는 창의적 전문가, 정의를 구현하는 윤리적 지성인, 사랑을 실천하는 전인적 지도자 육성을 목표로 한다.

---

107 같은 책, 197-198.
108 계명대학교 120년사 편찬위원회, 『계명대학교 120년사』, 198.

교육과정에는 일반 대학에 준하는 것에 성경 과목이 부과되었다. 성경 교육은 그리스도의 교훈을 좇는 지도자 양성을 목적으로 한 설립 이념을 구현하기 위한 것이었다. 당시 「학칙」 15조에는 "기도회는 매일 오전 중으로 개회한다. 단 학생 전원이 참석하여야 함"이라고 엄격하게 규정하였다. 기도회 참석은 학생뿐 아니라 교직원도 매일 아침 하루의 일과가 시작되기 전 약 15분간 의무적으로 참석하도록 했다. 이처럼 학생과 교직원 모두가 신앙생활에 참여하도록 한 것은 기독교정신을 기초로 한 건학이념을 잘 드러낸다.

1958년 12월 제1회 졸업식이 있었는데, 당시 재학생이 4개 학과에 381명이었다. 재학생 중 기독교 신자가 280명, 현직 목회자가 25명, 신학교 졸업자가 28명이었을 정도로 기독교 신앙을 가진 이들이 다수를 차지했다. 이 가운데 여학생은 19명에 불과하였다. 1959년 종교교육학과, 보육학과, 가정학과가 신설되면서 여학생 수가 급증하여 우리나라 여성 교육 및 지위 향상에 크게 공헌하였다.[109]

1955년 5월 5일 본관 정초식에는 미 육군 사령부를 대표하여 맥고우(E. J. McGaw) 소장이 참석하여 축사하였다. 미 육군은 대명동 본관을 건축하는데 목재, 시멘트, 벽돌, 유리, 기와, 못 등 당시 6만 달러 상당의 건축 자재들을 지원하였다. 정초식 7개월 후인 1955년 12월 3일 대명캠퍼스 본관 봉헌식에서 미국 기독교 총회 폴 라이트(Paul S. Wright) 회장이 참석하여 "이 성전은 하나님이 허락하여 지은 것이니, 지금부터 우리가 전능하신 하나님 성부와 성자와 성령을 경배하고 섬기는 일에 엄숙히 바치나이다"라는 봉헌문에 담긴 내용으로 설교했다.[110]

감부열 학장은 『계대학보』 발간사에서 "계명기독대학은 짧은 역사를

109 같은 책, 199.
110 같은 책, 200-201.

지니고 있지만, 기독교정신을 가지고 있다는 점에서 다른 대학들과는 차별성을 지니고 있다"고 강조하였다. "만약 그렇지 않다면 존재 의미가 퇴색할 것이라고 하면서, 이 정신은 말로 표현되어야 하고 보다 널리 알려지기 위해 인쇄된 글로 표현되어야 하는데, 이것이 바로 학보 발간의 목적"이라고 밝혔다.[111]

계명대학은 기독교정신에 기초하여 처음부터 교목 제도를 두는 한편, 교육과정에는 성경 과목이 들어갔을 뿐 아니라 학생들은 전원 매일 경건회에 참석해야 했고, 교직원도 매일 아침 기도회를 가졌다. 당시 「학칙」을 살펴보면, 현재 채플에 해당하는 '경건회'와 '교목제도'를 구체적으로 명시하여 기독교정신을 반영했다. 1956년 9월 14일 교수회에서 결의하여 학칙에 반영한 개정 학칙 제50조는 "경건회는 필히 참석하되 출석할 일수의 5분의 4에 미달 시는 전 과목 수험 자격을 상실한다"고 되어 있다. 채플 출석을 수험 자격을 위한 기본요건으로 명시한 점을 볼 때, 기독교 신앙을 중요시했음을 잘 알 수 있다.

또한 개정 전 「학칙」 제49조에서 "교수, 부교수, 조교수, 전임강사, 조교, 교목"을 둔다는 규정을 개정 「학칙」 제90조에서는 "부학장과 교목 및 교수, 부교수, 조교수, 전임강사"를 둔다고 하여 서열상 교목의 지위를 향상시켰다. 또한 같은 조에 "교목은 기독교 교육과 신앙생활을 지도한다"라고 교목의 임무를 명시했다. 위와 같은 학칙 개정은 계명기독대학이 기독교정신에 입각하여 교육하는 대학이라는 점을 강조한다.[112]

초창기에는 교직원은 물론 학생들까지도 입학 조건으로서 세례교인일 것과 입학을 위해 교회 목사의 추천을 받도록 했다. 이와 같은 기독교정신에 입각하여 당시의 학생 조직이나 클럽 활동은 주로 선교나 성경 연구를

---

111 같은 책, 202.
112 같은 책, 208.

중심으로 이루어졌다. 학과 또한 일반 학과 외에 종교음악과, 종교교육과 등 신학교 성격의 학과가 있었기에 사람들은 간혹 2년제 여자 초급대학을 계명여자신학대학으로 오해하기도 했다. 또한 전도장학생제도를 두어 학생들로 하여금 지방의 여러 교회에서 봉사하도록 하는 한편 개척교회를 설립하여 전도하며 봉사하도록 하였다. 당시 조직된 학생 클럽들은 전도, 성경연구 및 봉사활동을 주목적으로 하였으며, 학생들은 성경학교나 신학교의 학생들처럼 전도대를 조직하여 전도 강연도 하였다.

(3) 계명대학으로 교명 변경

1965년 4월 16일 학교법인 계명기독대학 이사회는 '계명기독대학'이라는 교명을 '계명대학'으로 바꾸기로 결의하고 1965년 4월 22일 문교부에 교명 변경 인가를 신청해서 그해 5월 3일 인가를 받았다. 교명을 계명대학으로 변경하게 된 배경에는 기독교정신을 강조하는 뜻으로 '기독'이라는 단어를 넣었지만, 이로 인한 여러 오해를 해소하기 위함이었다. 첫째, 사회에서는 계명대학을 신학교나 기독교인들만 입학할 수 있는 대학으로 오해할 소지가 있었다. 둘째, 대학은 교회나 신학교와는 구별되어야 하며, 대학의 일차적 목적은 교육 그 자체여야 하고 어떤 다른 목적 달성을 위한 수단이 될 수 없다는 인식 때문이었다. 기독교학교에서 이루어지는 선교는 기독교정신에 입각한 교육이 제대로 이루어졌을 때 저절로 얻어지는 부수적인 결실이어야지, 선교 자체가 목적이 되면 대학의 존재의의가 상실될 수 있다는 우려 때문이었다. 셋째, 한국과 미국에서도 교명에 기독을 표시한 예가 없기에 특수한 대학이라는 오해를 받을 수 있었다. 계명기독대학이라는 소박하면서도 기독교대학이라는 특수성은 선교가 중심이 되는 기독교학교라는 제한성을 지니는 문제점이 노출되기에 이를 해소할 필요성이 제기되었다.

교명을 변경하는 것은 학교법인의 정관변경을 겸하는 매우 중요한 안건이었으므로 교명 변경을 의결하기 전에 세 차례에 걸친 이사회에서 심도 있게 논의하여 이사 전원의 찬성으로 의결하였다.[113] 하지만 계명기독대학에서 계명대학으로 교명을 변경하였다고 해서 기독교적 건학이념을 축소시키려는 것은 아니었다. 계명대학은 설립 초기부터 지속적으로 "그리스도와 그의 나라를 위하여"라는 기독교적 건학이념을 구현하기 위해서 채플을 위시한 기독교 관련 교과목뿐만 아니라 학생활동을 통해 기독교적 가치관을 함양하고 실천하는 일에 힘써왔다.

그리하여 계명대학은 기독교정신에 입각한 교육을 하는 것으로 목적이 개정되었다. 기독교정신에 입각하여 교육자체를 일차적인 목적으로 하는 고등교육기관으로서 교회와 밀접한 관계를 갖고 상부상조하는 학교로 존재 의미를 수정·발전시켰다. 이는 교육의 특수성에서 벗어나 보편성으로의 과정의 변화를 의미한다. 1974년에 이르러서는 교훈도 "진리와 정의와 사랑의 나라를 위하여"로 구체적으로 수정, 보완되었다. 그리고 1980년대 이후 종합대학교로 발전하면서 학문의 영역이 기독교의 복음 진리에서 벗어나 좀 더 보편적인 진리 탐구에로 확장되었다.

(4) 기독교 신앙교육

교명이 '계명기독대학'에서 '계명대학'으로 바뀌었지만, "그리스도와 그의 나라, 즉 진리와 정의와 사랑의 나라를 위하여"라는 기독교적 창립 정신은 지속적으로 강조되었다. 1970년 3월 6일 계명대학교 대강당에서 거행한 입학식에서 신태식 학장은 15년 전 본 대학의 창립 정신을 "순수한 교육 정

113 같은 책, 209.

신"이라고 강조하면서 "아직도 많은 난관과 시련이 남겨져 있는 계명 대학에 입학하는 신입생을 환영한다"고 말하였다. 그리고 이어서 본 대학은 창립 당시의 교육 정신을 그대로 이어받아 오늘까지 숱한 난관을 무릅쓰고 발전해 왔다고 말하면서, "기독교사상에 의한 학문 탐구"를 강조하였다.[114]

신태식 학장은 1973년 개교 19주년 기념식에서 "진리의 토대 굳힌 청년 계명"이라는 주제로 그리스도와 그의 나라를 위하여 내적 충실을 위해 힘쓸 것을 강조하였다.

> 1954년 계명기독학관이라는 이름으로 개교했을 때는 규모도 보잘 것 없고 미비했으나, 그동안 비약적인 발전을 거듭했다. 우리 대학은 규모의 크기보다 내적인 충실을 기하는 것을 주목표로 삼아왔다. 발전이 있었다는 것은 무엇보다 내적인 충실을 기하면서 이루어진 질적인 발전이고, 양적인 발전은 질적인 발전에 자연히 따르는 것이었다. 내적인 충실을 기한다는 목표는 앞으로도 변함없을 것이다. (중략) <그리스도와 그의 나라를 위하여> 우리 대학은 설립되었다. 우리 대학의 창학정신은 이 말 속에 집약적으로 표현되어 있다. 내적 충실을 기한다는 목표는 결국 이 말의 의미를 살리자는 것이고, 학교를 세우신 분들이 제시한 방향은 바로 이 말의 의미를 실현하는 것이다.[115]

기독교 정신으로 설립된 계명대학교는 초기부터 기독교 교육을 중요시하였다. 1956학년도 개설 과목을 보면 필수 교과목으로서 성경(14), 국어(4), 제1외국어(4), 제2외국어(4), 철학개론(4), 문화사(4), 자연과학개론(4), 체육(4) 등 42학점을 이수하도록 명시하고 있다.[116]

---

114 「계명대신문」 122호 1970년 3월 14일.
115 「계명대신문」 186·187호, 1973년 6월 1일.
116 계명대학교 120년사 편찬위원회, 『계명대학교 120년사』, 242.

초기부터 1980년대까지 개설된 기독교 관련 필수 교과목은 다음과 같다.[117]

학년도	과목명	학점	비고
1955	성경	8	
1956~1965	성경	14	매 학기 2학점 이상 신청 불가
1966~1969	성경 기독교사상	6 6	
1970	기독교사상 구약 신약	3 2 2	신약성서 1학년 2학기 구약성서 2학년 1학기
1971~1973	기독교사상 성서개론 기독교윤리	3 2 2	기독교사상 2학년 2학기
1974~1980	기독교개론 기독교윤리	2 2	기독교개론 1학년 2학기
1981~1982년	기독교사상	3	
1983~1989	기독교사상	2	*기독교과목 이수자에게는 채플을 정규 학점제로 하여 1학점을 부여함

주목할 것은 설립 초기부터 성경을 필수 교과목으로 정하여 지속적으로 강조하였다는 점이다. 1955년에는 성경이 8학점이었지만, 1956년부터 1965년까지 10년 동안 성경 관련 14학점을 이수하도록 규정하였다. 한 학기에 성경 과목을 2학점 이상 이수할 수 없도록 함으로써 4년 8학기 중 7학기 동안 2학점씩 필수적으로 수강하도록 하였다. 매 학기마다 성경을 2학점씩 의무적으로 수강하도록 하여 성경에 대한 지식과 더불어 성경적 가치관과 세계관을 익히도록 하였다.

또한 기독교의 교리와 성경에 대한 지식 및 종교 일반에 대한 이해를 위해 교양 필수로 성경, 기독교사상, 구약, 신약, 성서개론, 기독교윤리 등의

117 계명대학교 120년사 편찬위원회, 『계명대학교 120년사』, 249, 313.

기독교 과목을 이수하도록 하여 기독교에 대한 기본 진리를 깨닫도록 하였다. 하지만 시간이 지날수록 기독교 관련 교과목들은 조금씩 줄어들게 되었다.

1966년에서 1969년까지는 성경 14학점에서 성경 6학점과 기독교사상 6학점을 합하여 12학점으로 조정하였다. 이는 성경만 배우는 데서 벗어나 기독교사상을 통해 서양 사상의 근간을 익히고 교양인의 품격을 높이기 위한 것이었다. 1970년에는 기독교사상 3학점, 구약 2학점, 신약 2학점 총 7학점으로 줄어들었다. 성경을 구약성경과 신약성경으로 세분화하였으며, 신약성서는 1학년 2학기에 구약성서는 2학년 1학기에 수강하도록 하였다. 1971년에서 1973년에는 구약과 신약을 성서개론 2학점으로 통합하고, 기독교윤리 2학점을 새로 개설하였으며, 기독교사상 3학점은 그대로 유지하면서 2학년 2학기에 수강하도록 하였다.

하지만 1974년에서 1980년에는 기독교 관련 교과목이 7학점에서 4학점으로 대폭 줄어들었다. 성서개론을 없애고, 기독교사상 3학점을 기독교개론 2학점으로 축소하고, 기독교윤리 2학점은 유지하였다. 그리고 1981년에서 1982년에는 기독교개론 2학점과 기독교윤리 2학점을 통합하여 기독교사상 3학점으로 통합하면서 학점은 3학점으로 줄어들게 되었다.

1982년 8월 31일자 계명대신문에서는 백종철 교수(계명실전 전임강사)의 "학문과 종교 - 이성과 계시의 조화"라는 논설을 통해 계명에 담긴 의미와 신앙과 이성의 조화를 강조하였다.

> 계명이라는 말은 기독교에서 신의 계시의 빛(Lumen Revelatial)을 뜻한다. 신이 자연과 인간의 역사 속에 자신의 신성을 나타내고 있으며, 인간은 자연의 신비를 통해서 신을 어느 정도 감지할 수 있다. 그러나 신의 계시는 성서의 말씀에서 더욱 분명히 드러나고 있다. 계명이라는 말이 기독교 진리의 특수성을 표현하며, 대학교는 학문 일반의 보편성에 근거한다. 여기서 자연 계

시와 이성, 신앙과 학문, 교회와 대학, 신과 인간의 문제가 대두된다. 계명대학교라는 말은 계시와 이성의 접촉, 신앙과 학문의 조화, 교회와 대학의 유대, 신과 인간의 만남을 간직한 합성어임에 틀림없다.[118]

1983년 이후에는 3학점이던 기독교사상을 2학점으로 축소하여 운영하면서 기독교과목 이수자에게는 채플을 정규 학점제로 하여 1학점을 부여하였다. 1989년 초 '교육과정개선심의소위원회'를 구성하고 전면적인 교양교육과정 개정 시안을 마련하였다. 1년여 동안 교육과정 관련 전문위원을 보강하면서 다각적인 검토와 연구를 통해 개편하였다.[119] 기존의 필수교양과 기초교양으로 구성된 틀을 기본교양, 균형교양, 계열교양의 세 개의 영역으로 구분하고, 각 영역에 다양한 교과목을 정하여 학생들의 선택권을 대폭 확대하여 1992년부터 시행하였다.

이와 연관하여 교목실에서도 신중하게 논의하면서 대처하였다. 기독교사상이란 교과목에 대한 수강생들의 거부감을 고려하여 기독교의 본질적 가치 추구를 포괄하는 일반적 교양과목 형식으로 제목을 바꾸었다. 문교부의 국책 과목 조정 및 교양 자율화 추세에 대해 기독교학교로서의 정체성을 지키기 위해 기독교의 본질을 가르치도록 힘썼다.[120] 또한 채플에 관해서도 학문과 신앙 양면을 혼합한 형식의 다양성을 모색하면서도 예배의 모범을 자연스럽게 접할 수 있도록 힘썼다. 또한 학생 차원의 행사와 연계하여 학생들의 참여를 이끌면서 널리 알려진 동문 목사를 예배나 채플에 초청하는 방안도 모색하였다.

---

118 「계명대신문」 487호, 1982년 8월 31일.
119 계명대학교 120년사 편찬위원회, 『계명대학교 120년사』, 405-406.
120 1989년 교목실 신앙위원회 회의록.

3. 교목실의 선교활동

(1) 교목실 중심의 선교

계명대학은 초창기부터 교목실을 두고 기독교 교육을 관장하고, 예배 및 종교 행사를 통해 학생 및 교직원의 신앙지도를 담당하도록 하였다.[121]

교목실의 주요 업무는 다음과 같다.

① 강의와 상담을 통하여 기독교 신앙과 인격 형성을 도모한다.

② 학생들의 종교적인 개인 생활의 문제해결에 협력한다.

③ 각종 예배와 종교 행사를 주관한다.

④ 교내 각종 기독교 동아리 활동을 조정, 지도, 육성한다.

⑤ 교내외의 선교활동 및 지역 교회와의 유대관계를 돈독히 하는 업무를 수행한다.

교목실을 중심으로 한 선교활동은 '예배', '경건회', '수양회' 및 기타의 활동 등으로 진행되었다. '예배'는 절기 예배(부활절, 추수감사절, 성탄절, 개교기념 및 졸업 예배), 교직원 예배(매월 첫째 월요일 9시), 보직교수 기도회(매주 월요일 9시 학과장 이상 보직교수 참석) 등이 정기적으로 진행되었다.

---

121 계명대학교 120년사 편찬위원회, 『계명대학교 120년사』, 248.

(2) 절기 예배

1) 노천강당 건립과 부활절 연합예배

대명캠퍼스 본관 왼쪽 비탈진 언덕 경사로에 고대 로마의 원형극장을 연상시키는 반원 구조로 노천강당이 건축되었는데, 1962년 7월 14일 기공하여 1963년 4월 9일에 완공하였다. 노천강당은 연단에서 전체 좌석을 한눈에 볼 수 있도록 마치 부채를 활짝 펼친 모양이며, 무대 위에서 연설하면 자연적인 공명 효과로 인해 뒷좌석 모퉁이까지 잘 들리도록 설계하였다. 노천강당은 안두화 선교사가 고안하고 자신의 사유재산인 대천 해수욕장의 별장과 보트 등을 팔아서 총 공사비 990,227원을 들여 건축하였다. 공사는 대부분 교수와 직원, 학생들의 자원봉사로 이루어졌으며, 교수 부인들이 식사와 간식을 제공하면서 건축에 동참하였다.

1963년 4월 9일 노천강당 헌당식이 있었고, 당시 경북노회장이었던 신후식 목사의 사회로 부활절 연합예배를 드렸다. 설교는 유니온 신학교의 애플비(Dr. Appleby) 박사가 맡았다. 봄비가 내리는 가운데 좌석 1,800석, 입석 1,200석이 초만원을 이루었고, 2군 군악대의 연주와 연합찬양대의 찬양으로 부활의 기쁨과 감격을 나누었다.[122] 이후 매년 대구 지역의 부활절 연합예배는 계명대학교 노천강당에서 개최되었다.

이듬해인 1964년 3월 29일에는 한·미 연합으로 부활절 예배가 새벽 5시 노천강당에서 드려졌다. 한국과 미국 연합으로 시작된 부활절 예배는 신후식 목사가 사회를 하고, 주한 미7군수기지 사령부 찰스 호서트 군목이 '가장 아름다운 새벽'이란 제목으로 설교했다. 계명대학 성가대의 찬양과 계성고교의 '무덤에서 다시 사셨다'는 주악은 참여한 5천여 명의 성도들에

122 계명대학교 건축물의 역사, 96.

게 큰 감동을 주었다. 또한 예배 중에 '나라와 교회의 부흥을 위해', '세계 평화를 위해'라는 공동의 기도 제목을 정하고 합심으로 기도하는 시간도 가졌다. 예배를 마치고 난 후 참여한 성도들에게 남녀 기숙사를 비롯한 교내의 각 건물을 공개하는 행사를 가졌다.[123]

1971년 4월 11일 새벽 5시에 대구 기독교연합회 주최로 부활절 예배가 노천강당에서 있었다. 약 2,500명이 모인 가운데 연합회장인 박맹술 목사의 사회로 시작된 예배는 약 1시간 30분간에 걸쳐 진행되었다. 설교를 맡은 윤인구 목사는 "어제와 오늘과 내일의 부활"이라는 제목으로 현세에서 우리는 악에서 새 생명으로 부활해야 할 것을 강조하였다. 이날 예배에서 드려진 계성고등학교 악대의 연주와 계명대학교 합창단이 부른 찬양은 부활의 새벽을 은혜롭게 장식하였다.

2) 절기 예배

부활절이나 추수감사절 등과 같은 절기 예배는 학생회 주관으로 드렸으며, 예배 시간에 드린 헌금은 어려운 이웃이나 지역 교회를 후원하는 데 사용했다. 1966년 추수 감사 예배에서 모금된 특별헌금(11,020원)은 성노원과 대은교회를 위해 사용되었다. 구의령 목사, 최성찬 교수, 종교부 학생 9명이 성노원을 방문하여 콩 두 가마니를 전달하였고, 또한 대은교회를 방문하여 2천 원을 전달하였다.[124] 또한 1971년 부활절 예배에서는 가정학과 1학년생들이 주도한 모금에 전교생이 동참하여 13,988원의 헌금이 모금되어 불우한 이웃을 도우며 부활의 기쁨을 나누었다.

1971년 11월 23일 추수감사절 예배는 "사랑의 빛을 이웃에게 보답하자"

---

123 「계명대신문」 26호 3면, 1964년 4월 15일.
124 「계명대신문」 59호 1면, 1966년 11월 29일.

라는 주제로 진행되었다. 최성찬 교수의 사회로 시작된 예배는 여러 특별 순서가 있었고, 이장식 교목이 '사랑의 빚'이라는 제목으로 설교하면서 "피차 사랑의 빚 이외에는 아무에게든지 아무 빚도 지지 말라"는 성경 말씀을 인용하면서 예수님에게 받은 사랑의 빚을 이웃에게 보답하자고 강조하였다. 예배에서 모금된 특별헌금 29,473원은 학교의 환경미화를 위해 일하는 분들과 사환들을 위해 사용하였다.[125]

1973년 부활절 예배는 대강당에서 학부 및 전문학교 학생 전체가 함께 드렸다. 이형득 목사의 사회로 시작된 예배는 김이곤 목사의 성경 봉독 및 기도가 있었다. 성가대의 할렐루야 합창에 이어 박훈주 목사가 "기뻐하라 이겼도다"라는 제목으로 설교했다. 박 목사는 부활하신 예수 그리스도가 우리 마음속에 살아 있기를 바라며, 부활의 종교인 기독교가 널리 전파되어야 할 것을 강조하였다.[126] 1974년 추수감사절 예배는 종교부 주최로 진행되었다. 종교 부장인 선미경(음악 3)의 사회로 시작된 예배는 계명대학의 7개 종교클럽(KSCF, 벧엘, 청우회, KC, 시온, CCC, YWCA) 회원 100여 명이 특별 찬양하여 의미를 더했다. 예배를 통해 드려진 헌금 29,765원은 평리동 직업청소년들에게 전달되었다.[127]

절기 예배는 계명의 전 구성원이 참여하여 어려운 이웃을 보살폈다. 1975년에는 계명대학 부설 유치원에서 드려진 추수감사절 예배가 계명대신문에서 조명되었다. 유치원생 240명이 추수감사절 예배를 드리면서 72,120원을 헌금하였으며, 귤 8상자, 사과 5상자와 감, 채소 등을 헌물하였다. 헌물은 동산기독병원 불우 소아병동과 경산 동구실업중고등학교의 고아들에게 전달하면서 따뜻한 온정을 베풀었다. 또한 헌금으로는 라디오 10대, 기

125 「계명대신문」 156호 1면, 1971년 12월 1일.
126 「계명대신문」 184호 1면, 1973년 5월 1일.
127 「계명대신문」 222호 1면, 1974년 11월 21일.

타 3대를 구입하여 철원에 위치한 15사단의 장병들에게 위문품으로 보냈다.[128] 어린 고사리 손으로 드려진 헌금과 헌물은 감사의 의미를 더하면서 깊은 감동을 선사하였다.

절기 예배는 특별 음악 연주를 하는 예술의 장이 되기도 했다. 1976년 부활절 예배는 하이든의 「천지창조」를 오케스트라 연주에 맞추어 찬양 예배로 드렸다.[129] 상동교회의 이성경 목사가 설교하였는데, 예배의 하이라이트는 계명대학 성악과 학생들의 합창이었다. 성악과 학생들은 오케스트라 연주에 맞추어 '하이든의 천지창조(Die Schöptung)' 13곡을 우렁차게 찬양하여 깊은 감동을 선사했다.

1976년 추수감사절 예배는 밀알반에서 주최한 카드캠페인 행사로 활기를 더했다. 밀알반은 감사 카드를 제작하여 "고마운 분들에게 감사의 카드를 보냅시다"라고 홍보하면서 정문 앞에서 판매하였다. 이를 통해 다정한 이웃이나 친구에게 감사 카드를 보내면서 감사를 되새길 수 있었으며, 카드 판매의 수익금은 불우한 이웃을 돕는 데 사용하였다. 추수감사절 예배에는 대구 동로교회의 정순모 목사가 설교를 맡았으며 성찬 예식도 함께 진행하였다. 또한 한별반은 칠곡 나환자촌을 방문하여 봉사하였다.[130]

1978년 부활절 예배는 노천강당에서 진행되었다. 최성찬 목사의 사회로 묵도와 성경 봉독이 있었고, '계명 합창반'의 특별찬양이 있었으며, 정길수 목사가 '예수의 부활과 우리의 신앙'이라는 제목으로 부활은 참된 믿음 속에서라야 진리로 부각될 수 있음을 강조하였다.[131]

1980년은 추수감사절을 맞아 화요일부터 금요일까지 축제 형식의 다

---

128 「계명대신문」 1975년 11월 25일.
129 「계명대신문」 268호 1면, 1976년 4월 20일,
130 「계명대신문」 285호, 1976년 11월 2일.
131 「계명대신문」 331호 1면, 1978년 4월 4일.

양한 행사를 진행하였다.[132] 신앙의 기초를 든든하게 다지는 신앙 강좌를 시작으로 매일 오전 8시 20분부터 30분 동안 노천강당에서 기독 서클 연합으로 아침기도회를 개최하였다. 또한 영화 <십계> 상영과 여러 단체가 연합한 합창제와 기독교 동아리를 중심으로 한 보컬 공연, 그리고 성시, 성화 시화전 등 다채로운 행사가 진행되었다.

행사명	일시 및 장소	행사 내용
초청신앙강좌	11월 25일(화) 오후 5시 대강당	강사 민경배 박사(연세대 교목)
종교영화상영	11월 26일(수) 오후 5시 대강당	영화 십계
합창제	11월 27일(목) 오후 6시 30분 대강당	할렐루야성가대, 정화노래선교단, 사대부국합창단. 테너 이단열 교수
종교보컬공연	11월 28일 오후 5시	CCC, Good Lifo, CCC준창단 계명 GLEE CLUB중창단
전시회	11월 25~28일 돌벤치	성시, 성화 시화전
아침기도회	11월 25~28일 오전 8시 20분 노천강당	기독서클연합회 주관

(3) 경건회

1) 경건회의 목적

'대학 예배', '채플(Chapel)'은 "그리스도와 그의 나라를 위하여"라는 교훈으로 계명대학이 설립될 당시부터 있었다. 계명대학의 설립 목표가 국가와 인류 사회 및 교회 발전에 공헌할 인재 양성에 두었기에 대학 예배는 큰 비중을 차지하였다. 초창기에는 목사의 추천을 받은 세례교인이 아니면 입학이 허가되지 않았을 정도로 신앙은 중요하게 강조되었다. '경건회(채플)'는 학

132 「계명대신문」 407호 2면, 1980년 11월 25일.

생들의 인생관과 가치관을 새롭게 하고, 국가 사회에 대한 신앙적, 윤리적 책임 의식을 지닌 계명인으로서의 품성을 함양하기 위한 목적으로 진행되었다. 채플은 교목실 주관으로 실시하되, 설교는 교목에 한하지 않고 교수들과 외부 인사들도 참여하였다.

경건회(채플) 시간 배정 현황은 다음과 같다.[133]

학년도	시간 배정	비고
초창기~1964년 1학기	매일 오전 10시 45분~11시 15분	매일 실시
1964년 2학기~1971년 2학기	매주 화요일 3교시, 금요일 3교시	주 2회 실시
1972년 1학기~현재	매주 화요일 3교시	주 1회

초창기부터 학칙 제26조 6항에서 "경건회는 필히 참석하되 출석할 일수의 4/5에 미달 시 전 과목 수험 자격을 상실한다"라고 명문화하였다. 이처럼 초창기부터 1964년 1학기까지는 매일 오전 10시 45분에서 11시 15분까지 약 30분 정도의 경건회 시간을 가졌다. 1964년 2학기부터 1971년 2학기까지는 매주 화요일과 금요일 3교시에 경건회를 매주 2회 가지다가 1972년부터는 매주 1회로 조정하여 현재에 이르고 있다.

이헌수(음악학 4년)는 계명대신문에 "찬송가에 대한 일 고찰"이라는 글을 통해 경건회에서 부르는 찬송에 대한 이해와 더불어 신앙에 도움을 주고자 하였다.

> 계명대학은 일주일에 한 번씩 경건회가 있다. 경건회 시간에 메시지가 전달되며, 기도와 찬양과 피아노 혹은 오르간의 반주에 따라 찬송가를 부른다. 찬송가란 교회의 성가이며 하나님을 찬양하며 예배하는 노래다. 찬송가의 보급은 16세기부터이며 바흐에 의해서 다듬어지고 체계화되었다. 개혁

133 계명대학교 120년사 편찬위원회, 『계명대학교 120년사』, 250.

파교회의 찬송가 운동이 서양 음악의 발전에 크게 공헌하였다. 찬송가를 부르는 것은 인간이 신에게 감사하는 마음의 표시이며, 신앙의 고백이다. 베토벤이 말했듯이 "음악은 하나님이 인간에게 주신 그리스도 다음으로 가장 위대한 선물"이다.[134]

채플 출석 미달 시 전 과목 F학점을 받도록 하였으며, 경건회 출석이 5분의 4에 미달할 때는 다른 과목에 대한 학점을 인정하지 않을 정도로 매우 엄격하였다. 채플 출석의 엄격함은 이후 다소 완화되기 시작하다가 1969년에 학칙 제49조 "경건회는 출석 일수의 4/5에 미달 시 학칙 65조 1항 3호에 의하여 처벌한다"로 수정되었다. 경건회 출석은 다른 과목의 학점 취득과 관계없게 하였지만, 그럼에도 강제성은 유지되었다.[135] 교목실은 채플을 통해 종교의 의의와 가치를 깨닫게 하는 데 힘썼다. 1971년 2학기 기준, 학생들의 경건회 출석률은 이전 학기보다 현저하게 높았다. 교목실은 학생들의 높은 출석률에 고무되어 학생들의 종교적 관심도의 향상을 측정할 수 있는 길을 다방면으로 모색하였으며, 교목실을 찾는 학생의 수가 늘어나기를 희망하였다.

이장식 교목은 계명대신문에 "새해의 교목실"이라는 시론을 통해 학생들이 교목실에 적극 방문하고, 신앙생활에 적극 참여하고 연합할 것을 강조하였다.

교목실을 찾는 학생 수가 더 늘어나기를 바란다. 신앙 문제로 토론하며 이야기하기 위해 수시로 교목실의 문을 두드려 주기 바란다. 교내에서 종교강좌를 통해 기독교의 중요교리를 신학적으로 쉽게 풀이해 주고자 한다. 가능하다면 일반인들에게도 공개하고자 한다. 이러한 일은 종교에 관심이 있

---

134 「계명대신문」 178호, 1972년 2월 15일.

135 계명대학교 120년사 편찬위원회, 『계명대학교 120년사』, 150~151.

는 학생들의 협력이 필요하다. 학생들이 교목실의 활동을 활발하게 만들어 주기 바란다. 기독교 학생 그룹이 몇 개 있는데 각자 특색 있는 활동을 하는 것은 좋으나 교내 종교 활동이나 대외적인 운동에도 연합하여 협력하기를 바란다.[136]

2) 채플 자유화

학생들의 높은 채플 참여율에 앙양된 교목실은 채플 출석에 대해 학생들의 자율에 맡기기로 하였다. 그리하여 1972학년도 1학기부터 1974년 2학기까지 3년 동안 채플 출석을 자율화하였다. 학생들이 강요 때문에 형식적으로 참석하는 것보다는 스스로 대학 예배의 중요성을 인식하고, 보다 적극적으로 참여할 것으로 기대하였기 때문이었다. 하지만 채플 자율화의 취지에 대한 이해 부족과 채플에 대한 무관심으로 인해 학생들의 채플 참여도가 떨어지면서 1975년 1학기부터 채플 출석은 다시 의무화되었다. 1975년 3월 18일자 계명대신문은 채플 자유화로 인한 문제점을 진단하면서 채플 의무제를 시행할 수밖에 없는 이유를 다음과 같이 밝혔다.[137]

> 지난 1972년 1학기부터 실시해 오던 채플의 자유화가 이번 학기부터 의무화된다. 교목실에서 밝힌 바에 의하면 기독교 윤리, 기독교 개론이 종래 학기당 한 학기에 2학점이던 것을 1학점으로 하고, 나머지 시간을 예배로 충당하며 예배 출석이 4/5를 넘지 않는 경우는 위 두 과목의 학점은 인정하지 않는다. 대학 예배 자율화 실시 후 3년간의 교목실 통계를 보면, 대학 예배에 참석한 학생 수는 평균 230명에 지나지 않는다. 그중 음악과 학생으로 구성된 찬양대원을 제외하면 160~170명 정도이다. 이들을 제외한 대부분

136 「계명대신문」 157호, 1972년 1월 15일.
137 「계명대신문」 232호, 1975년 3월 18일.

의 학생은 1년 동안 두세 번 대학 예배에 참석했거나, 심지어 입학 후 한 번도 참석하지 않고 있다. 대학 예배에 참석하지 않는 학생들은 교정의 한 모퉁이에서나, 교문 밖 음식점, 다방 등에서 친구들과 잡담하며 시간을 보내고 있다. 학생들의 인식이 급선무이다. (중략) 이 모든 문제는 빈번하고 폭넓은 대화와 소통을 통해 해결할 수 있다. 학생들은 대학 예배 외에도 수양회와 기타 종교 음악회, 종교 관련 클럽 활동에 적극 참여함으로써 기독교 신앙과 진리를 더 깊이 이해하고 이를 바탕으로 교양을 쌓도록 해야 할 것이다.

3) 교목실의 노력

기독교 과목과 연계시켜 의무화함

교목실은 1975년 3월부터 채플 출석을 의무화하고, 채플에 활기를 불어넣기 위해 다방면으로 노력하였다. 먼저 기독교개론과 기독교윤리를 채플 출석과 연계시켜 의무화하였다. 이전에 한 학기에 2학점으로 인정해 주던 기독교개론, 기독교윤리를 한 학기에 1학점으로 축소하여 2시간에 걸쳐 연강하도록 하였으며, 채플 출석이 4/5에 미달되면 두 과목의 학점을 인정하지 않도록 하였다. 하지만 두 과목을 이미 이수한 학생은 대학 예배의 참석에 구애받지 않도록 했다.

교목 보강

교목실은 대학 예배를 위해 계성고등학교에서 교목을 지낸 정길수 교목을 임용했고, 미국에서 유학 중인 최성찬 교수도 귀국 즉시 교목으로 활동하도록 함으로써 부족한 인력을 보강했다.

채플성가대 창단

이전까지는 음악과 학생들로 구성된 찬양대 외에 교수와 학생 중에 희망자를 중심으로 찬양대를 조직하여 채플에 활기를 더하도록 하였는데, 그로 인해 채플성가대가 1975년 4월 10일 창단되었다.[138] 일반 학생들이 채플에 좀 더 적극적으로 참여하고 찬양을 널리 보급하기 위해 교목실에서 추진하여 결실을 보게 되었다. 채플성가대원은 처음 62명으로 구성되었고, 이후 70명 규모로 발전하였다. 유응규(영문 3) 학생이 회장을 맡았으며, 임우상 교수가 지휘를, 예영수 교수, 이정빈 교수가 지도교수를 맡았다.

기타 그룹 창단

4월 15일에는 기타 그룹이 새롭게 창단되어 채플 시간에 기타 반주로 찬송가와 성가곡을 연주하였다.[139] 학생들의 자발적인 참여로 4월 13일 창립총회를 갖고 30명 규모의 계명 '기타' 그룹을 창설했는데, 기타 연주에 뛰어난 학생이 많아서 쉽게 구성할 수 있었다. 박홍규(기악 4), 기술위원장에 이용수(작곡 3)군이 선출되었고, 고문에는 예영수 교수, 지도에는 김상대 교수가 맡았다.

계명선교합창단 발족

1977년에는 계명선교합창단이 발족되었다. 계명선교합창단 발족 예배가 4월 22일 대학원 세미나실에서 개최되었다. 학부 채플의 성가를 담당하는 합창단은 음악에 소질과 취미를 가진 비음악계 1, 2학년 학생 50여 명으로 구성되었다. 선교합창단의 지휘는 김현진(영문 2) 학생이, 반주는 이정신(가정 2) 학생이 맡았다. 계명선교합창단을 통해 학생들이 채플에 대한 소극적인 태도에서 벗어나 보다 적극적으로 예배에 참여하기 위한 자극제가 되었다.

---

138 「계명대신문」 235호 1면, 1975년 4월 15일.
139 「계명대신문」 236호 1면, 1975년 4월 22일.

(4) 신앙 수양회

'수양회'는 해마다 봄과 가을 2회에 걸쳐 진행되었는데, 학생 전원과 교수 및 직원 등 전 구성원들이 참여하였다. 수양회는 신앙의 회복과 부흥, 그리고 비기독교인들에게 기독교의 진리를 소개하고 회심하는 기회를 제공하려는 목적으로 진행하였다. 춘계 수양회는 개교기념 행사와 연계하여 진행하였다. 신앙 수양회는 2시간의 강연을 3일간 집중적으로 진행하여 지성을 일깨우고 신앙의 깊이를 더하도록 하였다.

1971년 춘계 대수양회[140]

> 1971년 춘계 대수양회가 4월 12일부터 3일간 매일 3, 4교시를 이용하여 대강당에서 개최되었다. 수양회의 강사로 초청된 박창환 박사는 "바람직한 인간과 참 신앙의 길"이라는 주제로 강연하였다. 첫째 날 박창환 교수는 "바람직한 인간"이란 제목으로 하나님께서 우리를 만든 목적과 같이 참 인간이 될 것을 강조하면서 하나님께서 각자에게 주신 달란트를 최대한 활용할 수 있는 인간이 될 것을 촉구하였다. 둘째 날에는 "참된 구원"이란 제목으로 강연하였는데, 기독교에서의 구원은 하나님과의 관계를 회복하는 것이고 이웃을 내 몸같이 사랑하는 데 있음을 강조하였다. 마지막 날에는 "하나님의 기쁜 소식"이란 제목으로 강연하였는데, 이 세상에는 헛된 기쁜 소식이 많으나 참된 기쁜 소식은 하나님 나라의 도래임을 강조하고 우리는 마음 문을 열고 하나님을 맞아들여야 할 것을 강조하였다.

또한 계명대신문에는 "춘계 대수양회 그 진행 반응 그리고 반성"이라는 제목으로 박창환 교수의 강연 내용을 상세하게 소개하였으며, 3일간 진행

---

140 「계명대신문」 142호 1면, 1971년 4월 16일.

되었던 춘계수양회 참여 학생들의 태도와 자세에 대한 비판적 반성의 글도 실으면서 학생들의 변화를 촉구했다.[141]

1972년 춘계 신앙 수양회

1972년 개교기념 행사로 진행된 춘계 신앙 수양회는 5월 22일부터 24일까지 사흘 동안 강당에서 진행하였다. 강연은 숭전대학교 교목 오은수 목사가 맡아 학문을 연구하는 학생들의 인생 좌표와 방향을 제시했다.[142] 첫째 날 주제는 "기독교대학의 사명"이었는데, 기독교대학의 사명이란 그리스도의 증거를 보일 수 있는 대학이며, 사회에 적극 참여하여 봉사하는 대학이다. 기독교대학의 존재 의미는 기독교 대학다운 대학으로서 자기의 사명과 가치를 충분히 나타낼 때만 그 존재 의미가 있다고 강조하였다. 둘째 날 주제는 "지성인과 신앙"이었는데, 인간이면 누구나 자기의 죽음, 무한, 영원에 대해 생각하기 마련이며 삶의 저변에는 종교적인 문제가 깔려 있으며, 진정한 삶의 의미는 하나님의 품으로 돌아가는 것임을 강조하였다. 셋째 날에는 "적극적인 삶의 자세"라는 주제로 노벨 문학상을 받은 일본의 가와바타 야스나리와 소련의 솔제니친을 비교하면서, 끝없는 공산주의의 부조리한 탄압 속에서도 굳건하게 문필 활동을 계속하고 있는 솔제니친과 같은 적극적인 삶의 자세가 중요함을 역설하였다. 교목실은 뜻깊고 유익한 수양회였으며, 학생들의 적극적인 협조와 참여에 감사를 표했다.

1973년 개교기념 수양회

1973년 수양회는 5월 21일부터 23일까지 3일 동안 노천강당에서 개교

141 「계명대신문」 142호 3면, 1971년 4월 16일.
142 「계명대신문」 165·6호, 1972년 5월 30일.

기념의 의미를 덧붙여 진행되었다.[143] 첫날인 21일 오전 9시에 개교기념식을 거행하고, 바로 이어서 신앙 강화를 위한 신앙 수양회가 "신앙의 사회적 차원"이라는 주제로 진행되었다. 숭전대학 문리대학장인 고범서 박사는 21일에는 "삶, 신앙, 학문"이라는 주제로, 22일은 "전체의 거듭남"이라는 주제로, 23일은 "사랑과 정의"라는 주제로 강연했다. 또한 대학원에서는 21일 오후 7시에 "정의의 신학"이란 제목으로 미국 신학자 라인홀드 니버(Reinhold Niebuhr) 박사의 특별강의가 있었다. 마지막 날인 23일 오전 11시에는 「빌리그래함 전도대회」 강연을 위해 한국에 온 존 화이트(John W. White) 목사가 강연했다. 신앙 수양회를 통해 개인의 구원뿐 아니라 사랑과 정의의 변증법적 관계를 통한 사회 제도의 중요성을 알게 되었으며, 사회 구원을 위해 힘써야 할 그리스도인의 책무를 인식하는 계기가 되었다.

1974년 개교기념 수양회

1974년 수양회는 "교육에 대한 기독교의 관심"이라는 주제 아래 연세대학교 이규호 박사를 강사로 모시고, 5월 16일부터 3일간에 걸쳐 대강당에서 수양회를 가졌다.[144] 16일은 오후 7시 30분에 대학원생을 대상으로 "인간 사회화와 사회의 인간화"라는 주제로 진행되었다. 17일에는 오전 9시에 학부생을 대상으로, 오후 2시에 전문학교 학생을 대상으로 "교육에 대한 기독교의 관심"이라는 강연이 있었으며, 강연 후 학과별로 토론 시간도 가졌다. 야간부는 17일 오후 7시에 음악관 중강당에서 진행되었다. 18일에는 학부, 전문학교 학생 전원을 대상으로 "현대 사회에 있어서의 인간의 운명"이란 제목으로 노천강당에서 진행되었으며, 강연 후 그룹 토론과 전체 참석자들을 대상으로 질의와 응답 시간이 있었다.

---

143 「계명대신문」 185호, 1973년 5월 15일.
144 「계명대신문」 207호, 1974년 5월 15일.

1975년 가을 수양회[145]

교목실에서 주관한 수양회가 학부는 10월 14일과 15일에, 2부 대학과 대학원은 14일에 각각 열렸다. "나·너·하나님"이라는 주제 아래 국제대학의 한승호 교목의 강연이 진행되었고, 강연 후 학과별로 모여 강연에 대한 토의 시간을 가졌다. 나는 우주의 초점이며, 인생의 출발과 삶의 중심을 나타내며, 너 없이는 내가 있을 수 없는 상대적 개념이다. 반면 하나님은 영원 자존한 존재임으로 우리는 주님의 은총 속에서 생활하고 그리스도 안에서 삶을 영위할 수 있어야 한다.

1976년 추계 신앙 수양회[146]

1976학년 전문부 추계 신앙 수양회가 10월 7일과 8일 양일간에 걸쳐 노천강당에서 열렸는데, 강사는 부산 한성여대 교목인 손승원 목사였다. 손승원 목사는 7일 오전 9시부터 2시간 동안 "기독교의 인간관"이란 주제로 강연했고, 8일에는 오전 10시부터 2시간 동안 "기독교인의 결혼관"이라는 주제로 말씀을 전했다.

1977년 춘계 신앙 강좌[147]

계명대학의 기독교 정신을 확인하고 재학생들의 신앙을 강화하기 위한 신앙 강좌가 서울신학대학 교수 및 대학원장을 지낸바 있는 신촌성결교회의 정진경 박사를 강사로 4월 26일과 27일 양일간 노천강당에서 열렸다. 첫 강연은 4월 26일 오전 11시에서 12시 50분까지 요한복음 3장 16절을 본문으로 "기독교란 무엇인가?"라는 주제로 진행되었으며, 저녁에는 2부 대학

145 「계명대신문」 252호 1면, 1975년 10월 21일.
146 「계명대신문」 283호 1면, 1976년 10월 19일.
147 「계명대신문」 300·301호 7면, 1977년 4월 26일.

학생을 대상으로 오후 6시 45분부터 8시 10분까지 요한 1서 5:1-5을 본문으로 "젊은이의 비전"이라는 주제로 진행되었다. 27일에는 오전 9시부터 10시 50분까지 행 2:14-21을 본문으로 "젊은이와 신앙"이라는 주제로 강연이 진행되었다.

1977년 추계 신앙 강좌[148]

1977년 추계 신앙 강좌는 포항제일교회 김동익 목사를 강사로 10월 12일과 13일 양일간에 걸쳐 노천강당과 대강당에서 진행되었다. 신앙 강좌에는 전문부 학생 전원과 교수들이 참여하였다. 주간부는 12일은 11시~1시, 13일은 11시~1시 두 차례에 걸쳐 노천강당에서 열렸으며, 야간부는 10월 13일 오후 7시 30분부터 9시 15분까지 대강당에서 진행되었다.

이처럼 신앙 수양회는 학생과 교수 및 직원들의 신앙심 앙양을 위하여 학생수양회, 교수수양회, 직원수양회를 각각 연 1회씩 개최하였다.[149] 또한 매년 봄과 가을에는 3일 동안 신앙 수양회를 겸한 신앙 강좌가 개최되었으며, 신앙 강좌를 통해 지성과 영성을 일깨웠다. 신앙 수양회는 초기에는 기독교적 창립 정신을 일깨우고, 복음적인 메시지를 통해 신앙의 각성과 영적인 회복에 초점을 둔 부흥회의 성격을 띠었다. 점차 시간이 흐르면서 신학적인 기반 위에서 대학 지성인의 품성을 일깨우는 강연으로 성격이 조금씩 변하였다.

---

148 「계명대신문」 314호 1면, 1977년 9월 27일.
149 계명대학교 120년사 편찬위원회, 『계명대학교 120년사』, 151.

(5) 종교 강연회

재학생들의 신앙심 고취를 위해서 신앙 수양회 외에도 정기적인 종교 강연회가 열렸다. 신앙 수양회가 기독교 신앙을 주제로 기독교의 진리를 소개하고 신앙을 한 차원 더 성숙시키는 차원이라면, 종교 강연회는 저명한 종교 지도자들이나 사회 인사들을 초청하여 건강한 신앙생활과 종교의 바람직한 역할과 기능에 초점을 두면서 건전한 종교의식을 부여하기 위하여 진행하였다.

종교 강연회는 1966년 10월 25일에서 28일까지 진행된 김용기 강사의 강연을 비롯하여 12회에 걸쳐 진행되었다. 계명대신문을 통해 김영환 신부(대구계산성당), 원의범 교수(동국대), 소홍렬 교수(이화여대), 설삼용 목사(숭전대 교목), 변규홍 교수 등의 강연을 상세하게 소개하였다.[150] 1971년 6월 18일에는 학생회 종교부 주관으로 대구계산성당의 신부인 김영환 박사를 초청하여 대강당에서 강연회를 열렸다.[151] 김영환 신부는 "젊음의 긍지"라는 제목으로 강연하면서 "젊은이는 긍지를 가지고 기성세대에게 인정받기 위해서는 순수성을 잃지 말아야 하며, 그 순수성을 잃을 때 젊은이의 가치와 특권은 없어지고 말 것"이라고 강조하였다. 이어서 "계명대학과 같이 아름다운 캠퍼스에서 하루에 단 몇 분간이라도 자기 자신을 찾고, 재발견하는 시간을 가지도록 노력할 것"을 당부하였다.

1976년에는 개교 22주년 기념 종교강연회를 개최하였는데, 계명대 신문에는 "구레나룻 수염의 연사님, 은혜도 많이 받고 예수님을 면전에서 대하듯 했습니다요~"라고 소개하였는데, 구레나룻 수염을 기른 강사가 익살스럽고 친근한 어조로 강연하면서 참여 학생들에게 많은 은혜와 도전을 주

150 계명대학교 120년사 편찬위원회, 『계명대학교 120년사』, 265.
151 「계명대신문」 147호 1면, 1971년 6월 21일.

었다.[152] 1976년 종교 강연회는 가을 축제 때 진행하였는데, 계명대 철학과 교수로 재직하다가 이화여자대학교로 옮긴 소흥렬 교수가 초빙되어 "종교의 합리성"이라는 주제로 강연하였다. 강연이 있던 날 3교시는 수업 대신에 종교강연으로 대체하고 출석 확인을 통해 학생 전원이 참석하도록 하였다.[153]

1977년에도 비사축전 중 학술제 형식으로 종교 강연회가 열렸다. 4월 18일 대학원 세미나실에서는 "종교적인 토대에 선 가치관"이란 제목으로 숭전대 교목이며 계명대학교 동문인 설삼용 목사의 강연이 진행되었다. 설삼용 목사는 모든 가치관의 시발점이 유신론적 입장에 입각해야 하며, 기독대학의 설립 목적은 인격자의 유능한 성직자 배출에 있다고 강조하였다.[154]

4. 전도 및 봉사활동

(1) 기독교 클럽

1) 기독교 클럽 현황

1957년에서 1959년까지는 전도, 성경 연구, 봉사를 목표로 하는 기독교 관련 클럽만 존재했다. 학생들의 클럽 활동은 "그리스도와 그의 나라를 위

152 「계명대신문」 271·272호 1976년 5월 25일.
153 「계명대신문」 286호 1면, 1976년 11월 9일.
154 「계명대신문」 303·304호 4면, 1977년 4월 26일.

하여"라는 창립 정신에 걸맞게 복음 전도와 성경 연구, 그리고 이를 바탕으로 한 봉사활동을 중심으로 진행되었다. 이러한 기독교적인 분위기는 김기대(영어영문학 3년) 학생의 "내가 느낀 기독애"라는 글에서 잘 드러난다.

> 기독교가 사랑의 종교라 하는 만큼 "우리 연약한 것을 친히 당하시고 병을 짊어지셨도다(마 8:17)"라는 말에 그 의미가 잘 드러난다. 하나님의 사랑은 죄인을 찾아오는 것이며 불가능이 변해 가능이 되고 악이 변해 선으로 슬픔이 기쁨으로 멸망이 영생으로 변하는 기이하여 알 수 없는 사랑이다. 예수님의 십자가는 인류를 사랑하는 예수님만이 할 수 있는 사랑의 완성이다. 이 사랑을 느끼는 사람은 십자가를 묵상함으로 무조건 주시는 은혜를 깨닫고 감사하는 생활을 하는 것이다.[155]

한화영(영어영문학 4년)은 "존재 목적을 잃은 기독대학"이라는 논설을 통해 "그리스도와 그의 의를 위하여"라는 기독교 신앙의 기초 위에 세워진 대학의 구성원으로서 진리를 탐구하는 인격자가 될 것을 촉구하였다.

> 존재하는 것은 존재의 의미와 목적, 그리고 가치가 있다. 대학이란 어느 시대나 사회의 두뇌요 심장이라야 한다. 대학은 청명한 지성의 등불이 되고 양심의 원동력이 되어야 한다. "그리스도와 그의 의를 위하여"라는 기초 위에 세워진 학원으로서 진리를 찾고자 하는 간절한 마음에서 제언한다. 진리에 대한 사랑과 존경 이것이 대학 교육의 핵심이다. 대학생으로서 학문에 대한 열정과 진실성이 요구된다. 냉철한 두뇌와 이성으로 되돌아가 진리애(眞理愛)의 인격자가 되어야 하겠다.[156]

이러한 기독교적인 분위기에서 철학과를 제1회로 졸업한 이명신은 소

---

155 「계명대 신문」 2호 3면, 1957년 5월 26일.
156 「계명대신문」 26호, 1964년 4월.

백산 기슭에 배점교회를 건축하고 전도사로 활약하였다. 이명신은 1964년 영주군 순흥면 배점리에 우연히 방문했다가 농촌 생활을 하는 주민들의 처참한 모습을 보고 그곳에 교회를 개척하고 복음을 전하기로 했다. 이명신은 돕는 이 없이 홀로 땅을 일구었는데, 그녀의 헌신과 열정을 보고 협력하는 이들이 생겨나 함께 흙벽돌을 쌓아 성전을 지었다. 계명대 동문인 영주 영광고교 교사 8명이 뒤늦게 이를 알고 헌금을 모아 방문하여 격려했다. 이명신은 동문들의 도움에 힘입어 복음을 더욱 힘써 전했으며, 6~7명의 신실한 교인과 14명의 학습 교인, 6~7명의 세례교인을 얻었다. 또한 중학교에 진학하지 못하는 학생들을 위해 중학교 과정도 직접 가르쳤다.[157]

초기에는 전도, 성경 연구, 봉사를 목표로 하는 기독교 클럽만 존재하다가 1960년부터 친목 동아리가 만들어지기 시작하였고, 1963년부터는 학술동아리도 만들어졌다.[158]

종교교육을 전공한 고용수(종교교육과 3)는 종말론에 관한 논설을 계명대신문에 실었다.

> 역사의 종말은 결코 멀리 있는 것은 아니나 임박했다고는 할 수 없다. 제3차 대전과 종말에 대해서 사람들은 두려워하고 있으며 핵무기 관리 부주의와 실수로 발생할 가능성이 있다. 하지만 3차 대전이 발발하더라도 지구의 모든 생물을 완전히 쓸어버리지 못할 것이며 하나의 세계로 통합될 조건이 부여될 것이니 지구의 종말은 되지 않을 것이다. 심판은 그리스도의 재림으로 이루어지며 그때가 종말이 될 것이다.[159]

---

157 「계명대신문」 60호 2면, 1966년 12월 16일.
158 계명대학교 120년사 편찬위원회, 『계명대학교 120년사』, 273.
159 「계명대신문」 19호 3면, 1963년 4월 30일 고용수는 장로회신학대학원을 졸업한 후, 미국 Columbia 대학교에서 교육학 박사학위를 받은 후 장로회신학대학교 교수로 재직하

박아청(교육학 4년)은 "십자가"라는 제목의 에세이를 계명대신문에 실었다.

> 십자가는 횡(橫)과 종(縱)의 교우(交友)요, 신과 인간과의 만남이며 너와 나와의 대화이다. 부르는 신의 음성에 응답하고자 뭇 인간들은 이를 위하여 스스로 생명을 던졌다. 십자가는 피로 물들었고 피 가운데서 자라왔으며 꽃을 피워왔다. 고요히 두 손 모아 옷매무새를 가다듬으며 벽에 걸린 십자가를 바라본다. 편견과 자만으로 채워진 연약한 인간으로서 나는 어떠한 십자가를 가졌을까?[160]

이처럼 신앙과 학문의 조화를 위해 열정을 쏟은 이들은 교회와 사회를 위한 인재로 성장하였다.

기독교 클럽의 활동 목적과 설립 연도[161]

	클럽	활동 목적	설립 연도
1	시온	참다운 신앙 정립을 통한 완성	1960
2	KSCF(밀알)	계명기독학생회(KSCF) 학원의 복음화, 에큐메니칼 운동, 교회갱신	1973년 이전
3	벧엘	그리스도의 사랑 실천 및 복음 전파	1962
4	가톨릭학생회	그리스도의 사랑 계승과 학원 내의 복음화	1970
5	CAM	오순절 성령 운동을 통한 대학가의 복음화	1970
6	CCC	예수 그리스도의 복음을 대학생들에게 선교함	1971
7	KC(계명의회)	진리와 사랑의 나라 건설을 위한 자질과 능력 배양	1972
8	DFC	민족 복음화와 세계 선교	1978
9	글리(GLEE)	합창을 통한 이웃 사랑 전파 및 선교	1978

다가 장로회신학대학교 제17대 총장을 역임하였다.

160 「계명대신문」 62호, 1967년 3월 15일, 박아청은 오사카대학교에서 교육학 박사학위를 취득하고 계명대학교 교육학과 교수로 재직하였다.

161 계명대학교 120년사 편찬위원회, 『계명대학교 120년사』, 336-337. 계명대신문, 147호 1971년 6월 21일 1면.

10	SFC	개혁주의 신앙을 바탕으로 교회 건설과 복음화 추진	1981
11	상록수	불우이웃을 위한 사랑의 교육활동 실천	1981
12	YMCA	기독 청년들의 사랑과 정의의 실현 및 문화 창조	1984
13	네비게이토	그리스도의 일꾼 세우기	1985

계명대신문 232호(1975년 3월 18일)에서는 신입생을 위해 교내의 다양한 클럽을 소개하면서 클럽 소개의 목적을 다음과 같이 밝혔다.

> 대학의 진정한 목적은 학문 연구와 인격 형성에 있다. 학문은 각자의 노력으로 이루지만, 인격 형성은 타인과의 교류로 이루어지기에 여가선용을 통한 이상적인 클럽 활동은 각자의 꿈을 가꾸는데 중요한 위치를 차지한다. 각자에게 알맞은 클럽 선택으로 대학 생활을 값지게 보내며, 성숙하게 되는 기회가 되기를 바란다.

1975년에는 학부와 전문학교에 30개의 클럽이 등록되었으며, 이 중 기독교 클럽은 벧엘, 시온, KSCF, CCC, YWCA 등이 있었는데, 각 클럽의 활동 내용은 다음과 같다.[162]

> <벧엘>은 '하나님의 집'이란 뜻으로, 기독교 정신으로 사회봉사와 회원 상호 간의 친목을 목적으로 하고 있다. 1961년에 창립되어 지도교수 3명과 회원은 44명이다.
>
> <시온>은 신앙과 학문을 통한 인격을 양성하며, 사회적 견문을 넓히는 것을 목적으로 하는 모임이다. 기독교 정신에 입각하여 학술 활동을 비롯하여 회원 간의 친목 도모와 리더십 함양과 신앙으로 뭉쳐서 민족이 요구하는 개척자들이 되자는 목적 아래 이정빈 지도교수와 정길수 교목과 함께 회원

162 「계명대신문」 232호 3면, 1975년 3월 18일.

은 40여 명이다. 매일 아침 8시 30분~9시에 성경공부를 하고 있다.

<KSCF(계명기독학생회)>는 한국기독학생총연맹에 가입된 단체로서 밀알반으로 변경되었다가 다시 본래 이름으로 바뀌었다. 신앙을 바탕으로 그리스도의 빛을 밝히는 기독학생운동의 결정체이다.[163] 사회의 부조리와 모순을 바로잡아 정의를 실현하고, 학원 복음화를 위해 힘쓰며, 범교회적인 에큐메니칼 운동과 교회갱신을 목적으로 하고 있다. 신연식 지도교수와 50여 명의 회원이 있다.

<YWCA>는 여성들만의 모임으로서 그리스도 안에서 하나됨을 인식하고 평화와 사랑과 봉사를 꾀함으로써 현 사회에 이바지함을 목적으로 하고 있다. 신연식, 편영자 지도교수와 30여 명의 회원이 있다. 월별 행사와 여성만을 위한 프로그램과 교양 강좌 등 다양한 활동을 하고 있다.

<CCC>는 예수 그리스도의 복음을 전하기 위한 목적으로 1971년 6월 17일 오후 5시 계명대학 음악 감상실에서 창립총회가 개최되었다. 장재덕 지도교수와 20여 명의 창립회원이 참석하여 초대 회장에 배선목(영문 2), 총무 이동목(교육 1), 서기 이종경(미술 1)이 선출되었다.[164]

1978년 계명대학교가 종합대학교로 승격하면서 서클의 수도 증가하였으며, 회원들도 대폭 늘어났다. 학생들은 이들 서클에 가입하여 유기적인 관계를 맺고 활동하면서 보람을 찾았으며, 만남과 대화를 통해 자신을 인식하고 인격을 도야하는 계기가 되었다. 동아리의 성격에 따라 분류해 보면, ① 전도 및 사회봉사 목적으로 한 동아리 ② 학술 연구를 목적으로 하는 동아리 ③ 교양을 넓히기 위한 동아리 등으로 나눌 수가 있으며, 모두 친목을 도모한다는 공통점을 갖고 있다.

초기에는 전도와 성경 연구 및 사회봉사를 목표로 하는 동아리가 중심을 이루었으나 70년대 후반에 들어서는 학술 연구나 친목을 위한 동아리가

163 「계명대신문」 295호, 1977년 3월 15일.
164 「계명대신문」 147호 1면, 1971년 6월 21일.

늘어나는 경향이 두드러졌다. 친목 위주의 동아리가 증가한 것은 원만한 사회인으로 성장하기 위해 인간관계가 중요하다는 사회적 인식이 반영된 결과다. 1970년 4월부터 「한 학생 한 서클 가입 운동」이 시작된 이후 1978년에는 학부 31개, 전문부는 13개가 등록되었고 해가 지날수록 증가하였다. 이와 더불어 학술 세미나 연구 발표, 교양 강좌, 토론회, 고아원과 양로원, 나환자촌 위문, 현장실습을 겸한 농촌 봉사, 체육대회, 등산, 오락 등 친목을 겸한 행사 등으로 동아리의 활동 범위 또한 넓어졌다.

1978년 기독동아리 현황

서클 이름	주요 활동 내용
벧엘	신앙생활과 진복노노, 각종 정화 운동과 교양강연회, 봉사활동
CCC	기독교적 사명 완수, 산상기도회, 전도 의료 봉사활동, 수련회
시온	신앙 향상, 인격도야, 성경 연구 및 각종 세미나, 수련회
KSCF	복음 전파, 친목 도모, 강연회, 수련회 봉사활동
학생신앙	교내 전도 활동, 친목 도모, 각종 정화 운동, 성경공부, 교양 강좌
가톨릭 학생반	평신도 사도직 수행, 묵상순례, 각종 정화 운동
합창반	합창을 통한 인격도야, 채플 시간의 찬양, 각종 연주회, 위문공연 재학생 중 비음악계 학생으로 구성

2) 기독교 클럽의 주요 행사

KSCM 지도자 연구회 참가

KSCM 지도자 연구회가 1961년 7월 20일부터 24일까지 숭실대학에서 있었는데, 계명대학 운영위원회 의장인 신상영(영문 3)과 한영일(가정 2)이 참가하였다. 강사는 한국신학대학교 교수인 문익환 목사였으며, '한국 사회와 기독교'란 주제로 강연하였다.[165]

---

165 「계명대신문」 15호 1면, 단기 4294년(1961년) 8월 25일.

종교반 체육대회

1977년에는 제1회 교내 종교반 친선체육대회가 4월 2일 대운동장에서 열렸다. 종교반에 속한 3개 클럽 총 150여 명의 학생이 참가하여 축구, 배구, 풋베이스볼 등 3개 종목에 걸쳐 열띤 경기를 벌였으며, 우승은 기독학생반, 준우승은 가톨릭 학생반이 차지했다.[166]

음악경연대회 참가

글리합창단은 1977년 6월 2일~3일 서울 유관순 기념관에서 열린 제1회 전국대학생음악경연대회에 참가하였다. 중앙학도호국단이 주최하고 서울대학교 학도호국단이 주관하는 음악경연대회는 전국 34개 대학 합창단이 참가하였으며, 서울대학교 의과대학 현악합주단을 비롯한 12개 합주단이 출연하였는데, 비음악계 학생들로 구성된 글리합창단이 참가하였다.[167] 글리합창단은 1979년 6월 7일과 8일 양일간 서울 유관순기념관에서 열린 '전국대학생음악경연대회'에 참가하였는데, 3위를 차지하여 문교부장관상을 수상하였다.[168]

KSCF 바보제

KSCF(기독학생반) 바보제가 1977년 6월 18일 오후 7시 대학원 세미나실에서 열렸다. 각박한 현실사회 속에서 하루만이라도 바보가 되어 마음껏 즐겨보자는 데 그 취지를 갖고 매년 개최한 바보제 행사는 선배 회원과의 만남, 신입생에 의한 단막극 등 다양한 프로그램으로 진행되었다.[169]

---

166 「계명대신문」 298호 1면, 1977년 4월 12일.
167 「계명대신문」 306호 1면, 1977년 6월 7일.
168 계명대학교 120년사 편찬위원회, 『계명대학교 120년사』, 335.
169 「계명대신문」 308호, 1977년 6월 21일.

1981년에는 총 47개의 동아리가 등록하였는데, 이 가운데 종교 동아리가 11개로 가장 많았다. 1982년에는 총 45개 동아리가 등록하였고, 종교 동아리보다 봉사 동아리의 회원이 더 많아졌다.

(2) 전도대와 농촌계몽전도대

계명대학의 전도 및 봉사활동은 1956년 7월 경동노회에 전도대를 파견하면서 시작되었다. 전도대는 전도 및 봉사활동을 통하여 기독교의 복음을 진하고, 아울러 농어민을 계몽하는 일에도 힘썼다.

1957년 종교부 특별전도대

1957년에는 여름방학을 이용해서 종교부에서는 특별전도대를 조직하여 여러 지역에 파송하였다. 특별전도대는 농어촌에서 봉사활동을 하면서 복음을 전하는 한편 낙후된 지역의 현지인들에게 올바른 인생관과 생활관을 계몽하는 일에도 힘썼다. 또한 아동들에게는 종교교육과 더불어 생활 전반에 대한 체계적인 교육을 하여 마을 사람들의 칭찬과 감사가 이어졌다. 특기할 것은 졸업반 학생들의 활약은 눈부셨으며 그중에서도 남청도 방면 전도대와 영일 신광에 파견된 여학생 특별전도대는 괄목할 성과를 거두어 사막의 오아시스 같은 역할을 하였다.[170]

1961년 농촌계몽전도대

1961년 농촌계몽전도대는 "농촌 부흥으로 국가 재건 이룩하자"는 목적으로 여름방학을 이용하여 세 그룹으로 나누어 진행하였다. 농촌계몽전도

---

170 「계명대신문」 2호 1면, 단기 4290년(1957년) 11월 1일.

대는 농촌계몽으로 국가 재건에 이바지함과 동시에 복음 전도도 병행하여 진행하였다. 다락방클럽은 7월 20일부터 31일까지 2주간에 걸쳐 칠곡군 가산면 용수동 일대에서 농촌계몽운동 및 전도 활동을 하였으며, 선교부 및 미8군의 후원을 받아 용수동 교회를 신축하였다. 안디옥클럽은 7월 29일부터 8월 7일까지 10일 동안 거제도 장승포읍 일대에서 계몽 전도 운동을 전개하였으며, 시온 클럽을 위시하여 다수의 학생들로 구성된 종합 계몽 전도대는 경산군 등지에서 계몽 전도 사업을 하여 큰 성과를 거두었다.[171] 이처럼 초기에 진행된 전도 봉사활동은 매년 여름방학을 이용하여 농어촌 지역을 대상으로 계몽과 더불어 복음 전도를 병행하면서 봉사활동을 하였다.

(3) 기독교 클럽의 봉사활동

초기부터 1980년 중반까지 기독교 클럽의 전도 및 봉사활동 현황은 다음과 같다.[172]

기간	참여 단체	봉사 지역과 참여 인원
1956년 여름	전도대	경동노회
1957년 여름	종교부 특별전도대	남청도 일대, 영일 신광 일대
1961년 여름	농촌계몽전도대	경산군 일대 15명 의성군 일대 20명 영덕 일대 20명
1966년 여름	벧엘, 상록수, 유토피아, 대학Y	영덕군 남정면 경남 거재도 청송군 부동면
1970년 여름	벧엘	선산군 장천면

171 「계명대신문」 15호 1면, 단기 4294년(1961년) 8월 25일.
172 계명대학교 120년사 편찬위원회, 『계명대학교 120년사』, 265.

1972년 여름		대구시 범어동 200명
1973년		불로동 재건학교 불우청소년 교육 10명 *1년 동안 계속 진행함
1973년 여름	KSCF 벧엘	냉천2구 월성군 양북면 어일리 구길 1, 2동
1974년 여름	벧엘 KSCF KC	선산군 장천면 선산군 도개면 영덕군 병곡면
1976년 여름	시온반, 적십자반, 중도반, 벧엘반, KC반	경남 거제군 장승포읍 영일군 오천면 제주도 남주군 표선면 152명
1977년 겨울	동산반 밀알반 시온반 KUSA반 R.C.Y반	선산군 장천면 상주군 공성면 금릉군 중산면 금릉군 아포면 금릉군 개령면
1981는 여름	벧엘, 시온, KC, SFC 등 14개 써클 참가	벧엘 40명, 시온 40명 KC 40명, SFC 25명
1982년 겨울	벧엘	월성군 감포읍 30명
1986년 여름	벧엘, 시온, SFC 의과대학 의료봉사단	월성군 외동읍 영일군 송라면 등

1966년 봉사활동

1966년 여름방학에는 벧엘 클럽과 상록수, 유토피아, 대학Y의 봉사활동이 있었다.[173] 벧엘 클럽은 임수식 선생을 중심으로 남자 7명, 여자 5명 총 13명이 8월 11일에서 17일까지 경북 영덕군 남정면 남호리에서 봉사활동을 했다. 남호리는 봉건적이었고 문화 혜택을 거의 받지 못한 곳이었는데, 남호국민학교의 한화자 선생(벧엘클럽 명예회원)의 주선으로 초등학교 교실 하나를 빌려 숙소를 정하고 봉사했다. 80여 명의 어린이와 동화 및 오락을 진행했으며, 오후에는 임수식 선생을 중심으로 70명의 환자를 치료하는 의료봉사를 했다. 봉사 지역이 어촌인 관계로 물이 깨끗하지 못해 피부병과 귓병 환

173 「계명대신문」 54호 2면, 1966년 9월 13일.

자들이 많았다. 저녁에는 백여 명의 주민들과 좌담회를 가졌다.

유토피아는 생긴 지 2년밖에 안 되었지만 2년째 봉사활동에 참여했다. 유토피아는 7월 18일 선발대 3명을 경남 거제도로 먼저 보냈다. 지도교수 정점식 선생과 15명은 19일 아침에 출발하여 오후에야 현지에 도착하였다. 유토피아는 3개 팀으로 나누어 활동했는데, 1팀은 논메기와 제초 작업, 밭 메기, 2팀은 뽕밭 묘목 심기와 비료 살포 작업, 3팀은 농수로 개수 공사 교량 복구 공사 등을 했다. 오후에는 삼거리 교회의 하기학교를 개최하고, 동 사무소에서는 응급처치법 강습을 하였다. 준비한 약간의 의약품으로 회충약을 배부하고, 찰과상 환자를 치료했다.

대학Y는 8월 1일부터 6일까지 경북 청송군 부동면 삼의동 소재 주왕산 교회에서 이형득 교수와 회원 7명이 참가하여 여름성경학교를 실시했다. 오전 9시부터 12시까지 예배, 성경 공부, 찬송 지도, 성경 이야기, 율동 등을 중심으로 활동하고, 밤 집회는 저녁 8시 30분부터 9시 30분까지 100여 명의 어린이들과 함께 예배드렸다. 이후 9시 30분부터 10시 30분까지 평신도를 위한 집회가 진행되었는데, 이형득 교수가 설교를 맡았으며, 약 60명 정도 참석한 가운데 성황을 이루었다.

1973년 봉사활동

계명대신문 191호에서는 1973년 여름방학 동안 진행했던 봉사활동이 활발했으며 성과 또한 푸짐했음을 보고하면서 객관적인 평가를 통해 문제점도 함께 다루었다.[174]

KSCF는 냉천2구에서 어린이 놀이터 설치와 근로 봉사를 했으며, 벧엘 클럽은 월성군 양북면 어일리 구길 1, 2동에서 봉사 및 계몽 활동을 했다. 주요 봉사 활동은 위생시설보완, 소독, 농로 보수, 아침 청소, 청년·부녀자

---

174 「계명대신문」 191호 3면, 1973년 8월 15일.

교육, 농약 살포, 영화 상영, 친선 체육대회, 동민 위안의 밤 등이었으며, 농사를 거들었다. 특히 KSCF는 학교의 보조와 관계기관의 도움을 받아 어린이 놀이터를 설치하여 군 당국으로부터 감사패를 받았다.

봉사활동에 대한 평가도 있었는데, 봉사 지역을 문명의 혜택을 좀처럼 받기가 힘든 산간벽지나 오지로 정하는 것이 몇 배의 성과를 거둘 수 있다고 보고되었다. 벧엘 클럽의 경우 2년 전 극심한 수해로 마을 전체가 어려움을 겪었던 곳이었기에 봉사가 더욱 빛났다. 농촌 현지에 대한 정확한 실태 파악을 위해 사전답사는 꼭 필요하며, 현지인들의 배타성 여부도 염두에 두고 타진해야 한다. 또한 웬만큼 일해도 좀처럼 협조하지 않고 묘한 경계를 취하는 곳도 있었으며, 감수성이 예민한 청소년들에게는 검소하고 근면한 자세를 보여줘야 한다는 평가도 있었다. 조원재(영어영문 4)는 "봉사활동과 제(諸) 문제"라는 글을 통해 해마다 되풀이되는 문제점을 제기하면서 다음과 같이 제안하였다.

> 첫째, 참여하는 이들의 정신자세인데, 우리가 하는 것은 봉사활동이지 계몽 활동이 아니다. 지금 시대는 상록수 같은 상황이 아니기에 계몽 일변도에서 벗어나 봉사활동에 집중해야 한다. 둘째, 사전답사를 통하여 철저하게 준비해야 한다. 셋째, 봉사활동은 농어촌 사회를 도시화시키는 것이 아니기에 농번기에 부족한 노동을 돕는 것이 우선이다. 넷째, 세부 봉사 계획에서도 지역 실정에 맞게 계획하고 실천하는 것이 중요하다. 다섯째, 학교 당국 또한 준비 과정이나 실행 과정에서 일선 행정기관, 사회단체와의 긴밀한 유대를 통해 적극 도움을 주어야 하며, 일회성 행사로 끝나지 않도록 후속 계획으로 연결하여 지속적인 봉사가 될 수 있도록 해야 한다. 봉사활동은 겸허한 자세로 임하는 것이다.[175]

175 「계명대신문」 211호, 1974년 6월 15일.

1974년 봉사활동

1974년 여름 봉사활동은 예년에 비해 좀 더 체계적으로 진행되었다. 충실하게 계획하였으며, 현지답사를 통해 일정을 조율하여 봉사가 차질이 없이 진행되도록 하였다. 계명대신문 215·216호(1974년 9월 1일)에서는 방학 봉사활동에 대해 다음과 같이 상세하게 보고하였다.

> 벧엘클럽 20명은 김태한 교수의 지도 아래, 7월 10일부터 17일까지 선산군 장천면 오로동에서 봉사활동을 했다. 지난 1970년에 봉사를 했었기에 방문해서 인사를 드릴 때마다 기쁨과 흐뭇함을 감추지 못하는 주민들의 표정을 발견할 수 있었다. 마을의 유일한 버스길인 동시에 농로인 도로를 보수하는 데 힘썼다. 전 단원이 리어카와 삽, 괭이에 열정을 쏟아 부었다. 산에서 패어온 돌과 더불어 도로의 장력을 돕기 위한 풀과 나뭇가지의 엉킴, 리어카에 운반된 흙의 조화로 도로를 새롭게 만들었다. 아침 기상과 더불어 빗자루와 리어카로 아침 길을 청결하게 하는 청소에 이어 낮에는 콩밭 매기로 농가의 바쁜 일손을 도왔다. 오로동 세 개의 마을을 차례로 순방하며 변소와 외양간, 우물의 청결을 위해 준비한 소독약을 살포했다. 4H 등 조직의 효율적인 운영을 위한 좌담회, 부엌 개량 및 식생활 개선, 미신 타파 및 가정의례 간소화 지도, 반공 계몽 및 국가 안보태세 강화 지도, 자녀 교육의 중요성에 대한 강연 및 청소년 선도를 위한 하기학교 운영, 새마을 운동 강화, 가정의례준칙에 대한 지도 등의 봉사활동을 하였다.
>
> KSCF 회원 25명은 신연식 교수의 지도 아래 7월 10일부터 16일까지 선산군 도개면 신림동에서 봉사활동을 하였다. 새벽 5시에 일어나 동네 꼬마들과 삽과 낫, 빗자루를 들고 잡초로 우거진 길을 정리하고, 아침 식사 후에는 모내기, 하수구 청소, 제방 둑 쌓기 등 주로 힘든 노동을 하였고, 오후에는 환경미화를 위해 마을회관 정원에 꽃을 심고, 우물을 소독했으며, 학교에서 돌아온 국교생, 중고생들을 모아 노래지도, 생활지도 및 오락 시간을 가졌다. 저녁 식사 후에는 학생들을 학년별, 남녀별로 모아 각 가정이나 야외에서 지도하였는데, 마침 기말시험 기간이라 성적이 향상되었다. 저녁에는

마을 어른들을 상대로 강연했다. 활동 기간 중 주일이 있어서 그날은 아침부터 동네 꼬마들 50여 명을 데리고 인근에 있는 송도교회에 가서 주일학교를 운영했다. 오후에는 마을 청년들과 축구 시합을 했고, 시합 후 축구공을 기증했다. 마을회관에 국기게양대와 대형 국기, 의료시설, 마을 문고함과 책도 기증했다.

KC(Keimyung Congress) 35명은 이나경·이성태 교수의 지도 아래 영덕군 병곡면 각리 2동에서 봉사했다. KC가 처음 참여하는 농촌봉사활동이었는데, 각리 2동은 영해에서 불과 8km 정도 떨어진 곳이지만, 산으로 둘러싸여 있어서 외부와의 접촉이 거의 없는 산골로서 전기 또한 없는 열악한 곳이었다. 교실 또한 두 칸밖에 없는 분교에서 선생 2명과 1·2학년과 3·4학년이 복식수업을 하고 있었다. 13일부터 18일까지 21명이 농로 닦기, 우물·변소 소독, 문패 달기, 진료 봉사 및 이발, 아동 지도(건전한 가요와 오락 보급), 교양 강좌와 계몽영화 상영 등이었다. KC는 축구공, 배구공 각 한 개와 태극기를 기증했다.[176]

1976년 봉사활동

1976년 여름 봉사활동은 문교부 및 5개 정부 단체의 후원과 계명대학의 학도호국단 주관으로 시온반, 적십자반, 중도반, 벧엘반, KC반 등 5개의 클럽 총 152명이 참여하였다. 농민과 같이 생활하면서 상호 연구하며 배운다는 신념으로 참가한 봉사단의 활동은 다음과 같다.

적십자반은 7월 25일부터 8월 1일까지 칠곡군 지천면 백운동에서 35명의 회원이 참가한 가운데 농촌 청년들의 애향심과 동민들의 협동심 및 소득 증대 방안 등에 역점을 두고 시국 안보 강연, 보건위생 강연 및 의료봉사, 노력 봉사 등을 실시했으며, 특히 산을 깎아 200m의 '계명로'를 건설하여 400m나 우회하던 거리를 단축시켰다.

---

176 「계명대신문」 215·216호 6면, 1974년 9월 1일.

시온반은 7월 12~17일까지 경남 거제군 장승포읍 와현리에서 30여 명의 회원이 참가하여 도로 및 하수구 보수, 조발 권장 및 기구 증정, 영화 상영, 국기게양대 설치, 식생활 개선책에 대한 강연 등의 활동을 했다.

벧엘반 31명은 8월 11일부터 16일까지 경북 영일군 오천면 진전동에서 학기 학교 운영, 마을회관 증축, 4H 지도, 영화 상영, 마을문고 기증, 체육 기구 설치 및 기증 등 20여 가지 활동을 했으며, 바쁜 농촌 일손을 도와 주민들에게 봉사단의 따뜻한 인정을 심어 서로 협동하는 마을로 변모시켰다.[177]

1977년 봉사활동

1977년 겨울 방학을 이용하여 봉사활동을 펼쳤는데, 계명대 신문은 "이 보람과 슬기를"이라는 제목으로 동계봉사활동의 생생한 현장을 다음과 같이 소개하였다.

밀알반은 경북 금릉군 증산면 황점리에서 봉사활동을 펼쳤다. 남자 10명 여자 8명으로 구성된 봉사단원들은 낮에는 마을 앞길 도로 공사 작업에 참여하였다. 마침 마을 주민들은 도로 공사를 시작하여 가장 어려운 약 200m의 구간을 남겨두고 있었는데, 도로 공사에 참여하였다. 저녁 식사 후에는 아이들 학습지도와 마을 주민 대상으로 자녀 교육, 미신 타파, 식생활 개선, 가족계획 등의 강좌 시간을 가졌다. 최성찬 교목은 미신 타파를 주제로, 이수용 선생은 자녀 교육 문제를 주제로 강연했으며, 용운중고등학교 교사로 있던 고인자 선배의 협조로 '식생활개선강의'와 공성면 보건소 간호사의 도움으로 '가족계획' 강좌도 성공적으로 마쳤다. 대원들이 손수 붓으로 쓰고 니스를 입힌 문패를 가정마다 달아주었다.

시온반은 경북 금릉군 증산면 황점리에서 봉사활동을 했는데, 마을 어린이 100여 명을 대상으로 미술 실기 대회, 백일장, 성경 전도 등의 동계학

177 「계명대신문」 278호 1면, 1976년 8월 31일.

교를 열었다. 미술 실기를 통하여 아동들의 감수성을 기르고 재능을 발굴할 수 있었으며, 백일장으로 농촌 아동들의 동심과 이상을 키워줄 수 있었으며, 성경 전도를 통하여 순수한 아이들의 가슴과 영혼 속에 그리스도의 사랑을 심어줄 수 있었다. 화장실 소독 2회, 우물 소독 2회, 식생활 개선 및 가족계획 강좌를 실시하면서 주민들의 생활을 보다 위생적이고 과학적으로 변화시켰다. 그리고 72호나 되는 가구에 문패를 달아주었으며, 아동들을 대상으로 머리를 깎아 주고 이발 기구를 증정하였다. 17일부터 20일까지 도로 공사와 더불어 하수도를 보수하였는데, 돌산을 깎아 도로를 뚫는 작업은 여간한 노동이 아니었지만, 뜨거운 열정과 봉사 정신으로 무장하여 기쁘게 감당하였다.

봉사 단원들의 노력은 마을 주민들의 가슴엔 뜨거운 사랑으로 전달되었으며, 23일 저녁에는 전깃불을 밝히고 마을 잔치를 베풀었으며, 주민의 권유에 못 이겨 일정을 24일까지 연기하기도 했다. 교육열이 낙후된 마을을 위해 여자 단원이 중심이 되어 동계학교를 운영하였으며 마을 주민들에게는 강좌와 강연을 통해 자녀 교육에 힘쓰기를 당부했다. 동계학교에서는 학년별로 몇 학생을 선발해 준비해 긴 악기들로 고적대를 구성해 발표회를 준비하기도 했다. 그 밖에도 가족계획 강좌, 식생활 개선책, 계몽영화 상영, 문고 설치 등 여러 봉사활동을 펼쳤다.[178]

1981년 봉사활동

1981년 하계 봉사활동은 이전보다 더 많은 인원이 참여하였고, 짜임새 있게 진행되었다. 계명대신문 440·441호(1981년 8월 11일) 4면에서는 하계 봉사활동에 대한 특집을 상세하게 다루었다. 이를 위해 취재팀을 두 팀으로 나누어 땀과 의지를 발산하였던 생생한 봉사 현장을 직접 탐방하면서 보도하였는데, 봉사활동에 참여한 단체는 다음과 같다.

---

178 계명대신문 290·291호 6면, 1977년 1월 11일.

<table>
<tr><th>봉사 동아리</th><th>봉사 장소</th><th>특별취재반
학생기자</th></tr>
<tr><td>시온반</td><td>금릉군 부항면 지좌리</td><td rowspan="14">박상배
남탁모
이범식
김홍수
황성수
허재관
박태호
한창혁
오만백</td></tr>
<tr><td>대구 로타렉타</td><td>김천시 증산면 황항리</td></tr>
<tr><td>벧엘</td><td>금릉군 부황면 희곡2리</td></tr>
<tr><td>적십자</td><td>금릉군 조마면 신곡 3동</td></tr>
<tr><td>K.C.</td><td>봉화군 물야면 개단1리</td></tr>
<tr><td>카톨릭 학생반</td><td>봉화군 물야면 오곡동</td></tr>
<tr><td>U.N.S.A.</td><td>봉화군 상은면 문촌 1리</td></tr>
<tr><td>호우반</td><td>봉화읍 명호면 북곡 1리</td></tr>
<tr><td>SFC</td><td>고령군 덕곡면 원송동</td></tr>
<tr><td>테니스반</td><td>청송군 청송읍 거대동</td></tr>
<tr><td>대호</td><td>상주군 사벌면 금흔동</td></tr>
<tr><td>아카디아</td><td>영풍군 금흔리 내리 1동</td></tr>
<tr><td>녹색회</td><td>군위군 산성면 금양 2동</td></tr>
<tr><td>K.U.S.A.</td><td>의성군 다인면 용곡 3동</td></tr>
</table>

기독교 관련 동아리의 주요 활동은 다음과 같다.

벧엘반 40명은 금릉군 부황면 희곡2리에서 근로봉사, 교육봉사, 계몽봉사 등 3개부로 나뉘어 활동했는데, 근로봉사로는 마을 입구와 마을 안쪽 길 정리, 하수도 정비와 기타 근로 활동을 했다. 교육봉사로는 여름성경학교 및 유아원 운영과 중·고생들의 학습지도를 위한 야간학교 운영 등을 했으며, 계몽 봉사로는 부녀회, 4H클럽 회원들과 좌담회를 개최하고, 주민 위안의 밤과 경로잔치 등 다양한 활동을 했다.

시온반 40명은 금릉군 부항면 지좌리에서 봉사활동을 했는데, 이 지역은 시온반이 1979년도에 하계봉사활동을 다녀간 지역으로 지역주민들의 요청에 의해서 다시 봉사하게 되었다. 시온반은 종교부, 봉사부, 친목부의 3개부로 나누어 이전에 했던 봉사활동의 재정비로 시작하였다. 종교부에서는 하기학교 운영, 마을문고 기증, 가족계획 및 위생교육, 영화 상영 등을 하였다. 봉사부에서는 지좌교를 보수하며, 마을 정화, 화장실 소독, 휴지통 설

> 치, 버스정류장 벤치 설치 등을 하였으며, 친목부에서는 경로잔치, 동민 위안의 밤, 체육대회 등을 실시하였다.
>
> SFC 25명은 고령군 덕곡면 원송동에서 봉사부, 전도부, 문예부, 체육부, 섭외부 등 5부로 나누어서 마을환경 정화, 근로봉사, 청소년 교양강좌, 슬라이드 상영, 주민과의 대화, 주일학교 운영 등의 봉사활동을 하였다. 봉사활동 셋째 날에는 고령군수, 교육장, 경찰서장이 방문하여 금일봉과 기타 격려품을 주고 갔으며, 또 문교부 교육정책연구실 파견단과 대구매일신문 기자 등이 취재하기 위해 방문하기도 했다.[179]

계명대신문사에서는 1981년 8월 6일 봉사활동에 참여하였던 동아리 대표들과 특별 좌담회를 개최하여 봉사활동 전반에 대해 평가하였다. 봉사활동의 문제점으로는 짧은 기간 미숙하고 적은 노동력으로 펼치는 근로봉사의 효율성에 대해 제고할 필요가 있으며 낙후된 농촌을 계몽하는 방향으로 바뀌었으면 하는 의견이 제시되었다. 봉사 기간 설정과 관련해서는 중고등학교 방학 이후로 조정하여 진행하면 좋겠다는 의견이 있었고, 봉사 기간이 상대적으로 짧다는 지적도 있었지만 짧은 기간을 최대한 활용하여 강한 인상을 남기는 것도 효과적이라는 의견도 있었다.

일부 동아리의 경우, 사전 준비가 미비하고 계획성과 체계성이 부족하다고 지적되었다. 너무 벽지 산간이나 장거리 지역이 선정되어 시간이나 경비 지출이 심한 경우도 있었지만, 낙후된 지역에 활기를 불어넣는 보람이 있었다. 전공의 특수성이나 동아리 특성을 살린 활동도 더러 있었지만, 현실적인 한계 또한 있었다. 봉사활동 전 학교에서의 사전 교육이 포괄적이고 개괄적인 교육에서 벗어나 현지 실정에 맞는 실제적인 교육의 필요성이 지적되었다. 마지막으로 봉사활동 중 보람 있었던 일에 대해서

179 「계명대신문」 440·441호 1면, 1981년 8월 11일.

각자 가슴 뭉클했던 순간이나 추억을 이야기하면서 좌담회를 마무리하였다.

1982년 봉사활동

벧엘반 30명은 1월 11일 월성군 감포읍 호동에서 동계성경학교, 부녀회 강연 및 지도, 농한기 부업 소개 및 계몽, 미취학아 유아원 개설 등의 봉사활동을 하고, 마을문고를 설치하였다.

간호대학의 농촌 봉사활동

간호대학의 농촌 봉사활동은 1985년 처음 시행되었고, 1987년을 제외하고 매년 진행되었다.[180] 의료보험 확대와 소외된 농촌 지역에 보건지소가 새롭게 개설되는 등 진료 활동 자체의 필요성이 조금씩 사라지는 상황에도 간호대학의 농촌 봉사활동은 지속되었고, 농촌 생활의 실태를 배우면서 의료봉사를 통해 학교에서 배운 의료를 실습하는 체험학습의 장이 되었다.

1986년 봉사활동

1986년도 하계 농촌봉사활동은 4개의 서클이 참가하였으며, 농촌문제연구반 60명도 함께 참가하였다.[181] 기독교 클럽의 봉사활동은 다음과 같이 진행되었다.

> 벧엘반 36명은 8월 4일에서 9일까지 월성군 외동읍 신계리에서 돌다리 공사, 하수도 청소, 화장실 살충제 살포, 경로당 주변 잡초 제거 등 근로봉사와 함께 경로잔치도 베풀고 신계교회에서 여름성경학교도 개최하였다.

---

180 계명대학교 동산의료원, 『동산의료원 100년: 1899~1999』 (대구: 계명대학교 동산의료원, 1999), 144.

181 「계명대신문」 589호 1면, 1986년 9월 2일.

또한 전경태(무역학) 교수의 특강과 영화 상영과 더불어 학예 발표도 함께 가졌다. 시온반 35명은 8월 4일 영일군 송라면 화진3동에서 화장실 소독, 마을 환경 정비, 화산교회에서 여름성경학교를 개최하였다. SFC 18명은 7월 28일에서 8월 2일까지 안동군 풍천면 광덕동 광덕교회에서 어린이 주일학교를 개최하고, 학생회를 조직하였으며, 복음 전파와 더불어 근로봉사를 했다.

의과대학 의료봉사단은 전석길 지도교수와 의사 5명, 약사 1명, 간호원 2명, 치대생(경북대) 2명, 의대생 31명으로 구성하여 7월 29일부터 8월 1일까지 봉화군 재산면 현동리에서 지역주민 819명을 대상으로 내과, 외과, 소아과, 치과, 일반진료 등을 했고, 대한결핵협회의 도움으로 주민들의 흉부 촬영도 실시했다. 의과대학의 무의촌 진료는 2년째 실시하였다.

5. 대학교회의 설립

계명대학교 대학교회는 기독교대학으로서의 창립 정신을 실현하기 위하여 학원 복음화와 더불어 대학 구성원인 지성인과 지역사회를 복음의 진리로 섬기기 위해 시작되었다. 대명캠퍼스에서 시작된 대학교회는 대한예수교장로회 통합교단에 소속된 한결교회가 기원이다. 한결교회 설립 때부터 대학교회에 출석했던 홍영석 교수의 "계명대학교 대학교회 창립 53주년 회고"에 따르면, 1970년대에 들어서면서 계명대학이 대구·경북노회의 몇몇 교회와 주도권을 놓고 갈등이 생기자, 계명대학을 지지하는 구심점을 확보하는 과정에서 대학교회가 탄생하게 되었다.[182]

182 홍영석, "계명대학교 대학교회 창립 53주년 회고". (미간행)

한결교회는 1972년 2월 20일 계명대학으로부터 설립 허가를 받았으며, 3월 5일 대명캠퍼스의 대학원 건물 3층 세미나실에서 당시 교목인 이장식 목사의 인도로 창립 예배를 드렸다. 같은 해 4월, 대학교회는 교회명을 '한결교회'로 정하고, 초대 당회장으로 신후식 목사가 취임하였다. 신후식 목사가 담임목사를 맡게 된 배경에는 이장식 목사가 한국기독교장로회에 속하였기 때문이었다. 당시 계명대학교는 대한예수교장로회 통합 교단과 직접 관련이 있었으므로 통합 교단 소속인 신후식 목사가 당회장을 맡았으며, 이장식 목사는 시무 목사를 맡으면서 대학교회에서 중요한 역할을 했던 것으로 보인다.

한결교회 담임목사 연혁

	성 명	기 간	보 직
1	이장식	1972. 3. 5 ~ 1972. 3. 31	교목
	신후식	1972. 4. 1 ~ 1975. 8. 30	당회장
2	최성찬	1975. 8. 31 ~ 1982. 12. 31	교목실장
3	백성흠	1983. 1. 1 ~ 1985. 8. 31	교목실장
4	최성찬	1985. 9. 1 ~ 1993. 1. 31	교목실장
5	백성흠	1993. 2. 1 ~ 1994. 8[183]	교목실장
6	오우성	1995. 3. 1 ~ 1999. 6. 5	교목실장

'한결교회'이라는 이름은 첫째, 예수 그리스도의 정신을 '한결같이' 계승하자는 뜻이고, 둘째, '큰 물결'이라는 뜻으로 기독교 정신과 교리를 도도하게 실천해 나가자는 의미를 담았다. 이후 한결교회는 교목실 소속 목사와 교직원들, 그리고 이들의 가족이 중심이 되어 발전해 나갔다. 최성찬 목사가 담임목사를 맡게 된 이후에는 교목실장 보직과 함께 담임목사도 동시에 맡

183 1999년 대학교회 요람에 보면, 백성흠 목사는 1994년 8월에 사임한 것으로 나와 있지만 2011-2012년, 2015-2016년 요람에는 백성흠 목사의 사임 내역이 빠져 있다.

게 되었다.

한결교회는 대명캠퍼스의 대학원 건물, 음악당 중강당, 대학원 도서실, 동서문화관 등으로 예배 장소를 여러 차례 옮기는 와중에도 꾸준히 성장하였다. 1973년 4월에는 예배 장소를 대학원 건물에서 음악당 중강당으로 옮기게 되었으며, 5월 20일에는 주일 밤 예배를 대학원 도서실에서 드리기 시작하였다. 1974년이 되자 대학교회는 약 70명 정도로 성장하였으며, 계명대학교 학생 외에 효성여자대학교, 영남대학교, 경북대학교 학생들도 더러 있었다. 1974년 3월부터는 유년주일학교와 중고등부가 분리되어서 운영되었고, 대학생들은 교사로 봉사하였다.

대학교회의 차별화된 특성은 다음과 같다. 첫째, 대학이 가진 인적 자원을 적극 활용한 찬양대의 구성과 수준 높은 찬양이다. 계명대학교 음악과 교수들과 학생들, 그 밖의 교수 부인들로 구성된 찬양대가 주일마다 탁월한 수준의 찬양으로 하나님께 영광을 돌리며 성도들에게 은혜를 끼쳤다. 둘째, 대학교회는 다른 교회처럼 예배나 조직이 복잡하지 않고 단순한 구조로 평신도가 중심이 되는 조직이었으며, 예배 시의 대표 기도는 꾸밈이나 과장 없이 간결하면서도 깊은 신앙에서 나오는 진정성 있는 기도를 드렸다. 셋째, 대학교회의 설교는 성서의 교훈에 입각하여 시대의 문제들에 대해 이론적이면서도 현실적으로 접근하여 지적(知的)이면서도 깊은 영성을 담아냈다.

이장식 교수는 대학교회 설교의 특징을 다음과 같이 정리하였다.

> 첫째, 대학교회의 설교는 기독교의 진리를 바로 이해하는 데 역점을 둔다. 설교가 이론적이고 지적이라면 기독교의 진리를 믿는 데서 더 나아가서 바로 깨달아 알도록 힘쓰고 있다. 둘째, 대학교회의 설교는 종교의 의미와 가치를 바르게 가르쳐서 균형 잡힌 세계관과 신앙관을 갖도록 한다. 셋째, 대학교회의 설교는 오늘날 당면한 문제들을 폭넓게 다루면서 기독교가 이

들 문제에 대하여 줄 수 있는 대답과 해결책을 제시하고자 한다.[184]

1975년 8월에는 한결교회의 2대 담임목사로 최성찬 목사가 취임하였다. 1977년 11월에는 예배 장소를 동서문화관으로 옮겼다. 1983년 1월에는 3대 담임목사로 백성흠 목사가 취임하였으며, 1985년 9월 4대 담임목사로 최성찬 목사가 취임하였다. 1993년 3월에는 5대 담임목사로 백성흠 목사가 취임하였으며, 1995년 3월에는 오우성 목사가 담임목사로 취임하였다. 한결교회가 대명캠퍼스에서 27년 지속되는 동안 이장식 목사, 최성찬 목사, 백성흠 목사, 오우성 목사 등이 담임목사로 섬겼으며, 교목실에 소속된 정길수 목사, 이형득 목사, 박용우 목사 등은 동사 목사, 협동 목사 등으로 협력하였다.

한결교회 협력 목사 연혁

	성 명	기 간	협력 목사
1	이장식	1972. 4~1975. 8	시무 목사
2	이장식	1975. 8.~1977.1.	동사 목사
3	정길수	1977.1~1979.2	동사 목사
4	이형득	1978.1~1980.12	동사 목사
5	정길수	1985.9~1988.12	협동 목사
6	이형득	1981.1~1988.12	협동 목사
7	최성찬	1983.1~1985. 8.	협동 목사
8	백성흠	1985. 9~1993. 1	협동 목사
9	박용우	1985. 9~1993.7	협동 목사
10	최상학	1988.12~?	협동 목사

184 계명대신문 202·203호, "대학교회의 특성과 의의" 1974년 3월 1일.

6. 계명대학교 신문을 통해서 본 선교 역사

(1) 기독교 관련 행사

1961년에는 "신의 축복 아래 자라난 7개 성상"이라는 주제로 개교 7주년 기념식이 성황리에 열렸으며, 더불어 다채로운 기념행사도 함께 진행되었다.[185] 1975년에는 신앙 체험 수기를 공모하여 6월에 입상자를 확정하여 발표하면서 격려하였다.[186]

초청 강연회

1966년 10월 31에는 미국 연합장로교 총회장인 겐스 리틀(Gense Little) 박사 초청 강연회가 있었다. 겐스 리틀 박사는 한국 장로교와 미국 장로교와의 유내를 강화함과 동시에 <1967년의 새 신앙고백서>를 널리 알리고자 한국을 방문하였다. 겐스 리틀 박사는 새 신앙고백서를 소개하면서 이에 대한 이해와 관심을 촉구하였다. 그는 새로운 변화에 대한 교회의 적응이 중요한데, 이번에 개정된 신앙고백서는 새로운 시대에 적합한 신앙의 언어로 표현되었음을 강조하였다.[187]

구의령 교목은 그리스도와 그의 나라를 위하여 지도자를 양성하는 계명대학이 중요한 역할을 하고 있음을 강조하면서 새 신앙고백서의 신조가 하나님의 말씀에 대한 권위이며, 세속화된 현대인이 잘 이해할 수 있는 메시지로 기독교 신앙을 전하고 있으며, 현실의 제반 문제와 다양한 관련성이

---

185 「계명대신문」 14호 1면, 난기 4294년(1961년) 6월 17일.
186 「계명대신문」 245호 1면, 1975년 7월 22일.
187 「계명대신문」 57호 3면, 1966년 10월 31일. 「계명대신문」 58호 2면, 1966년 11월 16일.

있음을 강조하였다. 또한 최성찬 교수는 "신조의 올바른 이해"라는 논설에서 신앙고백서에 대한 올바른 이해가 없는 것은 위험하며 교계를 혼란하게 만들 것이라고 경고하면서, 새 신앙고백서는 미국연합장로교의 전문분과위원 15명이 7년간 심혈을 기울여 작성하였으며 그리스도론적인 화해를 중심으로 한 신앙고백이 특징이라고 소개하였다.[188]

1970년에는 WSCF에서 시오츠키 박사를 초청하여 "현 대학 사회와 기독교 학생의 사명"이라는 주제로 강연을 진행하였다.[189]

고등교육협회 대표단 방문

1966년 10월 17일에는 장로교 교육 협의회와 아주기독교 고등교육협회 대표단이 계명대학을 방문하였는데, 대표단은 일본 기독대학 총장과 필리핀 기독대학 총장과 백락준, 김옥길 등으로 구성되었다. 이들은 계명대학을 방문하여 기독대학으로서의 경영 실태를 살피는 일정을 가졌다.

한국기독교학교연맹 1971년 교직자 수양회

한국기독교학교연맹 주최 1971년도 교직자 수양회가 1971년 8월 9일부터 12일까지 전국 55개 중고등학교와 대학에서 약 120명이 참여한 가운데 "현대 청소년 이해"라는 주제로 계명대학에서 진행되었다. 첫날 저녁에는 새로 신축한 대학원 옥상에서 친교의 시간을 가졌는데, 참가자들은 건물 옥상에서 대구 시내를 내려다보면서 다과회를 가졌다. 10일에는 계성고등학교 도서실에서 특별 강연회를 가졌는데, 계명대학교 부학장인 박봉목 교수의 강연은 큰 호평을 받았다.[190] 강연 이후 분과 토의를 하였다.

---

188 「계명대신문」 58호 2면, 1966년 11월 16일.
189 「계명대신문」 135호 3면, 1970년 11월 17일.
190 「계명대신문」 148호 3면, 1971년 8월 16일.

11일은 신명여고 강당에서 강연과 다과회를 가졌다. 오전 강연은 "현대 청소년 이해"라는 주제로 두 시간의 강의가 세 가지 세부 주제로 나뉘어 진행되었는데, 종교적인 측면에서는 서울 복음교회의 정성환 목사가, 사회적인 측면에서는 서울대학 사회학과 한완상 교수가, 심리적인 측면에서는 국제대학 교수인 한승호 목사가 강연했다. 오후에는 강연에 대해 토의하는 시간을 가졌고, 저녁에는 특별강연 시간을 가졌다. 수양회를 통해 청소년들이 무기력한 태도에서 탈피하여 확고한 태도를 기르도록 이끄는 기독교 학교의 사명을 각성하는 계기가 되었다. 마지막 날인 12일은 경주를 관광하면서 일정을 마무리하였다.

방송 선교

계명대학교 방송실에서 제공한 "진리의 날개"라는 방송 프로그램이 CBS 기독교 대구방송으로 방송되었다. 방송 시간으로 매주 월요일 저녁 7시 35분~8시였으며, 교내 교수들이 주요 연사로 참여하였다.[191] 「계명대신문」 303·304호 8면에는 <진리의 날개> 코너를 개설하여 관광과의 차복재, 김진탁 교수의 활약을 소개하였다.

기드온 협회의 성경 배포

국제기드온협회는 1973년 5월에 영한 대조판 신약전서 800여 권을 기증했으며, 1974년 9월 10일에도 포켓용 한글 신약전서 2,500권을 기증했다. 기드온협회 경북 대표 최항모 장로를 비롯한 회원들은 9월 10일 예배에 참여하여 학생들에게 성경을 나누어주었다.[192]

---

191 「계명대신문」 303·304호 8면, 1977년 4월 26일.
192 「계명대신문」 217호 1면, 1974년 9월 21일.

평신도대학 강좌

교목실에서는 1978년 2월 25일부터 4월 29일까지 13주 동안 매주 토요일 오후 2시 동서문화관에서 장로를 위한 평신도대학 강좌를 열었다. 평신도대학 강좌는 계명대학교의 기독교정신에 바탕을 두고 지역사회 봉사에 앞장서야 할 대학의 사명에 입각하여 장로를 위해 개설한 강좌였다. 강좌 내용은 1부 신학 분야, 교회 분야, 2부 사회 분야, 경제 분야, 음악 분야, 미술 분야 등 6개 부문으로 나뉘어 진행되었는데, 17명의 계명대 교수 및 목사들이 강의를 맡았다.[193] 평신도대학 강좌는 계명대학교가 간직한 인적, 지적 자원을 활용하여 지역사회, 특히 교회를 위하여 봉사한 점에서 큰 의의가 있었다.

(2) 교목 논설

교목실의 활발한 선교활동과 더불어 교목들의 논설은 기독교 세계관을 기반으로 성경에 입각하여 시대의 이슈들을 다룸으로써 기독교의 진리와 정의, 사랑의 정신을 잘 드러냈다. 이장식 교목이 가장 왕성하게 활동하였고, 그다음으로 최성찬 교목이 활발하게 활동하였다. 교목들은 시대와 상황에 적절한 주제로 기독교에 대한 이해를 증진시켰다.

1) 김득렬 교목 논설

1963년 초창기 교목이었던 김득렬 목사의 논설 2편이 있다.

---

193 「계명대신문」 326·327호 7면, 1978년 3월 7일.

"기독대학생의 이미지"

먼저 이미지와 생활 태도와 관련해서 바람직한 인생관을 갖는 것이 중요하며, 역경에 처했을 때 이를 극복하는 노력과 인내력에 작용하며 모든 가치와 기질까지도 이미지에 의해 지배된다. 이미지가 자신의 운명은 물론 이웃에게 영향을 미친다. 둘째, 성서가 말하는 인간의 이미지는 하나님의 형상을 따라 지음 받은 고귀한 피조물이며, 흙으로부터 와서 흙으로 돌아가는 피조물이며, 하나님의 무한한 사랑의 대상이 된 피조물이다. 셋째, 각자 가지고 있는 이미지에 의해 결정되기에 학문하는 이념과 겸허하고 진실하게 학문하는 태도가 요구된다. 하나님의 형상대로 지음 받은 자로서 초월적 이상을 굳건히 하고 흙으로 피조된 제한성을 겸허히 고백하면서 하나님의 은혜를 힘입어 "그리스도와 그의 나라를 위하여"를 각자의 이미지로 삼고 대학 생활을 하자.[194]

"크리스마스와 기독대학"

예수 그리스도의 탄생은 역사의 분기점이 된다. 그리스도를 중심으로 하는 기독교대학의 특징은 첫째, 기독교적 인생관을 가지고 있으며 모든 문제들이 예수 그리스도를 중심으로 하는 공동생활체인 기독교대학에서 해결될 수 있다. 둘째, 학문의 자유가 있다. 영원한 진리인 예수 그리스도 안에서 진정한 자유를 누릴 수 있다. 셋째, 진리의 정의가 있다. 기독교대학은 기독교 신앙에 입각한 일관성있는 학구생활을 한다. 일반 대학에서는 '무엇' 또는 '어떻게'만을 설명함으로 만족할 수 있을지 모르지만, 기독교대학은 '누구' 또는 '왜'의 궁극적인 문제에 대한 해답을 준다. 크리스마스를 맞아 "그리스도와 그의 나라를 위하는" 대학생활을 힘써 행하자.[195]

---

194 「계명대신문」 19호 3면, 1963년 4월 30일.
195 「계명대신문」 24호 1면, 1963년 12월 6일.

2) 김희섭 교목 논설

김희섭 부교수는 교목 대리 보직을 맡았으며, 한 편의 논설이 있다.

"기독대학의 사명"

기독교대학의 과제를 설명하려면 기독교대학이 신앙과 학문 그리고 교회와 사회와의 접촉점으로서 갖는 문제를 밝혀야 한다. 한국의 기독교대학은 사회적 상황 속에서 서구적 교양화의 목적을 달성하는 과정에서 복음화의 방편으로 기능하였다. 한국 사회의 근대화를 위해 기독교가 인격도야에 공헌한 일이 적지 않았으나 기독교가 서구적 교양으로만 작용하기도 했다. 기독교대학이란 신앙의 대의를 가지고 사는 주체에게 경험 합리적 사유를 주체화함으로 학문의 주체화를 이루는 것이다. 기독교대학이 학문의 주체화를 이루고 존재의 초월적 근거를 가짐으로 사회의 요구에 봉사하는 것을 넘어 진리의 근원에서 사는 길을 제시해야 한다.[196]

3) 이장식 교목 논설

교목들 가운데 계명대신문에서 가장 많은 글로 활동한 사람은 이장식 교목이다. 이장식 교수는 계명대학교에 재직하는 동안, 교목[197], 부학장, 대학원장 등의 여러 보직을 맡으면서 폭넓은 활동을 했다. 이장식 교목은 1973년 1월부터 1974년 9월까지 "시론"을 통해 시대를 앞서가는 혜안으로

---

196 「계명대신문」 25호 1면, 1964년 3월 11일.

197 계명대학교 대학교회 연혁에서는 "1972년 3월 5일 교목실장 이장식 목사의 집례로 창립예배를 드리다"라고 기록되어 있지만, 계명대학교 120년사 등 학교 역사에서는 이장식 교수가 교목실장이라는 자료를 확인할 수는 없었다. 이장식 교수에 대한 계명대신문 시론의 소개를 보면, 1972년에는 주로 교목으로, 1973년에는 주로 부학장, 1974년에는 교목으로 소개되며, 1974년 12월 송년 특집에서는 대학원장으로 소개되었다.

당시 직면한 시대적 문제나 기독교 절기, 계절 등과 관련해서 기독교적 세계관을 통해 조명하면서 깊은 지성과 탁월한 설득력으로 계명의 구성원들을 일깨웠다. 다음은 이장식 교목이 시론을 통해 계명대신문에 쓴 글들이다.

호	발간일	주제	주요 내용
157	1972년 1월 15일	새해의 교목실	새해의 교목실
177	1973년 1월 15일	주례자의 변	교수 수필
181	1973년 3월 15일	피와 평화	피는 인간의 미움과 불화에 대한 적신호로서 평화를 촉구하는 힘을 가진 것이다.
182	1973년 4월 1일	신념과 성패	올바른 신념은 불변성을 지니며 변심이 잦은 사람은 패배를 소래한다.
183	1973년 4월 15일	환각제와 종교	종교는 인간이 고통을 이겨내게 하는 각성제며 강심제이다.
184	1973년 5월 1일	부활의 신비	부활의 신비는 생명의 신비며 생명의 부활을 한 예수는 신비를 믿게 하는 산 증거이다.
185	1973년 5월 15일	성숙한 세대 성숙한 사람	성숙한 인간은 인도적, 사회적 가치 있는 일을 도덕과 종교의 제약을 초월해서 이룰 수 있어야 한다.
188	1973년 6월 15일	불안의 극복	현대의 종교는 인간 삶의 심각한 불안을 해소한다.
189·190	1973년 7월 15일	역사와 심판	역사는 하나님의 도덕적 판정이며, 역사의 완결은 역사의 완전한 심판에 있다.
191	1973년 8월 15일	인류공동체의 위기	민족사회를 묶는 불변의 사회정의와 사랑이 필요하며, 기독교는 인간 공동체를 와해에서 건질 수 있다.
192	1973년 9월 1일	잘 살아가는 길	무작정 잘 살려는 생활 철학이 우리 국민을 부패시킨다.
193	1973년 9월 15일	종말과 미래	현대 세계는 이 세계의 종말이 아니라, 미래를 향하여 열려 있는 역사에 직면해 있다.
194	1973년 10월 1일	인간의 진화	인간 진화의 궁극적인 방향은 인간 영성의 성취에 있으며 이것은 인간성의 극치를 말한다.

195	1973년 10월 15일	삶의 결실	삶의 결실은 선, 정의, 진실의 결실이 되어야 한다.
196·197	1973년 11월 15일	직업의 윤리	어떤 직업이든지 그 직업의 성격과 사명에 변절하는 사람은 실패할 것이다.
198	1973년 12월 15일	바보들의 축제	정의는 양적인 문제가 아니라 질적인 문제이며, 새 술은 새 부대에 넣어야 한다.
199	1974년 1월 15일	새로워지는 길	새로워지기를 겁내거나 싫어하는 이는 비겁하고 이기적인 생각의 소유자이다.
200·201	1974년 2월 1일	평화의 원리	거짓 평화는 불의를 외면하며 죄악에 묵종하는 데서 나온다.
202·203	1974년 3월 1일	대학교회 소개	대학교회의 특성과 의의
204	1974년 3월 15일	조국의 의미	정의 저버린 조국에 총 칼 든 독일 사람들처럼 민족의 에토스로 조국을 위해 헌신해야 한다.
205	1974년 4월 1일	조용한 엑소더스	조용한 엑소더스는 민족, 사회, 개인의 경험에 살아있는 교훈이다.
206	1974년 4월 15일	삶과 고난	십자가의 고난을 각오한 삶은 약한 사람을 돕는 적극적인 자세에서 나온다.
207	1974년 5월 15일	석가의 탄생	삶에 대한 실존적 각성은 허무성을 거슬러 의미를 찾는 데 있다.
208·209·201	1974년 6월 1일	축제의 의의	축제는 비생산적 놀음이 아니라 공동체 의식의 한 가지 활력소이다.
211	1974년 6월 15일	효도	효도의 형식은 시대에 따라 변해도 효도의 정신은 불멸의 것이다.
212	1974년 7월 1일	형제 관계	참된 종교는 인류의 형제 관계를 견고하게 하는 일치점이 된다.
213	1974년 7월 15일	종교와 반공	종교와 애국은 충돌될 수 없고 본래의 영역에서 그 사명을 감당해야 한다.
214	1974년 8월 15일	그리스도인의 생명	신앙의 특징은 궁극적 관심 여부에 달려 있기에 종말적인 재난이 나더라도 궁극적 관심을 가지면 살아남을 것이다.
215·216	1974년 9월 1일	성실한 삶	성실한 사람은 자기 존재의 근원과 미래의 종국을 바라볼 수 있다.

1972년과 1973년 새해를 맞아 발간된 계명대신문에 두 편의 글이 소개되었다. 1972년 1월 15일의 "새해의 교목실"은 교목실을 찾는 학생의 수가 좀 더 늘어나고, 학생들이 종교에 좀 더 적극적인 관심을 갖고 교목실이 활

발하게 활동하도록 만들어 주기를 요청하였다. 1973년 1월 15일의 "주례자의 변"은 두 쌍의 결혼식 주례 경험을 소개하면서 졸업식이 사회의 일원으로 새출발하는 것이기에 졸업생들이 진실하고 충성스럽게 살기를 기대하는 마음을 담았다.

1973년 3월 15일 181호부터 1974년 9월 1일 215·216호까지 한 번도 빠뜨리지 않고 시론을 실었다. 이장식 교목의 시론은 다음과 같이 주제별로 정리할 수 있다.

첫째, 전쟁과 평화, 역사와 종말과 같은 시대의 이슈를 다룬 시론이 8편 있다. "피와 평화", "전쟁과 평화", "평화의 원리" 등을 통해 전쟁과 폭력의 문제를 비판하면서 기독교적 관점에서 평화의 원리와 방법에 대해 설파했다. "종말과 미래", "인류공동체의 위기", "역사와 심판", "조국의 의미", "조용한 엑소더스" 등을 통해서 역사의 종말에 직면해서 인류의 미래를 희망하며, 조국을 향한 애국심을 호소하였다.

둘째, 기독교 절기와 연관해서는 두 편이 있다. 고난주간을 맞이해서 "삶과 고난"을 통해 예수 그리스도의 십자가 고난을 현실의 삶과 연관시켜 조명하였으며, 부활절을 맞이해서는 "부활의 신비"를 통해 생명으로 부활한 예수를 부각하면서 부활과 생명의 신비를 강조하였다.

셋째, 계절과 연관된 글은 3편 있다. 새해를 맞이해서는 "새로워지는 길"을 통해 새 마음과 결심으로 새로워지기를 결단하고 행동할 것을 촉구하였고, "축제의 의의"에서는 건강한 축제를 통해 공동체 의식을 강화할 것을 강조하였으며, 가을을 맞이해서는 "삶의 결실"을 통해 선과 정의, 진실로 가득한 결실을 거두는 삶을 살 것을 격려하였다.

넷째, 종교의 역할과 기능과 연관해서는 "환각제와 종교", "불안의 극복", "형제 관계", "그리스도인의 생명", "종교와 반공" 등 5편의 글이 있다. 종교는 불안이나 고통을 극복하는 역할을 하며, 참된 종교는 인류의 형제 관계를 견고하게 만들며, 종교와 애국은 서로 충돌될 수 없고 그 본래의 영역에서 각자 고유한 사명을 감당하며, 진정한 신앙의 특징은 궁극적 관심을 통해 드러나게 됨을 강조하면서 종교의 바람직한 역할을 강조하였다.

다섯째, 건강한 가치관과 관련해서는 6편의 글이 있다. "성숙한 세대 성숙한 사람", "직업의 윤리", "인간의 진화", "성실한 삶", "잘 살아가는 길", "바보들의 축제", "효도" 등을 통해 건강한 직업관과 부모님께 효도하면서 성실하고 진실되게 살 것을 강조하였다.

그 외 "대학교회의 특성과 의의"를 통해 신입생에게 대학교회를 소개하면서 대학교회 예배에 참여할 것을 초대하였다. 또한 부처님 오신 날을 맞이해서는 "석가의 탄생"을 통해 불교를 기독교와 비교하면서 삶에 대한 실존적 각성과 종교의 사명을 다음과 같이 강조하였다.[198]

> 석가의 탄생을 기념하면서 얻는 교훈의 하나는 그는 허무를 거슬러 의미를 추구하였다는 것이다. 오늘 우리는 삶에 대한 실존적 각성을 너무도 소홀히 하고 있다. 그 각성은 바로 우리 존재의 허무성을 거슬러 의미를 찾는 데 있다. 기독교에서 사람은 흙으로 지음 받았다는 교훈과 동시에 사람은 하나님의 존귀한 형상이라는 교훈 역시 이것을 말한다. 석가모니는 이러한 각성을 바탕으로 하여 모든 사람의 평등을 깨달았다. 기독교에서 만인 평등의 이유를 인간의 죄악성에 두는 것도 비슷한 진리이다. 죄는 누구에게나 있으므로 계급도 민족도 인종의 차이가 없으니 차별도 있을 수 없다.
>
> 불교는 만인에게 공통되는 원고(原苦)를 가르친다면 기독교는 원죄(原罪)를 가르쳐서 만인의 평등이라는 사회적 원리를 부르짖는다. 석가모니는 고통의 원인 중 하나를 욕심으로 보았다. 이 욕심은 이기적인 획득욕(獲得慾)이다. 불교와 기독교는 우리 사회에서 고등종교의 위치에 있다. 이 종교들은 개인 삶의 구제를 위하여 있는 동시에 사회적인 힘이 되어야 한다. 종교가 각 시대에 감당할 역사적인 사명이 있다.

198 이장식 교목, "석가의 탄생" 계명대신문 207호, 1974년 5월 15일.

4) 최성찬 교목 논설

최성찬 교수는 원래 영어영문학과 교수였으나, 1970년대 중반 신학을 공부하기 위해 미국 유학을 다녀온 후, 1974년부터 교목으로 활동하였다.

"기독교의 현실 참여"

기독교는 현실을 심각하게 그리고 신중히 다루고 있다. 기독교는 문화적 배경을 힘입고 전파되었고 인류를 위한 선과 이익을 위해 힘써 왔다. 우리가 당면하고 있는 현실과 기독교는 긴장과 갈등 가운데서도 통일과 조화를 이루리고 하는 과정 속에서 진행되고 있다. 기독교는 예언자적인 역할을 하는 가운데 현실을 보고 걱정도 하고 힘을 쓴다. 하나님의 섭리가 이 세상을 통해 이뤄지고 경영되는데, 하나님의 의를 드러낼 수 있는 해답을 제시하는 한 기독교의 현실 참여는 적극적이고 능률적일 것이다.[199]

"인간 교육을 위한 기독교윤리학적 입장"

인간 교육을 말할 때 인격을 주장한다. 인격은 추상적이고 개념적인 철학 이론과 같다. 인격은 추상적인 철학 체계와 동일 보조를 취하기 마련이지만, 인간 교육은 구체성과 적극성과 창조적인 발걸음 속에서 이뤄지는 것이기에 항상 철학적인 개념 속에 머물 수 없다. 다만 인간 교육을 위해서 체계와 이론이 필요하기 때문에 구체적인 산 인간을 유추하고 합리화해서 생각하기에 필요한 사고가 요청되는 데 이때 인격교육을 위한 윤리학이 대두된다.

기독교윤리에서 자유는 선택을 위한 결단을 필요로 하는데, 자유란 보이지 않는 정신의 주체를 말하며 인격 성장의 핵심에는 자유가 구성요소를 이룬다. 기독교윤리가 요구하는 올바른 그리스도의 인격을 본받아 사랑의

---

199 「계명대신문」 116호 3면, 1969년 10월 23일.

원칙을 가지고 이웃을 사랑하고 하나님을 사랑하며 궁극적인 목적인 하나님의 나라와 의를 구현하는 일에 의지력을 발휘할 때 윤리적인 면에서 바람직한 인격으로 숭앙받을 것이다.[200]

"기독교대학이 지향하는 대학 교육의 효율적인 교육과제"

이상주의나 본질주의적 경향에서 탈피한 사회봉사와 참여가 필요하다. 대학의 기능은 가르치고 연구하고 봉사하는 일에 종사함에 있는데, 이 일을 위해 대학은 유능한 인재를 찾아내서 유용한 인물로 키우는 책임이 있다. 대학은 휴머니즘에 입각한 포괄적인 교육목적을 달성할 교육과정을 정립하여야 하며, 두뇌의 생산 외에도 참된 인간이 가져야 하는 공동선을 전하는 기능이 추가되어야 한다. 이를 위해 참된 인간이 가져야 하는 공동선을 옮길 바탕과 기틀이 이뤄져야 하며 이를 교육과정 운영에도 적극 반영해야 한다.[201]

"오늘날 젊은이들은 교회를 어떻게 생각하고 있는가"

학생들에게 교회를 2회 방문하도록 과제를 주고 설문조사를 실시하여 이를 분석하면서 오늘날 젊은이들이 교회를 어떻게 생각하고 있는지를 살펴보면서 교회의 새로운 역할과 과제를 제시하였다. 권위주의적이고 형식적인 교회의 모습과 이질적이고 배타적인 교인의 모습을 비판적으로 분석하고 교회의 휘황찬란한 샹들리에, 헌금자의 호명, 인간에게 들려주기 위한 기도 등은 새로운 감각, 새로운 차원에서 혁신되어야 한다. 교회는 마음의 안식처를 제공하여야 하며, 사회와의 연결성 있는 참여에서 교회는 새로운 모습으로 부각되기에 사회에서 빛과 소금의 역할을 하기 위해서 힘써야 한다.[202]

---

200 「계명대신문」 123호 2면, 1970년 4월 1일.
201 「계명대신문」 286호 2면, 1976년 11월 9일.
202 「계명대신문」 326·327호 6면, 1978년 3월 7일.

(3) 교수 논설

차태화 교수는 "기독교에서 중시하는 이적"을 통해 예수께서 행하시는 이적의 목적과 의미를 소개하였다.

> 신약의 이적은 예수님을 사랑하는 제자들도 믿고 그를 미워하는 원수들도 믿었다. 바리새인도 예수님의 이적에 대하여 곡해하였으나 그 확실성은 의심하지 않았다. 이적은 표적이라고 하는데, 이적을 행하는 자가 누구인지와 그 하려는 뜻을 밝혀 드러내 보이기 위함이었다. 예수께서 행하신 이적은 그가 선하시고 의로우시며 하나님이심을 보이기 위함이며, 그의 사역을 보이는 까닭이다. 예수께서 이적을 행하실 때는 인생의 요구에 응하여 거기에 동정심으로 행하신 것이다. 이러한 동정심을 신이 아닌 사람에게는 찾아볼 수 없다.[203]

오은수 상사(성서학)는 "에큐메니칼 운동과 우리 교회"를 통해 에큐메니칼 운동에 대한 바른 신학적 이해를 도모하고 책임감을 일깨우려는 목적에서 에큐메니칼 운동을 통해 교회 협력을 위해 힘쓸 것을 강조하였다.

> 에큐메니칼의 성경적 근거는 많지만, 이를 반대할 근거는 찾기 어렵다. 땅끝까지 복음을 선포해야 할 교회는 에큐메니칼적 성격을 갖고 있다. 예수는 제자들과 그 제자들에게 복음을 듣고 믿는 신자들이 모두 하나되기를 기도하였으며, 바울은 교회가 분열되지 말고 하나되기를 강조했다. 사도신조에 나타난 에큐메니칼 정신은 성도의 교제와 거룩한 공회를 고백한 데서 찾을 수 있다. 종교개혁자 칼빈과 루터에게서도 에큐메니칼 정신을 찾을 수 있다.
>
> 종교 개혁 이후 교회는 분열의 경향으로 흘러 연합운동은 단절되었다.

---

203 「계명대신문」 2호 2면, 단기 4290년(1961년) 11월 1일.

> 19세기에 이르러서 현대선교의 시작과 더불어 교파 내 교회 간 협력과 교회 내 단체 간 연합적 사업이 활발하게 되었다. 주일학교 연합사업, YMCA, YWCA 등의 기독청년운동 등은 에큐메니칼 운동으로서 가장 순수한 것들이다. 선교 운동의 초교파적 협의회는 에큐메니칼 운동의 추진력이 되어왔다. 에큐메니칼 운동이 교회의 본래적 성격이며 이천년의 교회 역사가 지속하여 왔기에 에큐메니칼 운동으로 나가야 한다. 교회분열의 원인을 바로 알고 이를 극복하기 위해 힘써야 한다.[204]

키르케고르의 유신론적 실존주의 사상을 조명하는 글이 두 편 소개되었다. 서윤택 강사는 "키르케고르의 생애와 사상-103주기에 즈음하여"를 통해 키르케고르가 주장한 인생의 세 단계(미적 애, 윤리적 애, 종교적 애)를 변증법적으로 정리하면서 역설의 진리를 강조하였다. 인간을 심판하실 하나님이 독생자를 주시기까지 인간을 사랑하시는 것은 역설(Paradox)이다. 십자가와 부활의 역설에 의해 영원한 진리를 이해하게 된다.[205]

정명오 교수(철학)는 "키르케고르 소고"를 통해 그의 연인 레기네(Regine)와 그의 부친 미카엘(Mikael)을 소개하면서 그의 실존주의 사상의 배경을 다루었다. 키르케고르 사상의 핵심은 진리가 주체성이며, 주체성이 진리라는 것이다. 그에게 본질적 진리란 종교적 인식 이외에 아무것도 아니다. 진리가 주체성이라고 함은 실존의 내면성을 의미한다. 진리가 주체성이며, 내면성이라 함은 무한성의 정열(情熱)임을 의미한다. 이러한 무한성의 정열이 최고도로 격발되는 것은 신앙에서 가능하다.[206]

김희섭 교수(철학과)는 "감정적 종교 이해 - 슐라이어마허의 종교 이념"을 통해 감정을 중심으로 종교적 체험을 분석하였다. 종교적 체험이야말로 종

---

204 「계명대신문」 9호 2면, 단기 4292년(1959년) 12월 17일.
205 「계명대신문」 6호 2면, 단기 4291년(1958년) 12월 15일.
206 「계명대신문」 18호 2면, 1963년 3월 18일.

교의 본질이며 종교는 철학으로부터 완전히 독자성을 지닌다. 종교의 독자적 영역으로서 종교적 체험은 인간존재의 가장 내적 본질에 속한다. 종교적 체험은 사유나 행위가 아니라 직관과 감정에서 찾을 수 있다.[207]

이정호 교수(철학과)는 "권위주의적 종교와 인도주의적 종교"를 통해 에리히 프롬(Erich Fromm)의 정신분석과 종교(Psychoanalysis and Religion)에 근거하여 주체적인 사유의 중요성을 강조하였다. 권위주의적 종교와 종교 체험의 근본요소는 인간을 초월하는 힘에 대한 복종이다. 종교 형태에서 최고의 선행은 복이며 근본적인 죄는 불복종이다. 이에 반해 인도주의적 종교는 인간과 인간의 힘에 그 중심이 집중된다. 프롬에 의하면, 초기 기독교가 인도주의적이었음은 예수의 설교에서 잘 드러난다.[208]

김보균 교수(철학, 음악과장)는 "고대 세계의 음악관"을 통해 쿠르트 작스(Curt Sachs)의 비교음악학을 토대로 음악의 생리적 작용과 마술(魔術)적 작용, 우주론적 해석, 음악과 종교에 대해 소개하였다. 음악은 그 바탕에서 종교적이다. 마틴 루터는 "음악은 신이 우리에게 준 최대의 선물 중 하나이며, 신성하다"고 말했으며, 베토벤은 "음악은 모든 예지나 철학보다 더 높은 신의 계시"라고 주장했다. 음악은 신에 대한 봉사를 목적으로 시작되었으며, 음악적 법칙과 질서는 수의 관념에서 비롯되었다.[209]

마르틴 루터를 소개하는 글도 두 편 있다. Young Y. Park 교수(교육학과)는 "마르틴 루터를 통해 조명해 본 교육과 종교개혁"을 통해 루터의 교육관과 종교 개혁의 연관성을 소개하였다. 루터는 성경을 독일어로 번역하면서 교육에 중대한 공헌을 했으며, 초등학교 교육과정에서 종교뿐 아니라 라틴어, 역사와 음악을 가르쳐야 한다고 강조했다. 특히 음악은 아이들에게 도

---

207 「계명대신문」 22호 2면, 1963년 9월 16일.
208 「계명대신문」 29호 1면, 1964년 10월 14일.
209 「계명대신문」 60호 1면, 1966년 12월 16일.

덕적 감수성을 일깨운다고 했다. 루터는 대학의 개혁을 촉구했으며, 성경 연구는 대학 교육의 핵심이 되었다.[210]

신유길 교수(신학)는 "마르틴 루터를 다시 생각한다"를 통해 루터를 새롭게 조명했다. 1983년은 종개개혁자 마르틴 루터가 탄생한 지 500주년이 되는 해였으며, 10월 31일은 종교개혁 466주년이었기에 루터를 다시 생각하자는 뜻에서 다음과 같이 소개되었다.

> 루터는 중세 가톨릭교회의 우주론적 신학을 배격하고 존재론적 신학을 수립했다. 성서에 기초를 두지 않은 믿음은 우상숭배에 불과하며 성서의 뒷받침 없는 신학은 사회학에 지나지 않는다고 생각했다. 루터는 중세의 가톨릭교회로 하여금 거룩함 속에 가려져 있는 수치를 보게 하였으며, 교회로 하여금 절망하게 만들었다. 그러나 역설적이게도 그는 절망이 곧 희망임을 보여주었다. 그는 성서로부터 절망의 역설을 깨닫기 시작하였으며, 누가 참으로 의인인가를 배우기 시작하였다. 그는 자신의 깨달음을 "의인은 오로지 믿음을 통해서만 구원을 받으리라"고 표현하였다.[211]

김철현 교수(신학)는 "신앙과 성서의 권위"를 통해 기독교 신앙의 본질과 내용을 소개하였다. 신앙인에게는 예수 그리스도가 믿음의 대상으로서 하나님께로부터 주어지기 때문에 믿음은 일방적인 하나님의 은혜로서 존재하는 것이다. 성경은 계시와 케리그마 사이에서 또는 행동과 증언 사이의 증서로서, 하나님의 말씀으로서의 예수 그리스도를 우리에게 전해 주는 것이다. 성서는 우리 믿음의 원천이 되는 영원하신 하나님의 말씀으로서 그 권위를 가지고 있다.[212]

---

210 「계명대신문」 141호 2면, 1971년 4월 1일.
211 「계명대신문」 530호 2면, 1983년 11월 29일.
212 「계명대신문」 530호 3면, 1983년 11월 29일.

소흥렬 교수(철학과)는 "죽음과 삶의 의미"를 통해 허무주의를 극복하고 생의 의미를 찾는 것이 자유인의 태도임을 강조하였다. 인생은 허무하다는 말에는 인생은 짧으며, 죽음으로써 모든 끝나버리며, 아무런 목적이 없기 때문이다. 생의 허무는 죽음의 불예기설에 있으며, 현대의 허무주의는 신앙 상실에서 비롯된다. 인간은 자율적인 목적을 가진 존재이다. 인생의 목적을 논하려면 종교적인 신앙에 입각해야만 가능하다.[213]

1971년 10월 30일자 신문에는 "종교가 인간 생활에 미치는 영향"이라는 주제로 교수 논설이 실렸다. 정만득 교수(사학과)는 "종교와 역사"를 통해 종교가 인간의 생활양식과 가치판단에 미치는 영향을 소개하였다. 종교란 궁극적으로 개인의 관심사에만 그치지 않고 집단의 가치판단의 기준이 되는 점에서 공동체적 존재로서의 인간의 특성을 발견하게 되며, 이러한 공동 운명체적 성격 내지는 사회성이 곧 인간의 역사성이다. 종교는 역사의 정신적 자극을 근거로 인간 생활에 영향력을 행사하고, 종교의 판단은 인간 행동을 규정한다. 역시적 존재로서의 인간은 곧 종교적 존재로서의 인간인 것이다.

김진균 교수(음악과)는 "종교와 음악"을 통해 종교적 감정이 낳은 음악은 죽음과 영원의 문제를 다루며 찬송가는 기독교인으로 하여금 새로운 가치관을 얻게 한다고 하였다. 음악은 하나님께로 나아가려는 경건성을 한층 심화한다. 음악을 통해서 신자의 마음은 하나님의 뜻과 완전히 합일되는 것을 느끼는 경우가 많다. 음악은 하나님께 나아가려는 힘과 용기와 기쁨을 일깨워 준다. 헨델의 메시아는 1부 예언과 탄생, 2부 수난과 속죄, 3부 부활과 영원한 생명으로 성서에서 자료를 얻고 있다. 이 작품은 헨델이 그의 신앙을 예술의 형태를 빌려서 나타낸 것이다.

정점식 교수(미술과)는 "종교와 문화"를 통해 종교는 위대한 문화를 창조

---

213 「계명대신문」 54호 1면, 1966년 9월 13일.

하는 힘이 되었고 인간 생명의 계속성을 밀어주는 힘이 되고 있다고 하였다. 종교 불신으로 인한 종교의 위기는 곧 인류의 위기라는 모순된 사태를 빚어내고 말았다. 신의 존재를 운운하기 전에 인간이 과학의 믿음만으로 살아갈 수 없다. 그렇게 살아갈 수 있다면 그것은 기계적인 동물일 것이다. 삶의 불안과 죽음을 앞에 둔 인간이 종교라는 것이 없으면 인간 사회는 엄청난 소란의 장소로 변하게 될 것이다.[214]

(4) 기타 논설

1965년 12월 18일 계명대신문에는 크리스마스 특집으로 교수(신후식), 직원(임수식), 학생(윤두혁)의 글을 함께 실어 크리스마스의 의미를 되살렸다. 신후식 교수는 "크리스마스의 역사적 의의"를 통해 하나님이 사람이 되셨다는 사실을 믿는 것이 크리스마스의 뜻이며, 이것이 곧 말씀이 육신이 되었다는 점을 강조하였다. 예수는 임마누엘로 우리 인간 한복판에, 우리 역사에 개입해 오신 것이다. 세상을 지극히 사랑하셨기에 자신이 인간성을 가지게 되었다. 크리스마스는 새 인간, 새 우주의 시작이요 중심이다. 말씀이 육신이 되셨다. 우리는 그리스도의 제자이며 그의 사신(使臣)이다. 우리 생활 전체가 크리스천이 되어야 한다.

임수식 선생(남 기숙사 사감)은 "X-mas가 현대인에게 주는 의의"를 통해 크리스마스를 즐기기보다는 성탄의 진의를 생각하면서 정적인 이브를 보내야 할 것을 강조하였다. 기독 신자들은 베들레헴 말구유에서 난 예수를 생각하면서 고요히 구속의 주 하나님의 아들의 탄생을 축하해야 할 것이다. 윤두혁(철학 3년)은 "통금 해제와 X-mas"를 통해 크리스마스 밤이면 통금이 해제

---

214 「계명대신문」 153·154호, 1971년 10월 30일.

되는데, 밤을 새워 성탄을 축하하는 신자의 행렬이 있는가 하면 별의별 사건과 사고가 일어난다는 점을 지적하였다. 우리 주위에서 일어나는 일들이 성도들의 책임이기에 크리스마스의 의미를 바르게 가르쳐 주어야 할 것이다. 크리스마스 이브에는 주님의 은혜와 무한한 사랑을 노래할 수 있는 날이 왔으면 좋겠다.[215]

215 「계명대신문」 43호 2면, 1965년 12월 18일.

3부

성서캠퍼스 시대의 선교 역사

3부

성서캠퍼스 시대의 선교 역사

1. 창학정신에 비친 기독교 정신과 봉사

(1) 기독교 정체성 확립

1) 계명대학교와 대구동산기독병원의 통합

1980년 10월 2일 계명대학교 의과대학 설치가 문교부로부터 인가되자, 10월 18일 재단법인 대구동산기독병원 유지재단이 보건사회부허가를 받아 해산되고 학교법인 계명기독대학에 통합되었다. 그리하여 1981년 2월 2일 동산의료원 강당에서 계명기독대학 이사장 마포화열과 신일희 총장 등이 참석한 가운데 동산의료원 개원식을 가졌다.

계명대학교와 대구동산기독병원의 통합이 갖는 의미는 다음 세 가지로 정리할 수 있다. 첫째, '치유 사역'을 감당하는 동산병원과 '교육 사역'을 감당하는 계명대학교의 통합으로 '영의 구원'과 '육의 구원'을 유기적으로 연결하여 전인 구원의 기독교적 사명을 실현할 수 있게 되었다. 둘째, 사회·교육적 측면에서 볼 때, 해방 이후 갈등과 분열로 인해 혼란한 상황에서 두

기관의 협력을 통한 통합은 신선한 자극이 되었으며, 양 기관은 통합을 통하여 발전의 기틀을 마련함과 동시에 선한 영향력을 행사하게 되었다. 셋째, 경영적인 측면에서 볼 때, 계명대학교는 의과대학을 신설하면서 종합대학으로서의 면모를 갖추게 되었고, 동산기독병원은 대학병원으로의 위상을 높이게 되었으며, 의료 교육과 서비스가 통합됨에 따라 의학 및 의료 기술 연구의 질적인 향상과 더불어 성숙한 의료문화가 창달되는 계기가 되었다.[216]

2) 기독교 정체성 회복

초기에는 매주 화요일마다 교직원 아침 예배가 있었고, 강당에서는 매일 학생 채플이 진행되었다. 모든 회의와 행사에 기도 순서가 있었으며, 초기 인사 규정에 따르면 교직원은 세례교인이어야 하며 학생들도 세례 교인들이 많았다. 또한 직워신우회, 교직원 샤론찬양단, 성경공부반, 단과대학 신우회 등 신앙 활동 또한 활발하게 이루어졌다. 교과목도 신학교에 가기 위한 준비 교육으로 일반 교양이 주축이 되었으며, 업무 또한 교목실이 모든 일과의 시작과 인사행정 등을 맡았다.

하지만 시간이 흐르면서 교직원 예배는 한 달에 한 번으로, '세례교인'은 '기독교 교인을 원칙'으로 바뀌었다. 비기독교인 학생과 교수들이 더욱 많아졌으며 신학교 진학을 위한 교양보다는 대학원 진학, 해외 유학, 유능한 학자 양성 등을 위한 교육제도로 확장되었다. 업무 또한 교목실 위주에서 벗어나 단과대학이 학사 행정과 업무를 맡게 되면서 행정의 중심이 되었다.

이러한 변화는 계명대학교가 동산의료원과 통합하고 종합대학교로 성

216 계명대학교 120년사 편찬위원회, 『계명대학교 120년사』, 291.

장하는 과정에서 두드러졌다. 이에 계명대학교 신문에서는 "창학정신에 비친 기독교 계명 정신의 과거, 현재, 그리고 미래상"을 503호와 504호에 실으면서 계명의 기독교 정체성을 확립하고자 하였다.

최성찬 목사는 시간이 흐르면서 많은 변화가 있었지만, 그럼에도 계명대학교는 기독교 정신이라는 기본 바탕 위에 서 있다는 것과 이러한 기독교 정신을 대학 교육의 특수성과 조화시켜 창의적이고 융합적인 교육으로 발돋움해야 해야 할 것을 다음과 같이 강조하였다.

> 대학인들은 다양하지만 같은 바탕에 서 있어야 한다. 학생과 교수의 관계 바탕, 교육자와 피교육자와 하나님과의 관계 바탕이다. 그 바탕은 같은 신념 가치 체계로 묶여 있다는 데서 자부심과 긍지를 가진다. 교육을 통해 기독교 정신을 어떻게 불어 넣느냐가 답이다. 대학이 지식제조공장 같이 되면서 기독교 정신을 잃을 때 목적과 방향을 상실하게 된다. 대학 교육의 특수성 안에 기독교 정신을 넣으면 지식에서 지혜의 변화, 태도의 변화, 행동의 변화, 집단이나 조직의 변화가 일어난다. 이러한 변화는 인간에 대한 이해를 넓히고 변화를 가능케 하며 갈등을 해결한다. 급변하는 사회와 문화 조류 앞에서 기독교 정신을 살리기 위해서는 신앙의 인격성을 교육에 구체화하는 교육적 인간 형성을 위해 힘써야 한다.[217]

이형득 교수(교육학)는 "그리스도 닮은 인간 육성을 위하여"라는 논설에서 설립 목적이나 교훈에 있어서 발전적인 변화가 있기는 했으나, 모든 교육활동의 저변에는 불변하는 기독교 정신이 흐르고 있음을 다음과 같이 강조하였다.

> 계명대학교는 하나님의 뜻에 따라 이 동산에 세워졌고 기독교 정신을

217 최성찬, "복음 전도에서 교육 선교로" 「계명대신문」 503호 3면, 1983년 3월 2일.

바탕으로 하여 고등교육을 해나가는 교육기관이라는 신념 위에 세워져 있다. 계명대학은 바람직한 인간의 이상을 예수 그리스도로 규정함으로 교육의 구체적인 목표, 내용과 방법에서 다른 대학과 차이를 나타낸다. 계명 정신은 다음 몇 가지를 들 수 있다. 첫째, 하나님과의 관계에서 계명인은 소명 정신을 강하게 지니고 있다. 둘째, 계명인은 상호 관계에서 사랑 및 자유와 책임 정신을 지니고 있다. 예수 그리스도의 박애 및 자유정신을 본받아 서로 사랑하고 존중하고 이해하는 풍토 조성에 노력해 왔다. 셋째, 진리 탐구의 측면에서 학문의 탁월성 추구 정신을 백분 발휘하고 있다. 넷째, 교육의 제도, 내용 및 방법 면에서 개혁과 창조 정신을 견지하고 있다.[218]

3) 기독교 신앙교육

1980년대부터 현재까지 개설된 기독교 관련 필수 교과목은 다음과 같다.

년도	과목명	학점	비고
1983~1989	기독교사상	2	기독교과목 이수자에게는 채플을 정규 학점제로 하여 1학점을 부여함
1990~2001	기독교사상	2	2학점을 1, 2로 분리하지 않고, 1학기 2학점으로 통합하여 운영함
2002~2006	현대사회와 기독교 기독교의 이해	2 2	1학기 〈현대사회와 기독교〉(2학점) 2학기 〈기독교의 이해〉(2학점)
2007~2009	기독교정신과 사회봉사 기독교의 이해	1 2	
2010~2023	기독교의 이해	2	
2024~	기독교와 계명인	2	기독교의 이해(2)와 계명정신과 봉사(1) 2과목을 통합하여 한 과목으로 운영함

2002년부터는 <기독교사상>이 분리되어 <현대사회와 기독교>(2학점)와

218 이형득, "그리스도 닮은 인간육성을 위하여" 「계명대신문」 504호 3면, 1983년 3월 8일.

<기독교의 이해>(2학점)로 2과목으로 운영되었다. 이 어간에 교양강좌의 이수학점 조정이 있었다. 교양강좌의 이수학점은 2003학년에 45학점(공통 12학점, 계열 33학점)으로 조정하였으나, 2007년부터는 졸업학점을 130점으로 조정하였기 때문에 교양과목 이수학점은 36학점(공통 12학점, 일반 24학점)으로 축소되었다. 2006년까지는 1학기에는 <현대사회와 기독교>(2학점)가 운영되었고, 2학기에는 <기독교의 이해>(2학점)가 운영되었다. 2007년 1학기부터는 <현대사회와 기독교>(2학점)가 <기독교정신과 사회봉사>(1학점)로 교과목명이 변경되고, 학점도 1학점 축소되었다.

2010년에는 교양과목 이수학점을 36학점에서 24학점으로 조정하였다. 공통과 일반으로 구분하던 것을 공통과 계열로 명칭을 바꾸면서 학점도 각각 12학점으로 조정하였다. 그 대신 전공 기초 9~15학점을 신설하였다. 2010년부터 기독교 과목도 변화가 있었는데, <기독교정신과 사회봉사>는 <계명정신과 봉사>로 변경되었고, 과목 운영 또한 기독교 신학 전공자뿐만 아니라 신학 전공자가 아닌 교수나 강사가 함께 맡게 되었다. 그리하여 기독교 관련 과목은 <기독교의 이해>(2학점) 한 과목만 운영되었다.

2014년부터 전공기초를 0~12학점으로 줄이고 교양과목을 공통교양 12학점과 균형교양 15학점으로 조정하면서 교양 교육을 강화하였다. 공통교양은 계명대학교의 건학이념을 구현하고 인성과 전문성을 갖춘 인격체로 성장하도록 설계하였고, 균형교양은 학문분야의 다양성을 경험하여 사고의 폭을 넓히도록 설계하였다.[219]

2024년부터는 졸업이수 학점이 120학점으로 줄면서, 기존의 교양필수 과목도 학점이 축소되었다. 따라서 <기독교의 이해>가 <기독교와 계명인>으로 변경되었는데, 기존의 <기독교의 이해>(2학점)와 <계명정신과 봉사>(1학점) 2과목을 통합하여 <기독교와 계명인>으로 운영하면서 기독교 신학 전공

219 계명대학교 120년사 편찬위원회, 『계명대학교 120년사』, 599.

교수나 강사가 맡게 되었다. 현재 기독교관련 과목은 <채플>(0학점)과 <기독교와 계명인>(2학점)이며, 이 두 과목을 이수해야만 졸업할 수 있도록 규정하고 있다.

정규 교과목 외에, 계명인성교육원에서 비교과 프로그램으로 진행한 기독교 인성교육인 <YOU & I>는 김춘이 교수가 2016년부터 2018년까지 매학기 운영한 프로그램으로 그리스도의 성품을 본받아 기독교적 인성을 함양하기 위한 목적으로 진행하였으며, 활동 내역은 다음과 같다.

	내용
1차	〈오리엔테이션 및 자기소개〉 별칭을 지어 소개하며 긴장을 해소하고, 프로그램에 적극 참여할 수 있는 동기를 갖는다.
	〈인생 키워드: 나와 나〉 제시된 질문들을 통해 과거를 돌아보고 현재에 감사하며 미래를 소망하는 기회가 된다. 또한 다른 사람과의 대화를 통해 자신을 깨닫고 서로를 이해하는 소중한 배움의 시간을 갖는다.
2차	〈가족의 발견: 가족과 나〉 가족에 대한 자신의 태도를 점검해 보고 가족을 이해하고 수용함으로 더욱 친밀한 관계를 맺을 수 있게 한다.
	〈당신은 하나님의 걸작품: 친구와 나〉 나와 관련된 사람들과의 관계를 파악하고 그들을 통해 나 자신을 좀 더 깊이 인식한다.
3차	〈형용사로 표현하는 하나님: 하나님과 나〉 하나님에 대한 나의 느낌을 표현하며 하나님과의 관계를 인식하고 다양한 하나님의 모습을 경험한다.
	〈예수님이라면: 예수님과 나〉 나의 삶을 예수님의 말씀에 조명하여 작은 예수로 살아가기를 다짐하고 실천한다.
4차	〈나와 다른 사람의 달란트 찾기: 꿈이 있는 나〉 달란트 찾기를 통하여 나의 꿈과 다른 친구의 꿈을 함께 이루어 나갈 수 있도록 응원하고 함께 기도하며 격려한다.
	애찬식과 함께 마무리 및 경험보고서 쓰기

기독교 인성교육을 통해서 기독교의 핵심 가르침인 사랑, 감사, 용서, 비전, 섬김 등을 훈련하면서 자아 성찰과 동시에 그 깨달음을 타인과 하나님과의 관계까지 확장시켜 내면의 성장을 돕고, 성품을 개발하면서 리더십을 함양하는 계기가 되었다.

(2) 계명대학교의 봉사활동

1) 국외 봉사활동

계명대학교는 "진리와 정의와 사랑의 하나님 나라를 위하여"라는 기독교적 건학이념을 실현하기 위해 봉사활동을 지속적으로 진행해 오고 있다. 2002년 7월 10일부터 일주일간 학생 38명과 임원 4명으로 구성된 국외봉사단이 중국의 북경 인근에 측백나무 일만 그루를 심는 환경봉사에 참가하였고, 12월에는 학생 37명과 임원 3명으로 구성된 환경봉사단이 네팔에서 봉사활동을 했다.[220]

2002년 7월부터 한국과 중국의 우호를 증진하며 문화교류 사업을 활성화하기 위해 중국 심장병 어린이 무료 수술사업을 시작하였다. 또한 2002년 9월에는 베트남에 유아교육 프로그램과 교수법을 전수하기 위해 베트남 대학과 연구원 소속 교수 및 유아교육전문가 10명을 초청하여 무료로 교육하였다. 또한 교육을 통한 국외봉사활동의 일환으로 우즈베키스탄 최고 명문 국제경제·외교대학 우수 재학생들에게 장학금을 지급하였다. 2000년부터는 원광대학교와 북한 동포 돕기 활동을 적극적으로 펼쳤다.[221]

계명대학교는 네팔, 라오스, 미얀마, 베트남, 몽골, 방글라데시, 우즈베키스탄, 카자흐스탄, 캄보디아, 키르기스스탄 등 아시아권을 비롯해 아프리카 에티오피아와 중남미 콜롬비아까지 17개국에 100여 차례에 걸쳐 봉사활동을 펼쳤으며, 파견 인원만 약 3,400명이 넘고 지원 금액은 7억 원에 달한다.

220 같은 책, 566.
221 같은 책, 566.

2) 계명1%사랑나누기와 계명카리타스 봉사센터

계명대학교는 그리스도의 사랑과 은혜를 소외된 이웃들과 나누고 실천하기 위해 2004년 '계명1%사랑나누기'를 조직하였다. 교직원들은 월급의 1%를 떼어 사랑과 봉사를 실천하고 있는데, 교직원들이 기부한 기금은 연간 약 3억 5천만 원에서 4억 원 정도다. 이 기금은 장학금과 저소득층 지원, 국외봉사활동, 김장 및 연탄나누기, 난치병 학생 돕기 등의 사업을 위해 유용하게 사용된다. 이 자발적 사랑나누기운동은 계명대학교 산하 모든 교직원들과 동산의료원, 계명문화대학교의 모든 구성원들에게로 확산되었다.

2010년 연평도 포격 피해자를 위해 1천만 원, 2011년 동일본 대지진 5천만 원, 2013년 포항 산불피해 주민 돕기 2천만 원, 필리핀 태풍 피해 주민 돕기 2천만 원, 2014년 세월호 피해지원 5천만 원, 2015년 네팔 지진 성금, DMZ목함지뢰 피해 장병 성금, 미얀마 폐광석 피해민 돕기(구호) 성금 2천만 원, 2017년 콜롬비아 수해복구 성금 5백만 원 등 국내외 어디든 재난으로 어려움을 겪는 이들을 돕기 위해 소중하게 사용되고 있다.

2022년 5월에는 폴란드 크라쿠프 시립 복지센터에 우크라이나 전쟁으로 고통을 겪는 난민을 구호하기 위해 성금 10만 달러를 전달하였다. 성금은 계명1%사랑나누기와 대학교회에서 5만 달러, 동산의료원과 동산의료원 선교 복지회에서 5만 달러를 각각 마련하여 우크라이나 난민들이 머무는 폴란드 크라쿠프 시립복지센터에 직접 가서 전달했다.

2015년 3월부터는 계명1%사랑나누기를 좀 더 체계화하고 폭넓고 다양한 봉사활동을 펼치기 위해 계명카리타스 봉사센터를 신설하여 사업을 조직적으로 확대해 나가고 있다. 카리타스(Caritas)는 사랑, 애덕, 자선 등의 의미로서, 그리스어 '아가페(Agape)'의 라틴어 번역이며 영어로는 채리티(Charity)라 한다. 카리타스는 예수 그리스도의 십자가를 통해서 보여준 하나님의 지속적이면서 변함없는 사랑이며, 이에 응답해서 이웃에 대한 사랑을 실천하는 것을 의미한다. 우리 주변이나 제3세계의 가난하고 고통받는 이웃들을 돕는 구호 활동을 하기 위해 지은 이름이다.

2002년부터 시작된 국외봉사활동을 통해 개발도상국 10여 개국의 주요 낙후 지역에 노력 봉사, 문화 및 교육봉사, 기증 봉사 등 다양한 봉사활동을 펼치며 현지인들에게 실질적인 도움을 제공하고, 봉사활동에 참여하는 학생들에게는 섬기는 리더십을 지닌 창의적인 국제인으로 준비되는 기회를 마련하고 있다. 국내 봉사활동은 카리타스봉사센터 주관으로 학생지원팀과 교목실이 협력하여 진행하고 있다. 또한 (사)계명1%사랑나누기에서 제공하는 다양한 프로그램은 나눔과 섬김을 실천하는 데 견인차 역할을 하고 있다.

3) 기독교 관련 행사

ACUCA 창립 20주년 기념행사

1996년 4월 26일부터 27일까지 계명대학교 주관으로 아세아지역 기독대학연합회(ACUCA) 창립 20주년 기념행사가 성서캠퍼스 바우어관 시청각실, 본관 대회의실, 대명캠퍼스 시청각실에서 열렸다.[222] ACUCA 총회에는 34개 대학과 비회원교 2개교(인도네시아, 필리핀)가 참가했고, 총 122명(대표자 611명, 학생 61명)이 계명대학교를 방문했다.

아세아지역 기독대학연합회는 1976년에 아세아지역 고등교육 발전과 기독교 정신을 바탕으로 상호이해증진과 협력을 목적으로 창설되었으며, 7개 국가(한국, 일본, 대만, 홍콩, 태국, 필리핀, 인도네시아) 36개 기독대학이 회원교이고, 한국은 계명대, 연세대, 이화여대, 서강대, 숭실대, 한남대, 전주대, 효성가톨릭대(현 대구가톨릭대)가 회원교로 등록되어 있다.

---

222 「계명대신문」 777호 7면, 1996년 5월 7일.

26일에는 바우어관 시청각실에서 정신문화연구원 원장인 이영덕 박사가 '고학력 기독교인의 세계화와 지역적 관련'이라는 주제로 기조연설을 했고, 이어서 영상비디오실에서 오페라 '나부코'를 감상했다. 27일에는 대명동 시청각실에서 학생대표단 주최 음악 워크샵과 더불어 국가별 민속무용과 민속음악을 소개하는 시간을 가졌다. 이 행사를 통해 기독교 고등교육의 발전을 도모함과 동시에 상호이해와 협력을 증진하는 성과를 거두었다.

신학연구소 주최 제4회 국제학술대회

1996년 6월 3일에는 신학연구소 주최로 제4회 국제학술대회가 바우어관 시청각실에서 개최되었다. "지구촌 시대의 예언자적 신학과 목회"라는 주제로 열린 학술대회에는 헤이스 교수(Emory Univ.)의 "예언서의 새로운 이해"라는 주제 발표에 이어, 김재진 교수(신학과)의 "구약 신학의 기독론적 수용"과 박원호 교수(장신대)의 "지구촌 시대를 위한 교회 교육"이라는 주제로 발표가 있었다.

고등교육 심포지엄

1999년 11월 9일 한국·미국·인도의 기독교 고등교육의 체제를 비교하는 심포지엄이 성서캠퍼스 본관 대회의실에서 열렸다. 먼저 이청길 박사의 "한국 기독 대학의 21세기: 신앙과 미래"라는 주제 발표가 있었는데, 이 박사는 한국에서 1세기 동안 선교사의 임무는 주로 의료 봉사와 교육에 중점을 두었는데, 정보기술 시대는 주위 환경을 더욱 기술과 지식 지향적으로 만들어 정신적 공백을 초래하게 될 것이기에 이를 해결하기 위한 고등교육의 역할을 강조하였다. 두칸 퍼구손(Duncan S. Ferguson) 박사는 "기독교 고등교육의 상대적 체계"라는 주제로 기독교 고등교육이 함께 협력하면서 발전해야 할 것을 강조했다. 알렉산더 만드라무리(Alexander Mantramuri) 박사는 "인도의 기독교 고등교육: 회고와 전망"이라는 주제로 인도의 기독교 고등교육의 현황과 앞으로의 전망에 대해 발표했다. 한국, 인도, 미국 등 여러 국가의 기독교 고등교육을 비교 분석하면서 발전 방향을 모색하는 계기가 되었다.

계명오페라단 공연

계명오페라단은 1977년 창단하여 창단 기념 공연으로 대구시민회관과 서울 국립대극장에서 비제의 「카르멘」을 공연하였다. 또한 창단 20주년을 맞이하여 계명대학교 교수와 졸업생으로 구성된 계명오페라단은 1997년 5월 27일부터 29일까지 시민회관 대강당에서 대구문화방송 및 한국성가협회와 함께 창단 20주년 기념 공연 및 제9회 정기 공연을 공동 주최하였다.

「삼손과 데릴라」를 선정한 이유는 계명대학교의 설립 정신인 기독교 이념을 가지고 대중들에게 쉽게 다가갈 수 있었기 때문이었다. 2시간 분량의 공연은 구약성서 사사기 13장에서 16장까지의 내용을 3막으로 극화하였다. 1막은 삼손이 하나님께 받은 힘으로 히브리 백성을 블레셋으로부터 구출하는 내용이며, 2막은 데릴라가 삼손을 유혹하여 힘의 비밀을 알아내 머리를 자르는 내용이며, 3막은 블레셋의 포로가 된 삼손이 기도로 힘을 회복하여 신전 기둥을 무너뜨리고 블레셋인들과 함께 죽음으로써 히브리 백성을 구하는 내용이다. 오페라에는 총 260명이 출연하였으며, 주연은 계명대학교 교수와 졸업생, 조연은 성악과 대학원 출신이 맡았다. 체육대학에서 무용을, 계명합창단에서 오케스트라를 맡아 함께 협력하면서 인력 양성과 예술 발전에 큰 유익을 끼쳤다.

계명오페라단은 1994년 베르디의 「나부코」를 대구시민회관에서 공연하였고, 1995년에는 「나부코」를 서울 예술의 전당 오페라하우스에서 공연하였다. 또한 2014년에는 계명대학교 창립 115주년을 기념하여 「나부코」를 계명아트센터에서 공연하였으며, 창립 120주년인 2019년과 창립 124주년인 2023년에도 「나부코」를 공연하였다.[223] 계명오페라단은 지방 오페라단으로는 드물게 전국 순회공연을 통해 실력을 인정받았으며, 대구 및 지역 주민들에게 오페라를 통해 기독교적 메시지와 문화 예술적 경험을 제공하였다.

대구지하철참사 희생자들을 위한 추모예배

2002년에는 대구지하철참사로 인해 많은 희생자들이 발생하였다. 이러한 아픔을 위로하기 위하여 2월 24일(월) 11시에 대구지하철참사 희생자들을 위한 추모예배를 아담스채플 대예배실에서 드렸다.

제29회 전국교수선교대회

2014년 7월 3일부터 5일까지 2박 3일간, 제29회 전국교수선교대회가 아담스채플에서 『이 땅을 고쳐주소서』라는 주제로 개최되었다. 대회장인 신일희 총장은 "계명대학교가 아담스 선교사에 의해 1954년에 출범하여 개교 60주년을 맞이하게 된 해에 전국교수선교대회를 개최하게 된 것은 계명의 역사에 또 하나의 기념비가 될 것"이라고 환영인사를 하였다.

2014년 4월 16일 발생한 세월호 참사로 인한 국가적인 애도에 동참하면서 허물과 죄악을 회개하며, 부흥을 위해 기도하였다. 박희종 목사(대봉교회)가 개회 예배에서 『이 땅 고쳐주소서』라는 주제로 말씀을 전했으며, 특별 프로그램으로 한반도 통일 문제와 관련해 기독교 메시지를 다룬 허원 감독의 다큐멘터리 『Are you ready?』를 본 후 토론회를 가졌다. 이 영화를 통해 권력을 좇는 교회와 예수원 공동체, 북한 지하교회의 비교를 통해 기독교의 의미와 역할을 성찰하였다.

---

223 성서이전사 편찬위원회, 『계명대학교 성서캠퍼스 세계를 향해 빛을 비추다』 (대구: 계명대학교출판부, 2024), 466-467.

제29회 전국교수선교대회

은혜의 시간 I 에서는 선교 역사가인 이용남 선교사(세계선교공동체 대표)가 『선교 역사를 통해서 본 대각성 운동』을 소개하였다. 둘째 날 아침 경건회는 최영태 목사(충성교회)가 설교하였으며, 최윤식 교수(한국뉴욕주립대, 미래연구원장)의 『2020 2040 한국 교회 미래 지도』, PAUA회장인 김진경 총장(연변과기대, 평양과기대)의 『대화합의 리더십』, 이필립 박사(CUM대표, 중의, 약사)의 『영혼과 육체의 균형 잡힌 건강』, 김마가 선교사(GO대표)의 "이슬람 선교의 중요성과 기독 교수의 역할"에 대한 강연이 진행되었다.

또한 이단 대책 세미나를 진행했는데, 김유준 교수(연세대), 탁지원 대표(현대종교), 정동섭 교수(사이비종교피해대책연맹 총재)가 진화하는 이단들의 포교전략과 대응 방안에 대해 강연했다. 저녁에는 김진홍 목사(두레공동체운동본부)가 『회개, 기도, 영적 대각성 운동』이라는 주제로 말씀을 전했으며, 저녁기도회를 가졌다. 셋째 날에는 이재천 교수(계명대)가 설교하였으며, 오전 강연에서는 이규 목사(신촌아름다운교회)가 『대부흥의 리더십』에 대해 강연하였고, 박의범 부총장(몽골국제대), 조도현 부총장(탄자니아연합대)의 해외 기독대학에 대한 선교 보고가 있었고, 국내 사역 보고와 파송 예배로 마무리하였다.

전국교수선교대회의 의의는 다음과 같다. 첫째, 전국교수선교대회를 통해 선교를 위한 토대로서 연합의 기틀이 되었다. 전국 기독교수 단체는 전국대학교수선교연합회와 서울, 경기 지역 중심의 전국기독교수연합이 따로 활동해 왔는데, 이번 대회는 전국대학교수선교연합회 제29차 대회와 전국기독교수연합의 제27차 대회를 연합하여 개최함으로써 명실공히 전국의 기독교수들이 참석하는 대규모 집회가 되었다. 이를 계기로 전국대학교수선교연합회와 전국기독교수연합이 협력하는 기틀을 마련하였다.

둘째, 그동안 국내 사역에 머물러 있던 선교가 해외 선교로 확장될 수 있는 계기가 되었다. 이번 대회에 해외 기독대학교 연합회인 PAUA(범아시아·아프리카대학협의회)와 해외 대학교 총장들까지 참석함으로써 국내외를 아우르는 기독교수들의 집회가 되었다. 그 결과 2022년에는 전국대학교수선교연합회 내에 해외기독대학지원위원회가 만들어짐으로 PAUA와 긴밀하게 협력하는 계기를 마련하였다. 2020년 초반부터 코로나19로 인해 해외 기독대학교들이 큰 어려움에 직면하게 되었는데, 해외기독대학지원위원회는 한국인이 설립한 해외 기독대학교들과 국내의 기독 교수들을 연결시켜 협력하는 창구 역할을 했다.

셋째, 본 대회를 위해 특별히 제작한 제임스 아담스 선교사와 우드브리지 존슨 선교사에 대한 영상을 통해 계명대학교의 역사를 소개하면서 선교지 탐방을 함께 함으로써 선교사들의 헌신을 되새겼다. 첫째 날 이용남 선교사의 한국선교 역사에 대한 강의와 관련하여 마지막 날에는 계명대학교 동산의료원에 있는 의료선교박물관과 은혜정원 선교사 묘지를 방문하였다. 동산의료원에 있는 동산병원장을 역임한 하워드 마펫을 포함하여 16명의 선교사 묘역을 방문하면서 해외에서 참석한 교수 선교사 가족들은 많은 은혜를 받았다.

넷째, 문화예술 분야에서 탁월한 계명대학교의 자원과 역량을 다채로운 공연으로 승화시켜 큰 감동을 선사했다. 엔젤스 어린이 합창단을 위시하여 위미션, 박찬일(Baritone), 노지혜(Organ), 남자은(Piano), 계명 Brass Choir, 박경

숙(Cello), 하태길(Clarinet), 아코사모(Accordian), Sonitus Caeli Handbell Choir, 박영호(합창지휘), 윤동찬(합창지휘), 대구 코랄, 대구극동방송국 합창단 등 많은 팀이 참여하여 대회 분위기를 크게 고조시켰다. 참석자들은 짜임새 있고, 알찬 프로그램과 봉사, 식사, 안내, 숙소 등에 매우 만족스러웠으며, 아름다운 계명대학교 캠퍼스에서 행복한 시간을 보냈다고 평가하면서 감사를 표했다.

계명대학교 합창단 공연

종교개혁 500주년 기념행사

2017년에는 종교개혁 500주년을 맞아 기념 예배 및 강연이 다채롭게 진행되었다. 먼저 5월 11일 교목실과 대학교회 주최로 '종교개혁 500주년 기념 예배'가 아담스채플 중예배실에서 진행되었으며, 예배에 이어서 황재범 교목실장이 '르네상스와 종교개혁'이라는 주제로 강연했다. 2학기에는 종교개혁 500주년 강연회를 진행하였는데, 황재범 교목실장이 10월 18일에는 '르네상스 인문주의와 종교개혁'이라는 주제로, 그리고 10월 25일에는 '종교개혁의 영향: 개인의 자유, 민주주의, 자본주의'라는 주제로 강연했다.

2018년에는 헝가리 종교개혁 500주년을 맞이하여 4월 18일 헝가리 종교개혁 500년 기념행사를 아담스채플에서 가졌다. 주제는 "Soli Deo

Gloria-Five Centuries of Hungarian Reformation"(오직 하나님께 영광-헝가리 종교개혁 500년)이었으며, 헝가리의 종교개혁을 한눈에 알 수 있도록 대형 배너들이 전시되었다. 개막식에는 처버 가보르(Csaba Gábor) 주한 헝가리 대사, 칼만 안드레라(Kálmán Andrea) 문화 담당 참사관 등이 참석하였으며, 팔루르 야노쉬(Pálúr János) 오르가니스트의 파이프오르간 연주회도 함께 가졌다. 헝가리 종교개혁 500주년 행사를 통해 유럽의 문화와 역사를 깊이 이해하고, 헝가리와 한국의 문화교류를 통하여 서로 간에 유대감을 돈독하게 하는 계기가 되었다.

(3) 동산의료원의 선교활동

1) 간호대학의 목회간호사업

간호학과에서는 한국에서 최초로 목회간호사업센터를 개설하였다. 목회간호사업은 1994년 간호교육의 질 향상과 더불어 목회간호를 통하여 지역사회를 섬기고자 추진하게 되었다. 목회간호사업센터를 개설하기 위해서는 교수들이 먼저 목회간호사 자격을 취득하는 것이 선결과제였다. 이를 위해 미국 목회간호사회 교육부장 및 세계기독간호사회 이사인 마라벨 커시(Marabel Kersey) 교수를 초청하여 한국 최초로 2박 3일 동안 목회간호사교육을 실시하였다. 그리하여 간호대학 교수를 포함한 기독간호계 지도자 15명이 아이오와 건강 네트워크(Iowa Health Network)의 목회간호사과정을 이수하고 수료증을 취득하였다.[224]

---

224 계명대학교 간호대학 100년사 편찬위원회, 『빛을 여는 어제와 오늘 계명대학교 간호대학 100년사: 1924-2024』 (대구: 계명대학교 간호대학, 2024), 320.

1995년 2월 한국 최초로 목회간호사업센터가 계명대학교에 개설되어 현판식 및 기념예배를 드렸다. 초대 위원장으로 진희성 목사(대구 남산교회), 간사로는 김정남 교수가 맡았으며, 위원으로는 오세호 목사(대구제이교회), 조석원 목사(내당교회), 장황호 목사(동산의료원 원목실장), 박정숙 학장, 권영숙 교학부장 등이 활동하였다.[225]

1995년 3월 국내 최초로 목회간호사업이 시작되었으며 1995년 9월 제1기 목회간호사 교육과정이 개설되어 수료한 박영순, 박혜섭, 양진경, 소귀조 목회간호사가 대구 시내 여러 교회에서 활동하게 되었으며, 1998년 4월 제2기 목회간호사 교육과정을 수료한 이들이 5개 교회에 파견되어 활동하였다.[226] 목회간호사는 건강 문제가 있는 가정을 방문하여 건강 상태를 체크하고 건강상담을 제공하며, 경로대학 등에서 건강관리 프로그램을 제공하고, 입원 시에는 심방을 겸한 간호를 제공하면서 신앙을 기반으로 한 영적 간호에 힘썼다.

목회간호사업은 크게 목회간호사업과 목회간호사양성교육사업으로 운영되었다. 목회간호사업은 지역 교회나 사회복지관에 목회간호사를 파견하여 전인적인 건강관리와 함께 효과적으로 복음을 전하는 사업이다. 목회간호사업은 1995년 3월 남산교회, 제이교회, 내당교회에서 처음 시작되었는데, 박영순 간호사가 최초의 목회간호사가 되어 활동하였으며, 이후 박혜섭 간호사가 남산교회와 제이교회에서 활동하였고, 정창옥 간호사가 내당교회에서 활동하였다.[227]

목회간호사양성 교육사업은 1995년 9월부터 12월까지 '제1회 목회간호사과정'이 간호대학 세미나실에서 총 12회에 걸쳐 진행되어 25명의 목회간

---

225 동산의료원, 『동산의료원 100년』, 261.
226 같은 책.
227 간호대학, 『간호대학 100년사』, 320.

호사가 배출되었다. 간호학 전공 교수, 타학과 전공 교수, 목회자, 선교사, 목회간호사, 임상실무 간호사 등이 강사진으로 활동하였다. 수업 내용으로는 목회간호의 개관, 영적간호, 목회간호의 모형 및 실무현장, 목회간호와 간호실무, 협력사역, 목회간호의 현황 및 전망에 관한 이론교육이 진행되었으며, 실습교육은 실제 목회간호사가 근무하는 병원, 교회, 지역사회에서 진행하였다.[228] 간호대학의 목회간호사업은 계명대학의 설립 이념인 기독교 정신과 복음 전도 사업을 효과적으로 반영하여 영적 돌봄의 동반자가 되었다.

2) 동산호스피스회

호스피스 활동은 말기 환자를 대상으로 전인 간호를 하는 보살핌의 일환으로 1987년 11월 박영관 의료원장의 제의로 '호스피스위원회'가 구성되면서 활동을 시작했다. 1988년에는 간호학과 학생 7명과 의과대학생 5명이 자원봉사자로 참여했고, 1990년 11월 호스피스위원회는 '동산호스피스회'로 명칭을 변경하고 장황호 원목실장을 회장으로, 강영우 교수를 부회장, 송미옥 수간호사를 총무, 사회사업가 조장래를 회계로 구성하여 활동하였다.[229]

1991년 2월에는 남6병동에 5개의 병상으로 호스피스 환자 전용 병실을 마련하고 3월에 호스피스에 관심을 가진 이들을 대상으로 제1회 '자원봉사자 교육'을 실시하여 113명의 수료생을 배출했다. 이때부터 '호스피스 자원봉사자 교육'은 해를 거듭할수록 호응을 얻어 1998년 제8회 교육까지의 수료생은 총 970명에 이르렀다. 봉사자 교육은 죽음에 대한 이해와 의사소통 기법, 임종 환자의 신체, 심리, 영적 및 가족 간호 등 임종환자와 가족까지

---

228 같은 책, 321.
229 동산의료원, 『동산의료원 100년』, 771.

전인적으로 돌보는 데 유익한 내용으로 구성되었다. 봉사자 교육을 받은 이들은 호스피스 병실에서 자원봉사자로 활동하면서 호스피스의 정신을 구현하고 있다.[230]

1992년 7월 동산호스피스회 임원들은 일본 요도가와 기독병원 호스피스 병동과 세이레이 호스피스 병동을 견학하면서 호스피스 운영 및 관리에 대한 경험과 지식을 쌓았고, 1994년 10월에는 영국 오스왈드 병원에서 호스피스 교육에 대한 연수를 받는 등 전문성을 쌓기 위하여 힘썼다.[231]

동산호스피스회는 울산과 구미 지역의 호스피스 자원봉사자를 위한 위탁 교육을 실시하는 등 호스피스 활동을 널리 알리고자 힘써 왔다. 동산호스피스회의 활동은 1998년 12월 MBC TV '열린 병원'을 통해 특집으로 보도되었으며, 1998년 12월 기준, 호스피스 병동은 병실 2개로, 병상수도 10개로 늘리면서 점점 늘어나는 말기 환자들을 보살피는 봉사를 실천하고 있다.

호스피스 전문간호사 교육과정은 말기환자와 가족의 삶의 질을 증진하기 위해 전문 지식과 기술을 갖춘 간호 전문가를 양성할 목적으로 2001년 3월에 개설하였다. 운영위원과 과정생들은 해외 호스피스시설 견학으로 2005년 6월에서 7월에 걸쳐 미국의 노스 메모리얼 병원(North Memorial Hospital)의 호스피스 병동, 카나벡 카운티 공중보건 프로그램(Kanabec County Public Health Program)을 방문하였고, 2006년 1월에는 고베 하야시야마 클리닉 희망의 집, 나라 간사이 기념병원, 교토 야쿠시야마 병원, 동경 적십자사 호스피스 병동 등 해외의 우수한 호스피스 기관을 방문하여 실습 교육을 받았다.[232]

230 같은 책, 771-773 참고.
231 같은 책, 772.
232 간호대학, 『간호대학 100년사』, 248.

3) 동산의료원의 해외 선교

동산의료원은 국내뿐 아니라 해외에서도 활발한 선교활동을 펼쳐왔다. 국내 선교는 원목실 활동과 전도회 활동을 지속적으로 강화하고 농촌 지역에 산재한 한센병자들에게 편리한 이동 진료 프로그램을 개발하여 운영하였다.

동산의료원의 해외의료선교는 1966년 태국 치앙마이 메킨라 구라병원에 송예근 박사 부부를 파견하기 위해 동산기독병원 전도회가 선교비를 전액부담하면서 시작되었다. 동산기독병원 전도회만으로는 선교비를 부담하기가 어려워 안동성소병원, 포항선린병원, 대구애락보건병원과 연합하여 태국 의료선교회를 조직하여 1968년 6월부터 선교사 사택 마련, 생활비 등을 지원하였다. 하지만 현지 사정과 국내 사정으로 1969년 5월에 중단되었다.[233]

1973년부터 일본 교포를 위한 선교사업을 논의하여 오다가, 1976년 허달수 목사를 파견하기로 하였다. 허달수 목사는 1978년 8월 출국하여 일본 시코쿠 니하마 지방에서 교포를 상대로 전도하며 한글을 가르쳤다. 하지만 전도회의 사정으로 허달수 목사는 1980년 9월 철수하였다.[234]

동산의료원의 해외 선교는 1983년부터 방글라데시 의료선교를 지원하면서 활발하게 전개되었다. 동산의료원은 1983년 11월 11일 대한예수교장로회 총회에 속한 8개 기독병원과 연합하여 '한국해외의료선교회(Korea Overseas Medical Mission Society, KOMMS)'를 조직하고 방글라데시 의료선교를 지원하였다. 콤즈(KOMMS)는 미국 장로교회 및 방글라데시 현지의 기독교 신자들과 삼자 협력체인 '방글라데시기독교의료봉사회'를 조직하고, 의료선교사를 파견하여

233 같은 책, 164-165.
234 동산의료원, 『동산의료원 100년』, 165.

생활비를 지원하였다. 콤즈가 미국 장로교회선교부와 연합하여 방글라데시 수도 다카 근교의 꼬람똘라 지역에 'CHIDP-K 병원'을 설립할 때 동산의료원은 일원으로 참가하였다.

이후 동산의료원은 1984년부터 콤즈를 통해 매월 100만 원을 지원하여 1988년까지 연 1,440만 달러를 후원하였다. 1989년에는 매월 120만 원씩 지원하다가, 1990년에는 직접 현지로 가서 의료 활동을 펼쳤다. 배정인(마취과학), 박의수(피부과학), 송중원(성형외과학) 교수와 박욱 전공의(치과)로 구성된 의료선교봉사단이 1990년 11월 26일부터 12월 6일까지 방글라데시 다카의 까다술 지역에서 의료선교 활동을 통해 구순구개열 수술을 포함한 네 차례의 수술과 함께 300여 명의 환자를 진료하였다.[235]

동산의료원전도회에서는 1995년 26명의 의료선교단을 구성하고 본격적인 국외 의료선교를 하였다. 동산의료원은 지속적인 의료선교를 위해 7월 21일 카자흐스탄 알마티시 어린이궁전에 내과·소아과 의사 각 1명과 간호사 1명으로 구성된 '알마티 동산진료소'를 개소하였다. 이를 위해 현지 고려인 의사인 김나자와 러시아계 간호사인 레냐를 초청하여 동산의료원에서 단기 연수를 시켰다. 7월 21일부터 27일까지 총 1,020명의 고려인과 현지인 환자를 진료하였으며, 이를 위해 사용한 비용은 약 5,600만 원이었다. 동산의료원 선교팀은 7월 23일부터 25일까지 카자흐스탄 알마티 가나안 교회에서 '어린이 여름성경학교'를 열어 복음을 전하기도 했다.[236]

동산의료원의 국외 의료선교 활동은 이후 방글라데시, 카자흐스탄, 네팔 등의 국가에서 매년 진행했으며, 중국, 베트남, 볼리비아에서 사역하고 있는 선교사들을 꾸준하게 지원하고 있다. 2001년에서 2011년까지 카자흐스탄(6회), 네팔(3회), 에티오피아(1회), 키르기스스탄(1회), 몽골(1회), 캄보디아(1회),

235 같은 책, 470.
236 같은 책, 471.

아이티(1회)에서 14회의 단기 국외의료봉사를 실시하였는데, 109명의 의료봉사단이 참가하여 14,049명의 환자를 진료하였다. 또한 2012년부터 2018년까지 지속적인 의료의 손길이 필요한 카자흐스탄(4회), 네팔(1회), 라오스(1회), 타지키스탄(1회), 방글라데시(1회), 필리핀(1회)에서 9회의 단기 국외의료봉사를 실시하여 177명의 의료봉사단이 참가하여 8,060명의 환자를 진료하였다.[237]

4) 경주기독병원 설립

미국 메릴랜드 컴버랜드 제일장로교회에서 파송된 레이몬드 프로보스트(Rev. Raymond Provost, 한국명 부례문) 목사는 6·25 전쟁 후 운영상 어렵던 경주의 문화중·고등학교를 인수하여 사역했다. 당시 경주 지역은 10만 명의 인구가 살고 있었지만 주민들이 편하게 이용할 의료시설이 없는 상황이었다.[238] 미국에 체류하던 마펫 원장은 컴버랜드 제일장로교회를 방문하여 경주에 의료시설이 절실함을 요청하였고, 이에 컴버랜드 제일장로교회가 진료소 건축과 의료 장비 비용 등을 포함한 4만 달러를 후원하였다. 1962년 경동노회가 희사한 1,360평의 대지에 지하 1층, 지상 2층 규모의 병원 건물이 기공되었고, 동산병원이 제공한 의료 장비와 의료진의 도움으로 1965년 4월 6일 마침내 현대식 종합병원을 개원했다. 1967년 3층 증축 후에도 미국 컴버랜드 제일장로교회의 후원이 이어졌다. 이런 연유로 경주기독병원의 영어명은 'Cumberland Presbyterian Hospital in Kyungju, Korea'로 불렸다.[239]

1965년 송창화 원장이 직원 74명으로 시작하였으며, 1969년 3월 이근

237 계명대학교 120년사 편찬위원회, 『계명대학교 120년사』, 714.
238 같은 책, 161.
239 같은 책, 162.

영 박사가 2대 병원장에 취임했으나, 경영난으로 인해 결국 1988년 9월 19일 폐업했다.[240] 하지만 1989년 11월 30일 계명대학교가 경주기독병원을 경매로 인수하여 최신 의료 장비를 도입했으며, 10개의 진료과, 78병상으로 1991년 3월 15일 경주기독병원으로 개원했으며, 현재는 경주동산병원으로 지역의 의료를 책임지고 있다.

2. 교목실의 선교활동

(1) 교목실의 주요 활동

교목실의 중요성과 위상은 기독교 대학의 정체성을 회복, 유지, 강화하는 업무와 밀접하게 연관되며, 기독교 대학이 지닌 역사성을 유지하거나 회복하는 데 중요한 역할을 감당한다.[241] 교목실은 대학 선교를 위해 중추 역할을 하는 기관으로서 절기 예배를 비롯한 기독교 관련 행사를 주관하며, 교수선교회와 복음선교회, 기독동아리, 신우회를 비롯한 성경공부 모임을 지원한다. 교목실은 채플을 운영하고, 기독교 과목 운영을 지원하고, 신앙 관련 프로그램을 통하여 캠퍼스 복음화를 위해 힘쓰는 기관이다. 이를 통해 기독교학교로서의 정체성을 유지하고 확산하는 역할을 하면서, 사랑, 섬김과 같은 기독교적 가치와 덕을 모범적으로 실천하고 지역사회를 위한 봉사에 앞장서는 기관이다.

---

240 같은 책, 163.
241 허도화, “기독교 대학과 교목실의 역할과 구조,”『대학과 선교』11 (2006. 12), 3.

교목 실장 연혁

	성 명	기 간	보직명
1	차태화	1956. 2. 1 ~ 1962. 2. 28	교 목
2	김득렬	1962. 3. 1 ~ 1964. 2. 29	교 목
3	구의령	1966. 3. 1 ~ 1971. 8. 31	교 목
4	이장식	1971. 9. 1 ~ 1976. 2. 29	교 목
5	최성찬	1976. 3. 1 ~ 1982. 9. 1	교목실장
6	백성흠	1982. 10. 4 ~ 1985. 7. 1	교목실장
7	최성찬	1985. 7. 2 ~ 1992. 8. 31	교목실장
8	백성흠	1993. 3. 1 ~ 1994. 8. 31	교목실장
9	오우성	1995. 1. 1 ~ 2000. 2. 29	교목실장
10	정중호	2000. 3. 1 ~ 2003. 12. 31	교목실장
11	허도화	2004. 1. 1 ~ 2010. 7. 15	교목실장
12	임경수	2010. 7. 16 ~ 2012. 7. 31	교목실장
13	황재범	2012. 8. 1 ~ 2018. 7. 31	교목실장
14	허도화	2018. 8. 1 ~ 2020. 2. 28	교목실장
15	임경수	2020. 3. 1 - 2022. 7. 31	교목실장
16	이존원	2022. 8. 1 ~ 2024. 8. 31	교목실장직무대리
		2024. 9. 1 ~ 2025. 1. 31	교목실장
17	김서준	2025. 2. 1 ~ 2025. 7. 31	교목실장직무대리
18	박정근	2025. 8. 1 ~	교목실장직무대리

종교영화 상영

교목실에서는 1988년 6월 7일부터 10일까지 종교영화를 상영하였다. 상영한 종교영화는 <창조주 하나님>, <주관자>, <생명의 붉은 강>, <최후의 모험>, <무엇을 위하여 살 것인가> 등이었으며, 구의령 목사(William A. Grubb)가 준비하였다. 1989년에도 5월 30일에서 6월 1일까지 채플 시간을 이용하여 종교영화를 상영했다. 교목실은 종교영화를 통해 기독교를 소개하며 신앙적인 관점에서 인생을 깊이 성찰하는 기회를 제공하였다.

교목실 산하 위원회

교목실은 계명대학교의 기독교적 정체성을 유지하고 확산시키기 위해 초창기부터 신앙지도위원회를 두었다. 신앙지도위원회를 중심으로 교내에서 진행하는 선교활동과 대외적 봉사활동이 진행되었다. 1989년 4월에는 '신앙지도위원회'를 '신앙위원회'라고 바꾸어 교직원 및 학생들의 신앙 함양을 위해 힘쓰도록 하였다. 그리고 2018년 2학기부터는 외국인 학생이 급증하면서 다종교 시대를 맞이하게 된 시대적 상황을 반영하여 신앙위원회를 종교위원회로 변경하였으며, 종교위원회로서 학원 선교의 효율성을 강화하도록 하였다.

1997년에는 교목실 산하의 신앙위원회를 중심으로 대학 구성원들의 신앙 향상을 위해 채플을 활성화하고, '예수대행진' 행사에도 적극 협력하면서 구성원들의 참여를 독려하였다. 또한 직원들의 신앙 모임인 '복음선교회'처럼 교수들의 자발적인 '신우회' 모임을 조직하도록 하여 좀 더 체계적인 선교가 이루어지도록 힘썼다.

1997년 기독인 교수들이 중심이 되어 진행한 성경공부 및 신우회 모임은 다음과 같다.

기독인 교수 모임		
대학	성격	내역
경영대학	성경공부	이병찬 교수 외 7명
자연과학대학	신우회	조영수, 임대근 교수 외 학생 20명
공과대학 가정대학	신우회	김종영 교수 외 학생 30명
법과대학	신우회	최상호 교수 외 학생 20명

이러한 노력의 열매로 1998년 교수선교회가 조직되어 교수들뿐 아니라 대학 구성원들의 신앙 향상에 실질적으로 도움을 제공할 수 있는 기초를 놓게 되었다.

1996년에는 직원들의 신앙 모임인 복음선교회가 조직되었다. 직원 상호 간 친목과 더불어 그리스도인으로서 성숙한 신앙생활을 할 수 있도록 돕기 위한 목적으로 조직되었다. 매주 월요일 아침마다 기도회 모임을 가졌고, 매월 셋째 주 금요일 12시에는 정기 모임을 가졌으며, 평균 모임 인원은 약 60명 정도였다.

아담스채플 스테인드글라스 디자인 전시회

아담스채플 완공을 앞두고, 1998년 11월 3일부터 12월 31일까지 계명대학교 동산도서관 1층 특별 전시장에서 채플에 들어가게 될 스테인드글라스(Stained Glass)를 주제로 디자인 전시회를 열었다. 아담스채플 건물 정면의 도면과 채플의 외관과 내부 평면도를 중심으로 스테인드글라스가 배치된 위치를 쉽게 알 수 있도록 안내하였다. 이를 통해 아담스채플의 역사적 및 예술적 가치를 알리며, 스테인드글라스의 아름다움과 그 속에 담긴 상징과 신앙적 메시지를 소개하였다.[242]

파이프오르간 독주회와 정오의 오르간 음악산책

1999년 9월 13일 오후 7시 30분 아담스채플 대예배실에서 오르가니스트의 원로인 연세대 조명자 교수를 초청하여 파이프오르간 독주회를 열었다. 조명자 교수는 바흐의 곡 외에 6곡을 연주하면서 파이프오르간의 장엄함과 웅장함을 표현하며 깊은 감동을 안겨 주었다. 이후 교목실에서는 오르간 연주회를 매월 개최하면서 음악 애호가들과 신앙을 공유하는 시간을 제공하였으며, 오르간 음악을 통해 종교적 깊이와 클래식 음악의 아름다움을 선사하였다.[243]

---

242 「계명대신문」 824호 4면, 1998년 12월 7일.
243 「계명대신문」 832호 2면, 1999년 9월 13일.

2000년 10월 9일에는 '김춘해 오르간 독주회'를 열었다. 김춘해 교수는 계명대학교회의 오르가니스트로 봉사하면서 아담스채플 파이프오르간 책임 교수를 맡았는데, 바흐 서거 250주년을 기념하는 연주회에서 바흐가 오르간 연주를 위해 편곡한 비발디의 '현을 위한 협주곡' 3곡과 바이마르 궁정의 에른스트공이 작곡한 '현을 위한 협주곡'의 편곡 2곡을 연주하였다.[244]

다음은 2001년 1학기 오르간 연주 일정이다.[245]

일시	연주자 및 주제
4월 16일	조효숙 귀국 오르간 독주회
4월 27일	채문경 교수 초청 오르간 독주회
4월 28일	채문경 교수 Master Class
5월 14일	김춘해 오르간 독주회
5월 28일	권언수 오르간 독주회
6월 11일	김정애 오르간 독주회
7월 2일~4일	대구·경북 지역 오르가니스트 Workshop

교목실은 2005년부터 매주 화요일과 금요일 12시 30분에서 30분간 아담스채플 대예배실에서 "정오의 오르간 음악산책"을 진행하였다. 2005년부터 시작된 정오의 오르간 음악산책은 계명 컬처 프로그램과 연계하여 재학생들의 참여로 현재까지 이어지고 있다. 오르간 연주를 통해 클래식 음악의 정수를 소개하면서 학생을 비롯한 교내 구성원과 지역 시민들에게 휴식과 힐링의 시간을 제공하고 있다.

학부별 신앙 지도교수 배정

1999년에는 학부별로 신앙 지도교수를 배정하여 교목실과 협력하면서

244 「계명대신문」 855호 1면, 2000년 10월 9일.
245 「계명대신문」 865호 2면, 2001년 4월 16일.

학생들의 신앙 지도에 힘쓰도록 독려하였다. 신앙 지도교수들은 사명을 갖고 성경공부 및 신우회 모임을 참여하면서 학생들의 신앙 지도에 힘썼다. 다음은 학부별 신앙 지도교수 배정 현황(1999년 6월 기준)이다.

연번	학부	학생수	신앙 지도교수
1	어문학부	1494	남원식 김종선 김인수 원명수
2	인문학부	643	김용일 반신환
3	사범대학	242	박아청
4	국제학부	954	이병로 백권호
5	통상학부	519	오세창 조현정
6	경영학부	2205	이병찬 정건영 최무진 김진탁 안봉근
7	정경학부	1014	유한우 조영상 이재율
8	사회과학부	946	이상식 손명자
9	경찰학부	227	이성식
10	법학부	456	최상호 배대헌
11	기초과학부	1215	임대근 조영수 장석환 김경찬
12	응용과학부	465	최상호 배대헌
13	환경과학부	360	김정배 박상원
14	건설시시템공학부	926	김종영 공성훈
15	자동차공학부	635	이재천 김성훈
16	컴퓨터 전자공학부	455	김태식 손유익
17	화학 재료공학부	572	신동수 박희구 이천수
18	간호대학	352	김정남 박정숙
19	생화과학부	528	주광지 배미경
20	음악학부	748	김춘해 이영기
21	미술학부	896	배인호 김기한
22	패션학부	250	박광희
23	체육학부	686	김기진 이정일 장유경
24	의과대학	505	박영남 권태찬

초청강연회

교목실 선교지원팀 주최로 2000년 5월 15일 바우어관 시청각실에서 초청강연회가 진행되었는데, 옥수수 박사로 유명한 김순권 경북대 교수가 강사로 초청되었다. 김순권 교수는 "하나님의 명령과 축복"이라는 주제로 자신이 아프리카 녹색 혁명의 주인공이 된 것과 옥수수와 같은 작물을 통해 아프리카의 기아들을 구할 수 있었던 일에 대해 신앙간증형식으로 강연했다.[246]

2000년 6월 23일 개최된 제14회 신앙위원회에서는 국제화 시대를 맞이하여 채플을 영어로 진행하는 영어 채플 개설에 대한 논의가 있었으며, 2000년 2학기부터 영어 채플이 추가로 개설되었으며, 이때 개설된 영어 채플은 현재까지 이어지고 있다. 또한 2001년에는 채플의 질적 향상을 위해 강사료를 대폭 조정하였다. 그동안 강사료 문제로 인해 드라마 팀이나 찬양팀, 무용팀 및 우수한 유명 강사를 초빙하지 못하는 어려움이 있어 강사료를 2배로 대폭 인상하였다. 특별강사의 강의료는 10만 원에서 20만 원으로, 일반강사의 강의료는 5만 원에서 10만 원으로 인상하였다.

계명 선교 네트워크 구축과 뉴스지 배부

2002년 교목실에서는 계명 선교 네트워크 홈페이지(www.mission.kmu.ac.kr)를 구축하였으며, 2003년 11월호 소식지를 3,000부 발간하여 배부하였다. 교목실은 2005년 계명 선교 뉴스지를 연 2회 발간하여 캠퍼스에서 이루어지는 다채로운 선교 관련 행사를 홍보하였다. 또한 사무실을 심방하면서 격려하고, 생일을 맞이한 구성원들에게 생일 카드를 발송하면서 축하하고, 이달의 성경 말씀을 현수막으로 제작하여 걸었으며, 각 건물 화장실에 성경 구절을 부착하여 말씀을 묵상하도록 하였다. 또한 CTS 방송국을 통하여 신앙에세이를 2회 녹화·방송하면서 학교를 홍보하였다.

---

246 「계명대신문」 848·849호, 2000년 5월 15일.

표준새번역 성경책 배부

2002년 교목실은 기독교적 창학정신을 구현하기 위하여 신입생 및 기독교 교양과목 교수들에게 현대인의 용어에 친숙한 표준새번역 성경책을 1,000부 구입하여 배부하였다. 2005년에는 표준새번역 성경을 신입생들에게 배부하였다.

사순절 행사

교목실은 2005년 사순절을 맞이하면서 사순절 말씀 묵상집을 배부하여 사순절의 의미를 알리며 사순절 동안 경건하게 살도록 안내하였다. 2008년에는 좀 더 체계적으로 사순절과 고난주간, 부활절 행사를 기획하여 진행하였는데, 2008년 이후 매년 사순절에서 부활절까지 연례행사로 진행되었다. 먼저 교목실은 화장실에 부착하는 성구와 학교 홈페이지를 이용하여 사순절이 담고 있는 신앙적 특색을 홍보하였다. 또한 학생들이 많이 왕래하는 바우어관 입구에 여러 개의 거치대를 설치하고 사순절과 고난주간, 성금요일 십자가 행진에 대한 홍보물을 게시하였다.

고난주간에는 기독학생회 주관으로 십자가 상징을 넣어 고난주간임을 알리는 검은색 리본을 착용하도록 하였다. 2008년은 참회의 수요일이 방학기간이었기에 수요예배에 참석한 학생들에게 검은색 리본을 먼저 배부하고, 개강 후 기독동아리, 신우회, 교수선교회와 직원선교회 등 기독 단체에 검은색 리본을 배부하여 착용하도록 하였다.[247] 고난주간 특별새벽기도회는 고난주간의 예수님의 행적을 살펴보면서 아담스채플에서 매일 진행했으며, 참여한 이들을 위해 아침 식사 대용으로 간단한 김밥을 제공하였고 금요일에는 금식하였다. 또한 고난주간 수요예배는 세족식과 애찬식을 함께 진행

247 김문영, 『한국 기독교대학 채플에 대한 비평적 연구』, 151.

하였다.[248]

성금요일인 3월 21일 낮 12시에 진행된 십자가 행진은 참여자들이 돌아가면서 십자가를 지고 행진하면서 캠퍼스의 복음화를 위해 기도하였다. 십자가 행진에는 한 사람이 지기에는 조금 무거운 자연목으로 된 십자가를 준비하여 예수 그리스도가 몸소 졌던 십자가를 떠올리도록 하였다. 십자가 행진은 학생들이 가장 많이 왕래하는 바우어관 앞에서 시작하여 아담스채플에 이르기까지 십자가를 지고 가는 퍼포먼스를 통해 참여자들로 하여금 십자가에 대해 묵상하고 신앙고백으로 이어지도록 하였다.[249]

성금요일 저녁 8시에는 어둠 속의 예배를 드렸다. 어둠 속의 예배는 예수 그리스도의 죽음을 상징하는 어둠이 드리워지는 예배로 자신을 철저히 회개하고 십자가를 향해 나아가도록 하였으며, 성찬식을 거행하면서 주님의 고난을 깊이 체험하였다. 그리고 부활절 예배를 드린 후에는 계란을 나누면서 부활의 기쁨과 소망을 구성원들과 나누었다.

추수감사절 행사

매년 추수감사절 주간을 정하여 기독교적 창립 정신을 드러내는 행사를 개최하였다. 2006년에는 11월 19일부터 25일까지 추수감사절 주간에 다양한 행사를 진행했는데, 21일 오전에는 '추수감사예배'를 드렸으며, 오후 6시에는 한스밴드의 찬양과 예배로 '추수감사 신앙강화주간 연합채플'이 진행되었다. 22일에는 '계명새노래선교단' 주최로 추수감사특별 수요찬양예배를 바우어관 시청각실에서 드렸다.

다음은 2006년 활동한 신앙위원회 위원과 단과대학별 성경공부 모임 현황이다.

248 같은 책, 156.
249 같은 책, 135.

단과대학	학과 및 지도교수	모임 시간과 장소
인문대학	철학과 김용일	목 12시 영암관 527-1호
	신학과 임경수	목 12시 영암관 455호
외국어문학대학	중국어문학과 이종한	목 12시 영암관 344호
국제학대학	미국학과 김진하	
사범대학	교육학과 박아청, 유아교육과 권민균	
경영대학	경영학과 이병찬	목 12시 의양관 318호
경제통상대학	경제학과 이재율	목 12시 사회관 167호
사회과학대학	정치외교학과 이승근	
미디어영상대학	미디어영상학부 이상식	
법경대학	법학부 최상호, 경찰학부 허경미	
자연과학대학	수학과 조영수, 임대근, 박천만	화 12시 백은관 326호
환경대학	환경학부 박상원	금 12시 오산관 212호
공과대학	건축학부 김종영, 화학공학과 신동수	수 12시 공학관 1115호
정보통신대학	정보통신학부 손유익	
체육대학	사회체육학과 조연철 무용학과 장유경, 이정일	
음악·공연예술대학	성악과 박옥련, 작곡과 김돈 뮤직프로덕션과 이에스더	금 2시 비사관 316호

교양합창과 함께하는 크리스마스 페스티벌

2016년 12월 2일(금)에는 교양합창 클래스가 주최한 '2016년 교양합창과 함께하는 크리스마스 페스티벌' 행사를 진행하였다. 황재범(기독교학·교수) 교목실장의 기도를 시작으로 교양합창 3개팀의 합창, 찬송, '프라임 브라스'의 관악 앙상블, 그리고 관악 앙상블의 연주와 더불어 참여한 모든 합창단원의 우렁찬 연합합창으로 페스티벌을 마무리했다. 교양합창에 참여한 268명의 학생들이 만들어낸 아름다운 화음은 아담스채플을 감동의 도가니로 물들였다.

2018년 2학기부터 교목실에는 두 가지 변화가 있었다. 첫째, 다종교 시대를 맞이하여 학원 선교의 효율성을 증대하기 위해 신앙위원회를 종교위원회로 변경하여 운영하였다. 둘째, 학원 선교의 효율성을 강화하기 위해 선교회와 단과대학별로 책임과 역할을 분담하는 책임 교목제를 실시하였다.

구 분	담당자
교수선교회, 복음선교회	허도화 교목실장
인문국제학대학, 사범대학, 사회과학대학, KAC, 명교생활관	박소영 교목
자연과학대학, 공과대학, 약학대학, TRC, 기독동아리	이종원 교목
음악공연예술대학, 체육대학, Artech College, 미술대학, 신우회	곽호철 교목

이단·사이비 포교 활동 단속

이전에도 이단·사이비가 있었으나, 2018년부터는 신천지를 비롯한 이단·사이비 단체가 설문조사 형식으로 접근하면서 포교하여 이로 인한 피해가 발생하게 되었다. 교목실에서는 이를 해결하기 위해 채플 시작 전 이단·사이비 분별 및 경계와 관련된 동영상(IYF, JMS, 신천지 편)을 제작하여 상영하면서 학생들이 현혹되지 않도록 안내하였다. 특히 신천지 같은 단체가 접근할 때 대응 요령에 대해 안내하면서 주의를 당부하였다. 또한 교목실과 채플장학생, 교내 기독동아리와 협력하여 교내를 순찰하면서 이단·사이비 단체의 포교 활동을 근절하고 불법 게시물을 철거하는데 힘썼다. 특히 대학교회 차량으로 캠퍼스를 순찰하면서 이단·사이비 단체의 불법 포교 활동을 지속적으로 단속하였다.

(2) 신앙 수양회

신실한 신앙과 인품을 지닌 교수들과 직원들의 섬김은 학생들을 복음으로 이끌기에 교목실은 신앙 수양회를 통하여 교직원들에게 사명감을 고취시키고, 지성과 영성을 겸비하도록 힘썼다.

1) 교수수양회

1985년 교수신앙수양회를 12월 20일 경주 도쿄호텔에서 가졌다. 주제 강연은 이원설 박사가 "신앙과 학문"이라는 주제로 강연하였으며, 강연 후에는 5개의 분과로 나누어 토의했다. 토의 주제는 각자의 학문 영역에서 본 신앙과 신앙과 학문의 관계에 대한 내용이었다.

1986년에는 제1회 기독인 교수수양회를 5월 2일(금)에서 3일(토)까지 1박 2일 일정으로 경주 유스호스텔에서 가졌다. 동서문화관 식당에서 이른 저녁 식사를 한 후 경주로 출발하여 경주 유스호스텔에서 주제 강연을 들었다. 이어서 그룹토의를 한 후 각 그룹의 리더가 토의 내용을 발표하면서 전체 토론을 하였고, 이후 친교의 시간으로 마무리하였다. 그룹토의에서는 캠퍼스의 복음화를 위한 기독인 교수의 사명과 역할에 대하여 다양한 의견을 나누었으며, 계명대신문에 신앙 코너를 마련해서 교수들의 신앙 간증 등을 싣자는 제안도 있었다.

1986년 6월 25일부터 27일까지 낙산사관광호텔에서 전체 교수를 대상으로 한 교수수양회가 있었으며, 분과별로 토의 주제를 가지고 토의한 후 보고하도록 하였다. 제1분과에서는 계명대학교의 기독교적 설립 정신에 입각하여 신앙 증진을 위한 노력이 필요함을 인지하고 효과적인 기독교 교육을 위한 실천 방안을 제시하였다. 제2분과 1조는 교직원의 인격 문제를 중심으로 토의하였는데, 한 인간으로서 훌륭한 인격을 갖추는 것이 중요하며 이를 위해 따로 기도하며 성찰할 수 있는 공간을 마련하자는 방안이 제시되었으며 아침기도회에 적극 참석하자는 제안도 있었다.

제2분과 2조는 교직원 신앙 지도 방안에 대해 토의하였는데, 학교 정관에 있는 "기독교인임을 원칙으로 한다"에 의거 기독교인만을 채용하기에는 뛰어난 교수 확보에 문제가 있기에 능력 있는 교수를 채용한 후 오리엔테이션과 성경 선물을 통해 기독교적 분위기에 자연스럽게 녹아들도록 이끌며,

이를 위해 기독교 신자가 먼저 인격적 모범이 될 것을 제안하였다.

제3분과에서는 기독교 정신에 입각한 교육, 즉 진리, 정의, 사랑이라는 건학 정신을 수용하여 학생들의 신앙 지도 방안을 토의하였는데, 적절한 기독교 교과목 운영을 효율화함과 동시에 채플에서 메시지 전달의 정예화를 제안하였고, 교육자인 교수의 기독교적 인격과 행위가 모범이 되어야 하며, 기독교 정신을 기저로 하는 학풍 조성에 힘쓸 것을 제안하였다.

1991년에는 전체 교수를 대상으로 하계 교수 세미나를 실시하였는데, 교목실은 개회예배를 겸한 특강(2시간)으로 1부 신앙세미나를 주관하였다. 강사는 숭실대학교 조요한 총장이 초청되었으며, 50분 정도의 주제 강연 후 토의자 3명(인문과학대 김희섭 교수, 사회과학대 이병찬 교수, 자연과학대 김의락 교수)의 질의응답과 더불어 전체 토의 시간을 가졌다.

2) 직원수양회

1986년 2월 21일에는 부곡 로얄호텔에서 "사명과 봉사"라는 주제로 직원수양회를 가졌는데, 5개의 분과로 나누어 토의하면서 건의 사항도 제안하였다.

3) 학생신앙수련회

학생신앙수련회

1989년 여름방학 기간에 3박 4일 일정으로 학생신앙수련회를 가졌는데, 한국기독교학교 학생지도자 수련회와 연계하여 진행했으며, 겨울방학 기간에는 2박 3일 일정으로 교목실이 직접 주관하여 진행하였다. 또한 1991년에도 1월 8일(화)에서 10일(목)까지 제4회 동계 학생신앙수련회를 충북 광림 백운수양관에서 "학원 선교와 소명"이라는 주제로 가졌는데, 기독학생연합회를 비롯한 각 기독동아리 학생을 포함해서 31명이 참여하였다.

기독신입생 신앙수련회

기독신입생 신앙수련회를 1998년 2월 13(금)부터 14일(토)까지 바우어관 시청각실과 명교생활관 진리동에서 가졌다. 계명대학교의 창학정신 구현과 기독 학생들의 바람직한 대학 생활과 더불어 학문과 삶의 질을 높이는 방향을 제시하고자 주제를 "기독 학생의 바람직한 대학 생활"로 정하였으며, 강사로는 가나안 농군학교 이사장인 김종일 목사를 초청하여 특강을 진행하였다. 활동 프로그램은 기독 학생 임원이 진행했으며, 기독 교수와의 대화의 시간을 통해 대학 생활에 필요한 지식과 권면, 신앙과 지성의 관계, 그리고 교수들의 신앙 간증을 나누면서 유익한 시간을 보냈다.

1999년에도 기독신입생 수련회를 2월 27일(토) 오전 10시부터 저녁 8시까지 바우어관 시청각실과 학생회관 대강당에서 "새 천년을 준비하는 대학 생활"이라는 주제로 진행하였다. 교목실 산하의 신앙위원회, 교수선교회, 교수합창단, 복음선교회, 기독학생연합회가 협력하였으며, 두레공동체 대표이면서 활빈교회 담임목사인 김진홍 목사가 주강사로 초청되었다. 오전에는 바우어관 시청각실에서 계명대학교 홍보영화를 상영한 후, 1시간 30분 동안 김진홍 목사의 주제 강연이 있었다. 오후에는 바우어관 교직원식당에서 교수와의 만남 및 대화 시간을 가졌는데, 대학 생활 전반에 대한 안내와 더불어 질의 응답 시간을 가졌다. 이어서 바우어관 시청각실에서 찬양 집회 후에 교목실과 기독 공동체에 대한 소개와 친교의 시간을 가졌다. 그리고 저녁 식사 후에는 선배와의 만남으로 하루 일정을 마무리하였다.

연합수련회

1988년 6월 27일부터 30일까지 전국 기독대학 학생 지도자 수련회에 참가하였는데, 최성찬 교목실장을 비롯한 교목들(백성흠, 박용우, 구의령 협동교목)과

장봉철 교목실 직원, 그리고 기독동아리 대표 학생 12명이 참여하였다. 또한 2005년에는 기독교 학교 연맹 수련회를 2005년 1월 5일에서 7일까지 가졌다.

2002년에는 전주대학교 교목실과 연합하여 방학 기간을 이용하여 2차례의 연합행사를 가졌다. 먼저 1월 21일(화)에서 23일(목)까지 제16회 계명대 전주대 연합수련회를 전주대학교 생활관에서 가졌다. "영적 리더십과 사역자"라는 주제로 기독학생연합회 임원, 전도장학생, 각 기독동아리 대표와 기타 희망하는 학생들과 교목실 구성원들이 참여하였다. 또한 7월 9일(수)에서 11일(금)까지 채플 컨퍼런스를 개최하였다. 교목실에서는 전주대학교와의 연합수련회와 채플 컨퍼런스를 통해 신앙의 성숙과 채플의 변화를 다각도로 모색하였다.

2005년 1월 19일에서 21일 동안에도 전주대와 연합으로 기독학생수련회를 진행했으며, 2005년 여름방학 기간에는 한동대와 교류하면서 전도장학생 연합수련회를 진행하면서 채플 발전을 도모하였다. 교목실은 이처럼 전주대와 한동대 교목실과 협력하면서 연합수련회를 통해 채플의 변화를 시도하고 효과적인 선교방안과 대안을 찾기에 힘썼다.

(3) 예배 및 기독인 모임

1) 교직원 예배

1985년에는 교직원들을 위한 영어예배가 개설되었는데, 구의령 교목이 주관하여 매주 목요일 오전 8시 30분 동서문화관에서 예배드렸다.

교직원 예배는 학기 중에 매월 1회 정기적으로 드렸다. 3월에는 개강예배로 드렸으며 신임 교직원을 환영하는 순서도 함께 가졌다. 2005년 개강예배에서는 계명대학교 부인회 합창단의 특별 찬양이 있었으며, 신임 교직원을 환영하는 시간도 함께 가졌다. 2006년 개강예배에서는 교수선교회에서 선물과 꽃을 준비하여 신임 교직원을 환영하였다. 2008년 개강예배에서는 교목실에서 새번역 성경을 준비하여 신임 교직원에게 선물하였다. 이처럼 3월에 드린 개강예배는 새로 부임하는 교직원을 환영하면서 새로운 마음과 뜻을 품고 희망차게 출발하였다.

4월 교직원 예배는 부활절 주간에 예배드리면서 부활을 축하하였다. 2007년 부활절 예배는 교수선교합창단과 부인합창단이 연합합창으로 특별찬양을 하였으며, 해오른누리의 특별찬양순서도 가졌다. 2008년 부활절 예배에서는 음악공연예술대학의 성악과 교수와 합창단이 부활의 기쁨을 담아 특별 찬양을 드렸다. 2009년 2학기 개강예배에서 정순모 이사장은 "계명대학교를 내 집이라고 생각하며, 신태식 명예총장님처럼 학교를 사랑하는 마음을 가져야 할 것"을 강조하였다.

추수감사절에 맞추어 드린 추수감사예배는 강단을 여러 종류의 과일로 풍성하게 장식하고, 예배 후에는 과일을 함께 나누며 교제를 나누었다. 2004년부터는 매년 (사)계명1%사랑나누기 행사와 연계하여 이웃 사랑과 섬김의 실천을 통해 감사의 의미를 나누었다. 2009년 추수감사예배에서는 특별순서로 교수선교합창단과 부인회합창단의 연합합창이 있었으며, 허도화 교목실장은 "섬김과 봉사의 기본 정신은 처음으로 돌아가는 것이며 바로 이 정신이 1%사랑나누기의 정신"임을 강조했다.

2010년 (사)계명1%사랑나누기 행사는 김장을 손수 해서 사랑의 의미를 담아 전달하였기에 감사절의 의미가 더욱 부각되었다. 예배에 참여한 교직원들은 식사를 겸한 교제와 더불어 봉사활동에 적극 참여하였는데, "2010 계명 가족 김장하는 날" 행사에 학생, 교직원, 계명문화대 학생, 다문화가정 이주여성, 자원봉사자 등 8백여 명이 참여하였으며, 이날 행사를 통해 직접 만든 8천여 포기의 김치와 준비한 쌀 5kg을 인근 지역의 불우한 가정, 지역

복지관, 장애인시설 등 1천 5백여 곳에 전달하면서 계명의 이웃 사랑을 실천하였다.

2011년 추수감사예배는 정정섭 회장(국제기아대책 회장)이 설교하였으며, 특별순서는 계명문화대학과 국제기아대책 홍보대사가 맡았다. 2012년 추수감사예배에서 교수선교회·복음선교회·계명부인회로 구성한 연합합창단이 특별 찬양을 드렸다. 2014년 '계명1% 사랑의 김장나누기' 행사는 계명대학교 창립 115주년을 기념해서 김장 김치 4kg과 쌀 4kg씩을 참가자들이 쓴 격려의 편지와 함께 천백열다섯(1115) 가정에 전달했다. 교직원들과 재학생, 외국인 유학생 등 약 2백 명이 참여하여 선물 받을 이웃들에게 편지를 쓴 후 김장을 담그는 순으로 진행했다. 자원봉사자로 참여한 장재혁(기독교학·1)은 "외국인 유학생들과 가까워질 수 있는 계기가 되어 즐거웠다"고 소감을 밝혔으며 교목실장 황재범 (사)계명1%사랑나누기 운영위원장은 "이 행사가 이웃들에게 보탬이 되어 기쁘며 앞으로도 사랑을 실천하고 나누는 행사가 되도록 노력하겠다"고 소감을 밝혔다.

2015년에도 추수감사절 예배에서 정순모 목사(법인이사장)는 "우리 재단의 교수와 학생들이 하늘에 감사한 사람으로서 매 순간 최선을 다해 생활하며 학교 발전에 이바지하기를 바란다"고 메시지를 전했다. 예배 후 진행한 '2015 계명1% 사랑의 김장나누기' 행사는 김장 김치와 쌀을 각각 4kg씩 담은 총 870개의 선물을 신당종합사회복지관, 성서종합사회복지관, 달서구 다문화가족지원센터 등 10여 개의 기관에 전달했다. 또한 두류 1·2동 주민센터 일대에서 '사랑의 연탄 나눔' 행사를 열었는데, 연탄 1만 장과 석유 1천 1백60리터를 달서구 지역의 저소득 소외계층 가정에 전달하였으며, 달서구청에 연탄구입기금 1천5백만 원을 기부하였다.

12월에 드린 성탄예배는 성탄을 축하하면서 사랑의 온정을 이웃과 나누었다. 2003년 12월 16일에 드린 계명가족 성탄연합찬양예배는 대명캠퍼스에서 시작된 개교 50주년을 맞이하는 의미로 희년을 선포하면서 예배드렸다. 2004년 성탄 예배에서는 교목실에서 양말 세트를 성탄 기념품으로 준비하여 참석자들과 학교 경비 및 용역하시는 분들에게 전달하였다. 2005년 성탄예배는 성탄축하점등예배를 겸하여 드렸는데, 12월 2일 오후 4시 30분에 아담스채플 대예배실에서 예배드린 후, 남문 발코니에서 성탄 점등식을 가졌다. 음악공연대학 성악과 합창단이 특순을 맡아 찬양하였으며, 예배 후에는 지하 식당에서 친교의 시간을 가졌다. 식사 후 7시 30분에는 아담스채플 대예배실에서 헨델의 메시야를 공연하였다.

2006년 성탄축하예배는 12월 8일 아담스채플 대예배실에서 드린 후에 성탄 점등식을 가졌으며, 특별순서로 교수선교합창단과 음악공연예술대학 합창단의 찬양과 브라스 밴드의 연주가 있었다. 2009년 성탄축하예배는 법인 연합으로 드렸는데, 복음선교회, 교수선교합창단과 부인회합창단으로 구성된 연합합창단, 교목실 전도장학생과 예배팀 H.O.W, 계명문화대학 4개 팀의 특별찬양이 있었으며 연말 불우이웃돕기 행사를 겸하여 진행하였다.

2010년에는 신종플루 등의 외부 사정에 의해서 성탄축하예배는 드리지 못했다. 하지만 이듬해인 2011년 12월 16일(금)에는 학교법인 계명대학교 산하 교육기관연합 성탄축하찬양 예배가 다시 개최되었다. 계명대학교 교목실 주관으로 제5회 계성·신명·계명가족연합 성탄축하찬양예배를 드렸으며, 계명대학교, 계성학원, 신명학원 교직원 및 학생 약 1,000명이 참여하였다.

2012년 성탄 점등 예배는 12월 3일(월) 오후 5시 10분 아담스채플 대예배실에서 드렸으며 예배 후, 남문 발코니와 계명인상 주변에서 점등식을 가졌다. 특별순서로 소니투스첼리 핸드벨콰이어의 핸드벨 연주와 계명대학교 대학교회 성가대의 찬양이 있었다. 또한 12월 21일(금) 오후 6시에는 제6회 계성·신명·계명가족연합 성탄축하찬양예배를 드렸다. 성탄축하찬양예배를 드리면서 기독교적 설립 정신을 고취하며 예수 그리스도의 탄생을 축하하면서 하나님께 찬양으로 영광을 돌렸다.

2016년에는 성탄 점등 예배를 위해 성탄 트리 장식과 전구를 새로 구입하여 장식하였으며, 12월 2일(금) 오후 5시 10분 아담스채플 대예배실과 남문 발코니에서 성탄 점등 예배를 드렸다. 오후 7시에는 교양합창 클래스가 주최한 '2016년 교양합창과 함께하는 크리스마스 페스티벌' 행사를 진행하였다. 교양합창 3개 팀의 합창과 찬송, '프라임브라스' 관악 앙상블의 연주, 그리고 모든 합창단원의 우렁찬 연합합창으로 크리스마스 페스티벌을 마무리했다. 교양합창 268명의 학생들이 만들어낸 아름다운 화음은 아담스채플을 감동의 도가니로 물들였다.

교직원 예배는 특별한 행사가 있을 때는 행사와 겸하여 진행되기도 하였다. 1999년에는 계명대학교 창립 100주년에 맞추어 아담스채플 봉헌예배가 진행되었는데, 교수합창단이 특별찬양을 하였다. 2017년에는 종교개혁 500주년을 맞아 기념예배 및 강연이 진행되었다. 또한 교직원 예배는 명사 초청 특강을 겸하여 진행하기도 했다. 2002년 추수감사예배는 이원상 목사(워싱턴 장로교회)를 강사로, 2005년 부활축하예배는 시인이며 한돌교회 담임 목사인 용혜원 목사를 강사로, 2009년 10월 교직원 예배는 인터불고의 권영호 회장을 초청하여 강연을 들었다.

교직원 예배는 1980년대 중반부터 대명캠퍼스와 성서캠퍼스로 분리하여 드렸다. 다음은 1990년 교직원 예배의 현황이다.

구 분	교직원 예배	직원 예배		관리원 예배	
		대명	성서	대명	성서
장소	대학교회	대학교회	대강당	대학교회	대강당
연 회수	8회	6회	6회	7회	7회
참여 인원	교원(20~30명) 직원(100명)	100명	20명	30~35명	30~35명
참여율	교원 10% 직원 56%	60%	37%	73%	37%

교원보다 직원들의 참여율이 높은데 직원들의 자발성과 기독교적 창립

정신에 동참하는 경향을 엿볼 수 있다. 또한 대명캠퍼스의 예배 참여율이 성서 캠퍼스보다 높은 점을 볼 때, 대명캠퍼스에서는 기독교적 정체성이 잘 지켜지는 데 반해, 성서캠퍼스는 캠퍼스 이전 과정에서 좀 더 자유로운 분위기였던 것으로 보인다. 하지만 대학 본부가 성서캠퍼스로 옮겨지고, 미술대학 외 대부분의 구성원이 성서캠퍼스로 옮겨지면서 상황은 바뀌게 된다. 2004년 1학기 교직원 예배의 참석 현황을 보면, 성서캠퍼스는 평균 150명이 모였고, 대명캠퍼스는 약 30명이 모여 예배드렸다.

2004년 2학기 교직원 예배 현황은 다음과 같다.

유형	일시 및 장소	강사
개강예배	9월 6일(월) 11:30 아담스채플	성순노 목사(성명교회 담임목사)
	9월 9일(목) 11:20 대명캠퍼스 동서문화관 중회의실	오주철 목사(영신교회 담임목사)
11월 교직원 예배	11월 1일(월) 11:30 아담스채플	김창주 목사(서울 예닮교회)
	11월 4일(목) 11:20 대명캠퍼스 동서문화관 중회의실	신동욱 목사(대구 해안제일교회)
12월 교직원 예배	12월 23일(목) 11:00	
	12월 9일(목) 11:20 대명캠퍼스 동서문화관 중회의실	김대철 목사(대구 동촌동부교회)

대명캠퍼스의 교직원 예배는 2006년 2학기부터 신앙 간담회 형식으로 변경하여 진행하였으며, 2007년부터는 예배 횟수도 2회로 줄었다.

교목실에서는 교직원 예배를 활성화하기 위해 계명대학교 산하의 각 찬양단을 통합하여 연합찬양단을 구성하여 찬양을 담당하도록 하였다. 그리하여 2002년 2월 28일 교수합창단, 문화대학 구성원, 복음선교회, 계명부인회, 학생자원자로 연합찬양단을 발족하고, 단장에는 신동수 교수, 부단장에는 박원권 교수, 지휘는 이승선 교수가 맡았다.

교직원 예배 시간은 여러 차례 변경되있으며, 예배드리는 횟수도 변하였다. 2004년까지는 교직원 예배를 매월 첫째 월요일 11시 30분에 드렸는데, 2005년부터는 온전한 예배를 드리기 위해 예배 시간을 11시로 당겨서 드렸다. 대명캠퍼스는 동서문화관 중회의실에서 매월 1회 예배드렸다. 교직원 예배 시간을 11시로 당겨 드리게 되면서 업무 지장을 초래하는 문제가 제기되었다. 그리하여 2008년 1학기부터는 업무 지장을 최소화하기 위해 교직원 예배 시간을 11시 30분으로 다시 조정하였으며, 예배 후에는 간단한 도시락으로 식사하면서 친교를 나누었다.

2009년 교직원 예배는 매월 한 차례씩 11시 30분에 예배드린 후, 간단한 도시락으로 식사 및 친교 시간을 가졌다. 대명 캠퍼스는 예배 대신에 신앙 상담 및 부서 방문으로 대체하였다. 2010년 2학기에는 교직원 예배 시간을 오전 8시로 당겨 조정하였는데, 수업이나 업무 등 여러 사정으로 참석할 수 없었던 교직원들에게 참여 기회를 제공하기 위해서였다. 교목실은 더 많은 교직원들이 참여할 수 있도록 봉사나 인성 등과 같은 계명의 정체성 교육과 연계하여 예배를 계획하였으며, 참석한 이들에게 다과(빵과 우유)를 제공하였다.

2011년에도 예배 시간에 변화가 있었는데, 개강예배와 종강예배는 오전 8시에 진행하고, 부활절 예배, 개교기념 예배, 추수감사예배, 성탄축하예배 등 절기 예배는 공동체 정신을 강화하기 위해 오전 11시 30분에 진행하였다. 예배 후에는 교직원 식당을 이용하면서 친교의 시간을 가졌으며, 부활 축하 예배 때는 선물도 준비하여 함께 나누었다. 2012년부터는 개강예배를 포함한 절기예배를 11시 30분으로 통일하여 드렸다. 2014년에는 대명캠퍼스 구성원들을 위한 개강예배를 별도로 계획해서 3월 14일 대명캠퍼스 동산관 시청각실에서 드렸으며 2015년에도 동산관 시청각실에서 별도의 개강예배를 드렸다.

2016년 1학기부터는 개강예배, 부활축하예배, 추수감사예배(3월 31일), 창립기념예배(5월 19일)로 축소하여 예배를 드리면서, 1학기 종강예배는 드리지 않게 되었다. 현재 교직원 예배는 1학기는 개강예배와 부활축하예배를 드리고 있으며, 2학기는 개강예배와 추수감사예배, 계성·신명 계명가족연합 성탄축하찬양예배를 드리고 있다. 계명가족예배는 계명의 전 구성원들이 함께 모여 예배드리면서 공동체의 연대를 든든히 하고, 계명의 발전을 위해 함께 기도하는 은혜로운 시간으로 자리매김하고 있다.

2) 기독인 연합예배

1998년 12월 8일 12시에 계명 기독인 연합 종강예배를 바우어관 시청각실에서 가졌다. 남원식 교수의 사회로 시작된 예배는 정지룡 팀장의 기도와 기독학생연합회의 특별 찬양이 었었고, 오우성 교목실장의 설교가 있었다. 2004년에는 추수감사절을 맞아 추수감사예배와 신앙수련회를 11월 25일과 26일 양일간 진행했는데, 신앙수련회는 25일 오후 4시 장영출 목사의 설교로 진행되었으며, 교수선교회와 복음선교회에서 간식을 제공하였다. 추수감사예배는 26일 오후 4시 장영출 목사의 설교가 있었고, 예배 후에는 감사의 의미를 담아 떡을 함께 나누었다.

2006년 2월 19일(주일)에는 대학교회와 연합하여 졸업 예배를 드리면서, 졸업생들에게 하나님께서 주시는 희망의 비전을 제시하고 졸업생들의 새출발을 축복하였다.

2011년 3월 14일 오후 6시에 1학기 기독학생연합 개강예배를 바우어관 시청각실에서 드렸다. 기독학생연합회, 기독동아리, 신우회, 교수선교회, 복음선교회 등의 연합으로 개강예배를 드렸으며, IVF 대구 지역 대표인 심은종 목사가 설교를 맡았다. 2학기 개강예배는 9월 28일 오후 6시 바우어관 시청각실에서 드렸다. 교수선교회, 복음선교회, 기독동아리, 신우회 등이 연합하여 기독학생연합회 김승진 대표의 준비 찬양과 배복환 목사(CCC 간사)의 사회, 최상호 교수선교회장의 기도, 손근호 복음선교회장의 성경 봉독, 임경수 교목실장의 설교, 김문영 목사 집례의 성찬식 등의 순서로 진행되었다.

2012년 1학기 개강예배는 아담스채플 중예배실에서 드렸다. 7번국도선교단 대표인 김병동 전도사가 설교했으며, 기독동아리, 신우회 등 교내 기독 학생 약 160명이 참여하였다. 2학기 개강예배는 9월 6일(목) 오후 7시 바우어관 시청각실에서 기독학생연합 주최로 드렸는데, 기독동아리, 신우회, 기독교학과 등 교내 기독 학생 약 200명이 모인 가운데 대구제일교회 담임목사인 박창운 목사가 말씀을 전했다.

2013년 1학기 개강예배는 바우어관 시청각실에서 드렸는데, 배재준 간사(SFC)가 설교했으며, 기독동아리, 신우회 등 교내 기독 학생 약 200명이 연합으로 예배드렸다. 2학기 계명 기독학생연합 개강예배는 9월 12일 오후 7시에 바우어관 시청각실에서 드렸다. 2014년 1학기 개강예배는 기독동아리, 신우회, 기독교학과 등 교내 기독 학생과 교직원들이 연합하여 3월 19일 오전 7시 30분 성서캠퍼스 노천강당에서 드렸으며, 예배 후 바우어관에서 식사하면서 교제를 나누었다.

2015년에는 부활절을 맞이하여 기독인 연합 아침기도회를 진행하였다. 4월 8일 오전 8시 노천강당에서 교수선교회 회장인 이상식 교수의 사회로 시작되어 찬양은 김승진 간사(LWM)가 인도하였으며, 복음선교회 회장인 배영호 관리처장의 대표기도 후 황재범 교목실장이 말씀을 전했다. 배복환 목사(CCC 간사)의 인도로 캠퍼스복음화를 위한 중보기도를 하였으며, 교수선교회가 마련한 선교후원금을 각 기독동아리에 전달하면서 격려하는 순서도 가졌다. 이후 매년 부활 축하 연합기도회에서 기독동아리를 위한 선교후원금을 교수선교회에서 준비해서 전달하고 있다. 아침기도회 후에는 복음선교회가 후원한 식권으로 아람관 식당에서 함께 식사하면서 교제하였다.

2015년 11월 18일에는 추수감사절을 맞이하여 아침기도회로 모였는데, 복음선교회가 준비한 간식으로 떡을 준비하여 감사절의 의미를 함께 나누었으며 이후 부활절과 추수감사절에는 연합기도회를 드리면서 캠퍼스 복음화를 위해 중보기도를 하였다. 추수감사절 연합기도회는 2017년부터 추수감사 찬양예배로 확대하여 진행해 오고 있다.

2018년 부활절 연합기도회는 4월 8일 오전 7시 45분에 바우어관 우촌실에서 가졌는데, 찬양은 IVF 찬양팀이 맡아 진행하였으며, 설교 후에는 계명공동체를 위한 기도제목을 함께 나누면서 캠퍼스의 복음화를 위해 간절하게 합심으로 기도하였으며, 교수선교회에서 준비한 후원금을 각 기독동아리에 전달하였다. 2019년에도 4월 23일 동천관 301호에서 부활절 연합기도회를 가지면서 중보기도를 드렸으며, 교수선교회에서 준비한 후원금을 기독동아리에 전달하였고, 기도회 후에는 아람관에서 교제하였다.

3) 기도회

1980년대에는 매일 오전 8시 20분부터 30분간 노천강당에서 기독 서클 연합으로 아침기도회가 진행되었는데, 시간이 흐르면서 약화되었다가 2004년이 되자 기도회를 비롯한 성경공부 모임이 활성화되었다. 기도회는 교직원 중심의 아침기도회와 학생 중심의 저녁기도회로 나뉘어 진행되었다. 교직원 아침기도회는 매주 수요일 오전 8시 아담스채플 중예배실에서 가졌다.

학생 중심의 저녁기도회는 매주 수요일 오후 7시에 아담스채플 중예배실에서 진행되었는데, 평균 50명이 참여하면서 1학년을 포함해서 기독 학생들이 드리는 수요예배로 발전하였다. 대학교회에서는 예배에 참석하는 학생들을 격려하기 위해 간식을 제공하였다. 또한 명교생활관에서는 조현정 교수가 지도하는 성경공부반이 매주 목요일 오후 7시 명교생활관 중앙독서실에서 운영되었다.

2004년에 아침기도회, 수요 저녁기도회, 여러 성경공부 모임이 2005년에는 연합기도회로 통합되었다. 연합기도회는 매주 월요일 오전 8시 20분에 신바우어관 멀티미디어실에서 진행하였다. 연합기도회를 위해 기독동아리, 교수선교회, 복음선교회 등이 주축이 되어 모임을 독려하였으며, 평균 70여 명이 참석하였다. 또한 방학 중에는 기도 용사 100명이 캠퍼스의 복음화와 구성원들을 위해 중보기도를 하였다.

2005년에는 신우회와 성경공부 및 기도회 모임이 새롭게 생겨나면서 캠퍼스에 활기가 넘쳤다. 환경대와 사회대 신우회가 신설되었으며, 음대에서도 성경공부반(목 10시)과 기도모임(금 오후 5시)이 새로 생겨났으며, 학군단 성경공부(수 오후 1시) 모임도 신설되었다.

2006년 4월 18일 오전 8시에 바우어관에서 연합기도회가 있었으며 이후 매주 화요일 아침마다 함께 모여 캠퍼스의 복음화를 위해 중보기도하였다. 4월 18일 기도회는 중간고사 기간이었지만 약 80명의 학생과 교직원이 참여하였다. 중간고사 기간이라 이날 기도회는 부정행위(cheating) 추방 연합기도회 및 캠페인도 겸했는데, 부정행위 추방을 위해 기도와 공부로 최선을 다하여 믿지 않는 학우들에게 좋은 본보기가 되도록 기도하였다.

수요 저녁기도회는 특성화채플인 수요 채플, 정체성 채플 등과 연계하여 2013년 1학기까지 지속되다가 특성화채플이 폐지되면서 자연스럽게 사라지게 되었다. 하지만 수요예배는 대학교회 청년부가 중심이 되어 계속 진행되었다.

계명공동체를 위한 아침기도회는 2018년 2학기부터 다시 시작되어 기도의 불씨를 되살렸다. 그동안 신우회나 성경공부, 각 단체의 모임은 지속되었지만, 교수, 직원, 학생들이 연합으로 함께 모인 적은 부활절과 추수감사절 외에는 없었는데, 매주 화요일 오전 8시 20분에서 50분까지 30분 동안 동천관 301호에서 모여 기도하였다. 기도회 인도는 허도화 교목실장을 비롯한 교목들이 맡았으며, 이후 각 기독단체의 대표나 간사들이 맡아 돌아가면서 인도하였다.

2019년 1학기에도 3월 5일(화)부터 6월 11일(화)까지 매주 화요일 15회의 아침기도회를 가졌는데, 평균 참석 인원은 35명 정도였다. 2학기에도 매주 화요일 아침기도회를 실시하면서 계명 캠퍼스의 복음화를 위해 합심으로 기도하였다. 화요아침연합기도회는 2020년 코로나19 팬데믹으로 인해 중단되었다. 그러다가 2025년 5월 28일 오후 6시 신바우어관 덕영실에서 캠퍼스 연합 중보기도회를 가졌다.

화요 아침기도회, 동천관 301호

4) 성경공부 모임

1988년 성서연구회 발족

1988년 교목실 성경공부 프로그램으로 성서연구회를 발족하였다. 또한 총학생회에 신앙 지도를 하고 협력할 수 있는 종교부가 없는 상황에서 교내 기독교 동아리에 대한 효율적 지도 방안을 마련하기 위해 신실한 지도교수를 모집하여 기독교 동아리 활동을 지도하며 활동을 효과적으로 할 수 있도록 힘썼다. 이를 통해 기독교 학교로서의 분위기를 조성하며 학풍을 세우는 데 심혈을 기울였다.

1988년 2학기 교직원 성경공부는 9월부터 12월까지 매주 금요일 오후

5시 30분부터 약 1시간에 걸쳐 진행하였는데, 최성찬 목사와 구의령 목사가 모임을 이끌었으며, 참여 인원은 평균 약 10명 정도였다. 1989년 교직원 성경공부는 학기 중 약 10회의 모임을 가졌는데, 매주 수요일 오후 5시 20분부터 모여 1시간 정도 진행하였으며, 백성흠 목사, 최성찬 목사, 박용우 목사가 이끌었다.

2001년 교직원 성경공부

대상	시간 장소	강사
교수	매주 금요일 한글, 영어 격주 실시 한글: 10시 30분~12시 교목실장실 영어: 오후 2시~4시 교목 사무실	한글: 오우성 목사 영어: Genet 목사
직원	월요일 12시 교목실장실	장철수 목사

2002년 명교생활관 기독인 모임

2002년 5월에는 명교생활관에서 지내는 학생들을 위한 성경공부반이 새롭게 개설되었는데, 많은 학생이 참여하면서 모임이 활발하게 진행되었다. 통상학부 조현정 교수가 맡아 신앙을 지도하였으며 교목실도 적극 후원하였다. 조현정 교수는 2000년 3월부터 사회과학대학 학생들을 중심으로 사회대 건물에서 성경공부를 인도하고 있었는데, 2002년 신일희 총장의 요청으로 명교생활관에서 지내는 학생을 대상으로 시작하게 되었다.

명교생활관 기독인 모임은 아침기도회와 성경공부 모임 중심으로 진행되었다. 아침기도회는 명교생활관 사무동 1층 회의실에서 월요일에서 목요일까지 아침 6시에 모여 기도회를 겸한 성경공부를 진행했다. 성경공부 교재는 두란노서원에서 발간한 교재였으며, 평균 모임 인원은 약 10명에서 30명 정도였다. 모임 후에는 아침을 함께 먹으면서 친교를 나누었다.

또한 매월 1회 목요특별찬양집회를 진행하였는데, 명교생활관 식당 2층 대강당에서 목요일 저녁 7시에서 9시까지 특별강사를 초청하여 찬양집회를 진행하였으며, 참여 인원은 약 50명에서 200명 정도였다. 조현정 교수는 복음에 대한 뜨거운 열정을 갖고 객지에서 생활하는 기숙사 학생들을 위해 신앙 상담과 진로 및 인생 상담도 함께 진행했다. 2004년에는 명교생활관 성경공부를 매주 목요일 오후 7시에 명교생활관 중앙독서실에서 운영하였다. 2005년 이후부터는 교목실에서 명교생활관 기독인모임을 맡아 주관했다.

(4) 채플 운영

2000년 추수감사절 주간 채플

추수감사절을 맞아 하나님의 은혜를 기억하며 찬양과 감사를 드리면서 강연과 공연 등 다양한 프로그램으로 진행하였고, 예배 후에는 추수감사절 기념 떡을 교목실에서 준비하여 나누었다.[250]

일자	강사	장소
11월 14일(화) 9, 11, 12교시	전재규 교수(의대)	아담스채플
11월 15일(수) 3, 4교시	대구시립합창단	아담스채플
11월 15일(수) 7, 8교시	필그림 합창단	
11월 16일(목) 7, 8, 11교시	필그림 합창단	대명동 대강당

2002년 2학기 채플

주	유형	주제	강사
1	개강예배	하나님은 누구인가	오우성 목사(신학과 교수) 라준석 목사(전주대교목)
2	뮤직 채플	찬양과 함께	컨티넨탈싱어즈(칼라 5기팀)

250 「계명대신문」 858호 3면, 2000년 11월 13일.

3	말씀	하나님의 사랑은	이상민 목사(서문교회)
4	말씀 채플	기독교인의 정체성	영어담당교목(M.B.G) 김대진 목사(소금과 빛교회)
5	강연	기독교와 인생관	이해인 수녀
6	뮤직 채플	찬양과 함께	영원한 찬양팀
7	간증 채플	신앙으로 승리한 삶의 간접 체험	정승준 장로(서울신양교회) 김상복 목사(교목)
8	강연	계명대학 교수와 함께	김종영 교수(건축공학과) 박아청 교수(교육과) 김용일 교수(철학과)
9	뮤직 채플	찬양과 함께	찬양선교팀 증인들, 영원한 찬양팀 뮤지컬(액츠뮤직선교팀)
10	강연	자유 주제	김용일 교수(철학과) 김상복 목사(교목)
11	영상 채플	'기독교와 영화'	유재희 교수(강릉대미술학과) 영어담당교목
12	연극 채플	추수감사절 예배	말죽거리 연극팀
13	창조과학	창조 속에 섭리하신 하나님 발견	창조과학회(서종학 간사 외)
14	성탄음악채플	성탄절 예배	윤형주 장로 초청 공연 최상학 목사(계명문화대학)

2002년 2학기 채플은 균형 있게 진행되었다. 첫째, 개강예배는 온누리교회의 청년 목회로 주목을 받으면서 전주대학교 교목을 맡았던 라준석 목사를 초청해 말씀으로 신선한 자극과 도전을 주었으며, 5주에는 이해인 수녀를 초청하여 강연을 통해 기독교적 인생관으로 녹아들게 하였다. 채플에서 강사 선정이 중요한데, 학생들의 삶의 정황을 이해하면서 눈높이에 맞추어 설득력 있게 전하는 강사의 메시지로 변화가 일어나기 때문이다. 둘째, 2주, 6주, 9주에는 컨티넨탈싱어즈, 영원한 찬양팀, 찬양선교팀 증인들, 액츠뮤직선교팀을 초청하여 찬양과 문화콘텐츠 중심 채플로 기획하였다. 또한 종강 채플에는 음악인 윤형주 장로를 초청하여 음악 연주로 진행하였다. 셋째, 11주에는 영상 채플을 기획하여 영상 매체를 통해 기독교 세계관이 스며들도록 하였다. 넷째, 12주에는 추수감사절을 맞아 말죽거리 연극팀을 초청

하여 연극을 공연하였다.

2003년 1학기 채플

주	유형	강사	주	유형	강사
1	공연	새노래선교단	8	강연	이상민 목사
2	강연	장경철 교수	9	강연	
	강연	김상복 목사	10	CCM	소망의 바다
3	강연	김진홍 목사		드라마	온누리교회 드라마팀
	강연	이경우 목사		강연	양성희 목사
4	강연	박창용 간사	11	강연	영어담당 교목
	공연	액츠뮤직선교단	12	강연	황재환 전도사
	강연	박창용 간사	13	강연	창조과학회
5	강연	오정윤 목사	14	강연	박세호 집사
6	강연	하정환 목사	15	강연	오재성 목사
	강연	유수환 목사		강연	영어담당 교목
7	강연	임태종 목사	16	강연	오재성 목사

2003년 1학기 개강채플은 새노래선교단의 찬양으로 활기차게 열었다. 새노래선교단은 자원하는 학생들로 구성되어 찬양을 통해 채플에 활력을 불어넣었다. 4주에는 액츠뮤직선교단의 공연이 진행되었고, 10주에는 소망의 바다를 초청해서 CCM 찬양과 온누리교회 드라마팀을 초청하여 연극을 공연하였다. 또한 장경철 교수, 김상복 목사, 김진홍 목사, 하정환 목사 등의 강사와 창조과학 등 다양한 주제를 다룬 강연으로 진행되었다.

2003년 2학기 채플

주	유형	강사	주	유형	강사
1	개강	오정윤 목사 라준석 목사	8	강연	박아청 교수
2	강연	김희택 목사	9	강연	김종영 교수

<table>
<tr><td>3</td><td>강연</td><td>창조과학회</td><td rowspan="2">10</td><td>강연</td><td>박아청 교수</td></tr>
<tr><td>4</td><td>강연</td><td>최승암 선교사</td><td>강연</td><td>박소영 목사</td></tr>
<tr><td>5</td><td>공연</td><td>김진석 목사</td><td>11</td><td>공연</td><td>이현창 외 국악협주단</td></tr>
<tr><td>6</td><td>강연</td><td>용혜원 목사</td><td>12</td><td>공연</td><td>박창용 간사(판토마임)</td></tr>
<tr><td rowspan="2">7</td><td>강연</td><td>박노택 목사</td><td>13</td><td>강연</td><td>김상복 목사</td></tr>
<tr><td>강연</td><td>김용일 교수</td><td></td><td></td><td></td></tr>
</table>

2003년 2학기 채플에도 다양한 강사진으로 진행되었다. 창조과학에 관한 특강과 김용일, 박아청, 김종영 교수, 박소영 목사 등 교내 교수들의 특강 중심으로 진행되었다. 이현창 국악인을 초청하여 국악 협주를 통해 국악을 소개하였으며, 판토마임으로 공연 채플을 기획하여 다양한 문화콘텐츠를 통해 채플을 진행하였다. 지금까지도 매년 이현창이나 임동원 등 국악인이나 국악 연주팀을 초청하여 국악을 널리 알리고 있다. 우리 고유의 악기를 소개하고, 국악으로 찬양을 연주하는 것은 지금까지 이어지고 있는 계명대 채플의 아름다운 전통이 되고 있다.

2004년 1학기 채플

2004년 1학기 채플은 전체 9회에 걸쳐 진행되었으며, 채플 시간마다 담당 교수가 배정되어 사회를 맡았다. 채플 시간과 담당 교수 배정 현황은 다음과 같다.

번호	요일	시간	수강 대상	인원	사회
1	화	15:00	공과, 정보통신, 환경	883	이승근 교수
2	화	16:00	영어 채플 희망자	8	김영철 교수
3	화	18:00	경통, 사회, 자연, 공과, 체육(야)	339	조영수 교수
4	화	18:50	외국, 국제, 경영(야)	389	이병로 교수
5	수	11:00	자연, 국제, 법경	639	배지현 교수
6	수	13:00	인문, 외국, 의과, 간호	792	김용일 교수
7	수	14:00	경영, 체육	723	김종영 교수

8	수	15:00	사범, 경통, 사회, 미디어	825	배미경 교수
9	목	14:00	음악, 공연예술, 미술, 패션 (대명캠퍼스 대강당)	673	김춘해 교수
합계				5,271	

담당 교수를 채플 사회자로 배정하면서 다음과 같이 소요 시간을 분 단위로 미리 정하여 변수 없이 일관성 있게 진행되도록 힘썼다.

순서		담당자 담당자	소요 시간		총진행 시간	
일반채플	영어채플		일반 채플	영어 채플	일반 채플	영어 채플
예배 전 찬양	예배 전 찬양	찬양 인도자	10	15	10	15
예배로 부름	예배로 부름	집례자, 오르간	1	2	11	17
찬송		다같이	3		14	
기도		담당자	2		16	
성경 봉독	성경 봉독	사회자	1	2	17	19
특별 찬양		담당자	4		21	
말씀 선포	말씀 선포	설교자	20	22	41	41
찬송		다같이	2	2	43	43
축도	축도	설교자	1	1	44	44
광고	광고	사회자	1	1	45	45

2004년 1학기 채플

주	유형	강사 / 주제	주	유형	강사 / 주제
1	찬양	새노래선교단	7	강연	정연욱 교수(전석복지재단)
		크로스 가스펠(전주대 찬양팀)		찬양	조수아(CCM)
		새노래 선교단			소망의바다(CCM)
2	강연	교목실 - 회고 50년	8	찬양	소리엘CCM)
	찬양	새노래선교단		강연	마영건 목사
	강연	교목실 - 회고 50년	9	강연	성성경 목사
3	강연	동문 목사(대학 생활 소개)		강연	오정윤 목사
	강연	장빈 목사		강연	마영건 목사 - 가정 회복
	강연	이영호 목사	10	연주	핸드벨팀

4	강연	정봉성 목사	11	강연	김용호 목사(부산베데스다)
	강연	IVF 간사	12	강연	신일희 총장, 정순모 이사장
5	강연	김은수 목사(전주대)	13	강연	임연호 목사 - 환경 회복
6	뮤지컬	마굿간 - 고난주간	14	강연	임신영 장로(YMCA총장)
	찬양	소망의바다(CCM)	15	강연	파송(세례식)

2004년 1학기 채플의 특징은 다음과 같다. 첫째, 계명대학교가 설립된 지 50주년이 되는 해였기에 "회고 50년"을 통해 계명의 기독교 정신과 더불어 개척 정신과 도전 정신을 강조하였다. 둘째, 개강 채플을 찬양으로 시작하였으며, 7주와 8주에도 찬양으로 진행하면서 신선한 자극을 주었다. 개강 채플인 3월 3일은 전주대 크로스 가스펠팀을 초청하였으며, 2일과 4일은 새노래선교단이 맡아 찬양으로 진행했다. 또한 7주와 8주에는 조수아, 소망의바다, 소리엘을 초청하여 CCM 공연으로 진행하였다. 셋째, 2004년 1학기부터 새노래선교단이 활발하게 활동했는데, 2주 채플에서도 한 차례 더 활동하였다. 넷째, 6주에는 고난주간을 맞아 뮤지컬 공연단인 마굿간을 초청하였으며, 10주에는 핸드벨 연주로 진행하여 학생들의 관심과 흥미를 유발하였다.

2004년 2학기 채플

주	유형	강사	주	유형	강사
1	공연	새노래선교단, 전주대	9	찬양	소리엘(CCM), Yes Praise Band
2	강연	교목실장 / 신일희 총장	10	강연	정근수 목사
3	강연	한동대 교목실 - 환경 회복		강연	김병옥 목사
4	강연	박이득 목사(계성고)		강연	오주철 목사
5		추석 연휴	11	강연	김진홍 목사
6	강연	박노택 목사	12	강연	김은수 목사
	강연	정광화 목사		강연	최상학 목사
	강연	김경종 교수(크리스천 놀이문화학교)		강연	허돈 목사

<table>
<tr><td rowspan="3">7</td><td>연주</td><td>오르간 연주</td><td>13</td><td>연주</td><td>국악 찬양팀</td></tr>
<tr><td>연주</td><td>핸드벨 연주</td><td rowspan="2">14</td><td>강연</td><td>박아청 교수</td></tr>
<tr><td>강연</td><td>이장환 목사</td><td>강연</td><td>길소희 간사</td></tr>
<tr><td>8</td><td>강연</td><td>교수선교회, 신앙위원회</td><td>15</td><td>종강</td><td>교목실(세례 및 애찬)</td></tr>
</table>

개강 채플은 새노래선교단의 찬양과 경배로 진행했다. 2004년 당시 계명대 교목실은 전주대 교목실과 협력하면서 활발하게 교류했는데, 이를 계기로 개강 채플에 전주대 찬양팀을 초청하였으며, 새노래선교단과 협력하여 채플을 진행하였다. 7주에는 핸드벨 연주와 오르간 연주가 처음 시도되었으며, 2003년 2학기에 이어 국악 연주가 있었다. 종강 채플은 교목실 주관으로 세례식과 애찬식을 진행했으며 55명이 세례를 받았다.

2005년 채플

2005년 채플 운영에는 두 가지 큰 변화가 있었다. 첫째, 열린 채플 외에 영어 채플(51명), 신앙 채플(31명), 찬양 채플(65명) 등으로 다양화하면서 학생들에게 선택권을 제공하였다. 영어 채플은 수요일 6교시에, 신앙 채플은 수요일 7교시에 아담스채플 중예배실에서 진행하였으며, 찬양 채플은 목요일 7교시 대명캠퍼스 동서문화관과 토요일 3교시에 아담스채플 중예배실에서 진행하였다. 영어 채플은 국제화 시대에 부합하는 리더로 양성하기 위해 시작되었는데, 현재까지 이어지고 있다. 신앙 채플은 기독교인을 대상으로 기독교에 대한 폭넓은 이해와 더불어 신앙의 성숙을 돕기 위해 개설되었다. 찬양 채플은 찬양을 통하여 봉사를 하면서 기쁨과 자긍심을 높이도록 하였다. 2시간은 말씀으로 기초를 다지고, 5시간은 찬양을 연습하고, 6시간은 채플 시간에 찬양으로 봉사하도록 하였다. 찬양 연습은 토요일에 따로 시간을 마련하여 합창 지도 전문가를 초빙하여 지도하였다. 이러한 채플 형식의 다양화는 학생들에게 환영받았다.

둘째, 전자 출석 시스템을 도입하였다. 그동안 채플 출석 여부를 두고 종종 시비가 발생했었는데, 전자 출석 시스템을 도입하여 지정좌석제와 연계하여 활용하였다. 전자 출석 시스템과 지정좌석제를 통한 2차 출석 체크는 현재까지 활용하고 있는 시스템으로 정착하였다.

채플 운영과 관련해서는 오르간이 예배 반주를 담당하고, 찬양 인도는 전도장학생과 새노래선교단이 중심이 되어 학생들의 수준에 맞추어 찬양과 예배 반주를 나누어 진행하였다. 또한 대명동 채플은 1시간으로 구성될 수밖에 없는 상황에서 2005년 1학기부터는 지역의 기독교 문화 운동을 전담하고 있는 이들과 연합하여 다양한 형식의 채플을 시도하였다. 종강 채플에 진행한 세례식에는 70여 명이 참여하였으며, 참여자에게는 출석을 1회 인정하였다.

2005년 2학기 채플 운영의 특징은 첫째, 열린 채플은 전통적인 예배 순서에 입각하여 오르간 연주로 시작하였고, 강연과 문화콘텐츠를 활용한 채플은 찬양단을 유기적으로 운영하면서 활력을 더하였다. 둘째, 신앙 강화 주간을 정하여 신앙이 한 차원 더 성숙할 수 있도록 하였다. 셋째, 추수감사절 주간에는 공동체를 초청하여 간증과 더불어 찬양을 통하여 감사를 고백할 수 있도록 하였다. 넷째, 기존에 수요일 하루만 진행하던 영어 채플과 신앙 채플을 화요일에도 1시간씩 늘려 참여 기회를 확대하였다.

열린 채플 외에, 예배, 강연, 문화 채플의 성격을 세분화하여 그 특성이 잘 드러나도록 리더십 채플, 신앙 채플, 영상 채플, 찬양 채플 등 특성화 채플의 형식과 내용을 더욱 다양하게 기획하여 개설하였다. 리더십 채플은 미래 사회를 선도적으로 이끄는 리더에게 요구되는 인격과 자질을 갖추도록 하였다. 영상 채플은 다양한 영상을 통해 인생을 이해하고 세계를 해석하며, 기독교적 가치관을 익히도록 하였다. 찬양 채플은 예배와 찬양에 대한 올바른 이해를 돕고, 연습한 찬양을 통해 채플에 참여하는 기회를 제공하도록 하였다. 특성화 채플은 수강 인원이 100명을 넘지 않도록 제한을 두고 대예배실에서 일반 채플이 진행되는 동안 3층 중예배실에서 진행하였다. 특성화 채플은 수강생들과 눈높이를 맞추면서 대화할 수 있어서 적극적인 참여를 유도할 수 있었다.

2006년 채플

2006년 2학기 종강 채플 시간에는 세족식을 진행하였으며, 봉사 채플을 추가하여 시범적으로 운영하였다. 봉사 채플은 믿음, 소망, 사랑 등과 같은 기독교의 가르침을 일상생활에서 실천함으로 삶의 현장에서 기독교 신앙이 실현되도록 하였다. 봉사에 대한 이해와 더불어 봉사활동의 사례, 봉사의 유익 등과 관련된 것을 소개하면서 실천과 연계되도록 하였다.

2007년 채플

2007년 1학기 열린 채플은 총 8개 반으로 나누어 진행했고, 특성화 채플은 영어 채플과 봉사 채플과 영상 채플은 각 2반씩, 신앙 채플과 찬양 채플은 각 한반씩 아담스채플 3층 중예배실에서 진행하였으며, 2학기에는 대화 채플을 추가로 개설하였다.

대화 채플은 초대 손님을 초청하여 대화로 채플을 진행하는데, 먼저 초대 손님에 대한 영상을 보여주고, 패널들과의 대화를 통해 진행하면서 성경 말씀을 삶에서 해석하고 실천한 사람들의 이야기를 진솔하게 나누었다.[251] 대화 채플은 우리 일상의 삶을 기독교적 세계관으로 들여다봄으로써 의미 있고 가치 있는 삶의 모습을 모색하는 채플로서, 영화, 드라마, 뉴스, 역사, 우리의 일상 등을 통해 만나게 되는 다양한 삶의 이야기와 성경 속의 삶의 이야기를 폭넓게 다루었다. 이를 통해 삶의 의미와 목표를 설정하는 데에 도움을 주며, 다양성 속에서 '다름'을 인정할 줄 아는 관용의 자세를 배우도

251 김문영, 『한국 기독교대학 채플에 대한 비평적 연구』 미간행 박사학위논문, 2011년 6월, 121.

록 하였다.

2008년 채플

2008년 1학기에 열린 채플은 9개 반으로, 특성화 채플은 11개 반으로 진행했다. 이전 학기 두 개로 나누어 진행했던 채플 중 리더십 채플만 화요일과 수요일로 나누어 진행하고, 나머지 영어 채플, 봉사 채플, 영상 채플은 한 반으로 통합하였다. 이 외에 CCM 채플, 핸드벨 채플, 중국어 채플, 클래식 찬양 채플 등을 추가로 개설하였다. 찬양 채플은 CCM 채플과 클래식 찬양 채플로 나누어 진행하였으며, 채플의 다양화를 꾀하면서 선택의 폭을 더욱 넓혔다.

CCM 채플은 CCM에 대한 정의와 역사, 한국과 해외의 CCM을 소개하면서 진행하였다. 핸드벨 채플은 핸드벨 연주법을 익히고, 리허설과 훈련, 그리고 테크닉과 기호 등 핸드벨 연주를 위한 연습을 병행하면서 진행하였다. 중국어 채플은 광범위한 기독교 인식, 성경에 대한 이해, 성숙한 신앙 인격, 인생관과 세계관 확립, 타문화 이해, 타문화에 대한 긍정, 종교 사상에 대한 이해 등의 주제를 중심으로 강의 형식의 설교로 진행하였다.

	채플	시간	장소	내용과 목적
1	리더십 채플	화6 수7	아담스채플 중예배실	대학생들로 하여금 미래 사회의 리더로서 인격과 자질을 갖추도록 돕기 위한 채플
2	신앙 채플	화7	아담스채플 중예배실	기독 학생을 중심으로 뜨거운 찬양의 시간을 갖고, 이후 말씀과 기도 순서로 진행되는 채플
3	CCM 채플	화8	아담스채플 중예배실	CCM 및 다양한 기독교 문화를 현대적인 시각으로 소개하면서 기독교적 가치관을 형성하도록 돕는 채플
4	핸드벨 채플	화9	아담스채플 중예배실	핸드벨 찬양을 통하여 입체적, 시청각적, 협동의 아름다움을 동시에 느낄 수 있는 채플
5	중국어 채플 (中國語)	화11	아담스채플 중예배실	채플의 모든 순서를 중국어로 진행하는 채플 (全部禮拜 進行中國話)

6	대화 채플	수4	아담스채플 중예배실	일상적인 삶의 주제에 대하여 대화와 토론을 통하여 기독교 가치관을 경험하는 채플
7	봉사 채플	수6	아담스채플 중예배실	교목실과 연계된 봉사 단체에서 실제로 봉사하는 채플
8	클래식찬양 채플	수8	아담스채플 중예배실	고전 음악 찬양을 통해 아름다운 삶의 계획을 위한 채플
9	영상 채플	수9	아담스채플 중예배실	영상을 통해 기독교적인 윤리와 가치관을 갖는 지도자를 양성하는 채플
10	영어 채플	수9	아담스채플 대예배실	CCM, 원어민 설교 등 모든 순서를 영어로 진행하는 채플

2008년 2학기에는 생명 채플이 추가로 개설되었다. 생명 채플은 생명의 신비를 통해 하나님의 창조 섭리를 이해하고, 창조 질서를 함양한 기독교적 리더십을 가진 인재를 배출하는데 역점을 누었다. 리너십 채플은 두 반으로 운영하였는데, 리더십 채플 I 은 리더십의 8가지 원리를 중심으로 리더십이 지닌 자질과 특성을 익히도록 하였다. 리더십 채플 II 는 기독교 정신을 바탕으로 MBTI 검사를 통해 자신을 먼저 이해하고 타인을 이해하면서, 기질별 리더가 지닌 강점과 단점을 알고 조화로운 리더십을 발휘하도록 하였다.

2009년 1학기 채플

선교적 삶을 이해하고 실천하는데 역점을 둔 선교 채플을 추가로 개설하였는데, 한 학기만 운영하였다. 2학기 채플 주제는 "세계를 향해 빛을 여는 글로벌 기독 리더"로 정했다. 1~3주는 빛으로 오신 예수 그리스도를 중점적으로 다루었으며, 4~8주는 빛의 삶을 사신 예수 그리스도를 조명했고, 9~15주는 세계를 향해 빛을 여는 계명인을 부각시켰다. 학문의 탁월성과 더불어 윤리성 함양 교육을 통해 급변해 가는 국제화 시대 속에서 세계를 향해 빛을 여는 글로벌 기독 리더 양성을 목적으로 두었다.

2009년 2학기 열린 채플

주	교육 내용	유형	담당자(연락처)
1	채플 오리엔테이션		교목실
2	빛으로 오신 예수 그리스도	문화	계명 H.O.W
3	빛으로 오신 예수 그리스도	말씀	박진석 목사(포항기쁨의교회)
			정봉성 목사(계성중학교 교목)
			김의훈 목사(문화대 교목실장)
4	예수의 희생과 섬김의 빛	강연	진성현 목사(전주 푸른동산교회)
			박지현 전도사(전주 동산바울교회)
			김종철 목사(진해 해군교육사교회)
			권대환 목사(제일교회 목사)
5	어둠을 밝힌 예수 그리스도의 빛	문화	그룹 애즈(CCM사역자)
6	세상의 기준이 되는 예수 그리스도의 빛	말씀	이관형 목사(대구내일교회)
			배재규 목사(성화여고 교목)
7	따사로운 예수 그리스도의 빛	강연	이종삼 목사(굿뉴스병원 이사장)
			연요한 목사(숭실대 교목실장)
8	예수 그리스도의 사랑의 빛	문화	강귀순 단장(크로마하프 찬양단)
			글리합창단(계명대학교)
9	세계를 밝히는 계명의 빛	말씀	허도화 교목실장
10	세계의 기준이 되는 계명의 빛	강연	김성환 선교사
			전경태 교수(경제통상학부)
			장황호 목사(동산의료원 원목실장)
11	따뜻함을 나누는 계명의 빛	문화	멘토 선교단
12	추수감사절 신앙 강화 주간		연합 채플
13	사랑의 빛을 밝히는 계명의 빛	강연	황재환 교장(전 광명학교장)
14	빛의 사명	문화	계명 H.O.W
15	종강예배	말씀	교목실

열린 채플에서는 H.O.W 예배팀이 중요한 역할을 하였다. H.O.W는 주제를 정하고 그 주제에 맞는 찬양을 인도하면서 학생들의 적극적인 참여를 유도하였다.

특성화 채플의 유형

	채플 종류	시간	내용
1	관계 채플	화요일 3	자신, 타인, 예수 그리스도와의 관계성을 돕는 채플
2	봉사 채플	화요일 4	봉사 단체에서 실질적으로 봉사를 하는 채플
3	리더십 채플	화요일 6	기독 리더로서의 인격과 자질을 갖추도록 돕는 채플
4	영어 채플	화 7, 8, 9 수 4, 8, 9	모든 순서를 영어로 진행하는 채플, 6개 반 운영
5	중국어 채플	화요일 11	모든 순서를 중국어로 진행하는 채플
6	생명 채플	수요일 6	하나님의 창조 질서와 생태 보전을 함양하는 채플
7	정체성 채플	수요일 7	정체성 교육으로 기독 리더로 세우는 채플
8	기독교음악 채플	수요일 9	기독교음악으로 기독교 가치관 형성을 돕는 채플
9	사명 채플	수요일 10	건강한 직업관 및 직업윤리관을 함양하도록 돕는 채플
10	예식 채플	수요일 12	예배를 통해 기독교적 가치관을 형성하도록 돕는 채플

2009년 2학기에 특성화 채플은 15개 반으로 운영하였는데, 신앙 채플, 영상 채플, 대화 채플, 핸드벨 채플, 선교 채플을 폐지하고, 이전에 CCM 채플과 클래식 찬양 채플로 나누어 진행하던 것을 기독교음악 채플로 통합하여 운영하였다. 또한 기독교적 창립 정신을 강화하는 차원에서 정체성 채플을 추가로 개설하였다. 정체성 채플은 계명대학교의 설립 정신인 기독교 정체성 확립을 통해 세계를 향해 빛을 여는 삶을 계획하고 실천하는 글로벌 리더를 육성하는 것을 목적으로 두었다. 특성화 채플은 1주 개강 채플로 전체 OT로 진행하였으며, 12주는 신앙강화 주간으로 연합채플을 진행하였다.

2010년 채플

2010년 1학기 채플 주제는 모든 계명인들이 "하나님의 축복의 통로"임을 인식하고 우리를 통해 확장되어 가는 하나님의 나라를 중점에 두었다. 1~3주는 "약속된 하나님의 축복", 4~8주는 "당신은 축복을 받기 위해 태어난 사람", 9~15주는 "계명인들을 통해 실현되는 하나님 나라"를 중점에 두고 진행하였다.

2010년 1학기에는 화요일 아침 8시에 아담스채플 중예배실에서 화요아침경건 채플을 진행했으며, 수요일 저녁 6시 50분에는 수요예식 채플을 진행했다. 수요예식 채플은 비기독교인들도 함께 참여하면서 예배를 드리도록 기획하였다. 기존에 드려지던 수요예배를 좀 더 기독교 전통에 충실한 예배로 진행하였는데, 비기독교인들에게는 낯설고 다소 부담이기도 했으나 종강 때가 되면 비기독교인들도 진지한 모습으로 예배드리게 되었다.[252] 이외에도 영어 채플, 리더십 채플, 생명 채플, 중국어 채플, 기독교문화 채플 등의 특성화 채플을 진행했다.

채플을 위해 겸임 교목을 두고, 교육의 질적 향상을 통해 계명대학교의 교육이념과 목표를 구현하려 힘썼다. 채플 설교자로 계명대학교 출신의 목사를 우선적 초빙 대상으로 정하고, 기독교 동아리와 신우회가 채플에 적극 참여하면서 봉사하도록 하였다.

2010년 1학기 특성화 채플 현황

유형	담당	유형	담당
예식 채플	교목실	기독교문화 채플	허돈
화요아침경건 채플	교목실	영어 채플	벤자민
리더십 채플	류수근	중국어 채플	임수무

2010년 1학기 열린 채플

주	교육 내용	유형	강사
1	채플 오리엔테이션		교목실
2	개강채플(축복이란?)	말씀	황경애 사모 "백만불 장학생 엄마되기" 저자
3	축복의 통로	문화	계명 H.O.W팀(교목실)
4	축복받기 위해 태어난 사람1	강연	기아대책 대구본부

252 김문영, 『한국 기독교대학 채플에 대한 비평적 연구』, 117.

5	축복을 받기 위한 고난 (고난주간)	말씀	김의환 목사(포항연일교회)
			한상일 목사(구미기독복지관장)
6	복의 근원인 예수 그리스도	문화	원베네딕트 선교사(유스미션)
7	축복받기 위해 태어난 사람2	강연	이규정 목사(서광교회)
			이관형 목사(대구 내일교회)
8	축복받기 위해 태어난 사람3	말씀	조정기 신부(성공회대학)
9	계명인을 통해 전해지는 하나님의 축복	문화	조수아(CCM 가수)
			윤동섭(CCM 가수)
10		강연	정연욱 소장 (대구광역시 자원봉사센터)
			어린이날
11		말씀	황석규 목사(섬안교회)
			안용호 목사(다사교회)
12		문화	해오른누리
13		강연	이창근 전도사 (극단 제3무대 상임연출)
			최성만 목사(방어동 교회)
14	계명인은 하나님이 약속하신 축복의 통로	문화	계명 H.O.W팀(교목실)
15	종강예배	종강	겸임 교목

2010년 2학기 채플

종류		반 수	담당
열린 채플		9	교목실
특성화 채플	수요예식 채플	1	교목실
	화요아침경건 채플	1	교목실
	리더십 채플	3	류수근
	기독교문화 채플	3	허 돈
	영어 채플	6	벤자민

2010년 2학기에는 화요일 아침 8시에 화요아침경건 채플을 진행했으며, 수요일 저녁에는 수요예식 채플을 진행했다. 이 외에도 영어 채플, 리더십 채플, 기독교문화 채플 등의 특성화 채플을 진행했으며, 중국어 채플과

생명 채플은 폐지되었다.

채플 주제는 “봉사로 확장되는 하나님의 나라”였다. 2~4주는 “구체적인 사랑의 봉사를 보여주신 하나님”으로, 5~9주는 “봉사는 하나님의 명령”으로, 10~15주는 “계명인들의 봉사를 통해 확장되는 하나님 나라”로 정하여 섬김과 봉사를 통해 확장되는 하나님의 나라를 구현하려 힘썼다. 9주에 초청된 하정완 목사는 영화를 이야기로 풀어 들려주면서 복음의 핵심을 끄집어내어 삶의 자리로 연결시켜 깊은 공감을 일으켰다. 13주(11월 23일 6시 30분)는 신앙강화연합채플로 탤런트 정태우를 초청하였는데, 진솔한 간증을 겸한 강연으로 깊은 공감대를 형성하였다.

주	교육 내용	유형	강사
1	오리엔테이션		교목실
2	구체적인 사랑의 봉사를 보여주신 하나님	문화	계명 H.O.W팀(교목실)
3		말씀	김문영 목사(교목실)
			임경수 목사(교목실장)
4			추석
5	봉사는 하나님의 명령	문화	방황하는 친구들에게(가족 뮤지컬 팀)
6		말씀	임종구 목사(푸른초장교회)
			양순주 목사(영신고등학교 교목)
			최원주 목사(남덕교회)
7		강연	김종채 선교사(인도선교사)
			곽길영 목사(마사커피 대표)
8		문화	조주영(Joy와 Shine)
			김브라이언(CCM가수)
9		말씀	하정완 목사(꿈이 있는 교회)
			이상문 목사(실천신학대학원대학교)

<table>
<tr><td rowspan="3">10</td><td rowspan="11">계명인들의
봉사를 통해
확장되는
하나님 나라</td><td rowspan="3">강연</td><td>겸임교수(교목)</td></tr>
<tr><td>황재완 교감</td></tr>
<tr><td>박성숙 목사(활천성결교회)</td></tr>
<tr><td rowspan="2">11</td><td rowspan="2">문화</td><td>겸임교수(교목)</td></tr>
<tr><td>김춘해 교수(오르간과 핸드벨)</td></tr>
<tr><td rowspan="3">12</td><td rowspan="3">말씀</td><td>김의훈 목사(계명문화대학 교목실장)</td></tr>
<tr><td>장황호 목사(동산의료원 원목실장)</td></tr>
<tr><td>정준모 목사(성명교회)</td></tr>
<tr><td>13</td><td>강연</td><td>신앙 강화 연합채플 정태우(탤런트)</td></tr>
<tr><td>14</td><td>문화</td><td>계명 H.O.W팀(교목실)</td></tr>
<tr><td>15</td><td>말씀</td><td>교목실</td></tr>
</table>

2011년 1학기 채플

<table>
<tr><th colspan="2">종류</th><th>반 수</th></tr>
<tr><td colspan="2">열린 채플</td><td>8</td></tr>
<tr><td rowspan="4">특성화
채플</td><td>경건과묵상 채플</td><td>1</td></tr>
<tr><td>리더십 채플</td><td>3</td></tr>
<tr><td>기독교문화 채플</td><td>3</td></tr>
<tr><td>영어 채플</td><td>4</td></tr>
</table>

2011년 1학기에는 정체성 채플을 화요일과 수요일 1시에 신설하면서 대예배실에서 진행하였다. 화요아침경건 채플은 경건과묵상 채플로 이름을 바꾸어 운영하였다. 대명동 채플은 리더십 채플(목 11시)과 기독교문화 채플(목 12시)로 운영하였다. 2011년 5월에는 채플을 위한 영상 설비를 HD급 스크린 자막으로 교체하면서 영상 송출 시스템을 보완하여 채플의 만족도를 크게 높였다.

채플 주제는 "우리는 세상의 소금(마태복음 5:13)"으로 정했다. 2~7주는 주제 말씀에 대한 이해를 중심으로 진행했고, 9~13주는 "계명인을 통해 전해지는 하나님의 축복"이라는 주제로 진행했으며, 14주는 "계명인은 하나님이 약속하신 축복의 통로"임을 강조하였다.

<table>
<tr><th>주</th><th>교육 내용</th><th>유형</th><th>강사</th></tr>
<tr><td>1</td><td>채플 오리엔테이션</td><td></td><td>교목실</td></tr>
<tr><td>2</td><td rowspan="9">주제 말씀에 대한 이해</td><td></td><td>계명 H.O.W팀(교목실)</td></tr>
<tr><td>3</td><td>말씀</td><td>교목실</td></tr>
<tr><td>4</td><td>강연</td><td>신일희 총장</td></tr>
<tr><td>5</td><td>문화</td><td>유은성(CCM가수)</td></tr>
<tr><td rowspan="3">6</td><td rowspan="3">말씀</td><td>교목실</td></tr>
<tr><td>박삼경 목사(서울신학대학)</td></tr>
<tr><td>오재현 목사(청산교회)</td></tr>
<tr><td>7</td><td>강연</td><td>유영모(사랑의 장기기증 운동본부)</td></tr>
<tr><td>8</td><td>문화</td><td>동방현주(CCM 가수)</td></tr>
<tr><td>9</td><td rowspan="11">계명인을 통해
전해지는
하나님의 축복</td><td>부활절</td><td>신앙 강화 연합채플</td></tr>
<tr><td rowspan="3">10</td><td rowspan="3">강연</td><td>박이득 목사(계성고등학교 교목)</td></tr>
<tr><td>최갑도 목사(성내교회)</td></tr>
<tr><td>이흥식 목사(평산교회)</td></tr>
<tr><td rowspan="2">11</td><td rowspan="2">말씀</td><td>석가탄신일</td></tr>
<tr><td>김혜종 대표(프로매치 코리아)</td></tr>
<tr><td rowspan="2">12</td><td rowspan="2">문화</td><td>민호기 목사(CCM 가수)</td></tr>
<tr><td>이명훈 교수(명지대 예배팀 예사랑)</td></tr>
<tr><td rowspan="3">13</td><td rowspan="3">강연</td><td>이경화 목사(경원고등학교 교목)</td></tr>
<tr><td>임석민 목사(풍기제일교회)</td></tr>
<tr><td>한화섭 목사(칠성교회)</td></tr>
<tr><td>14</td><td>계명인은 하나님이 약속하신
축복의 통로</td><td></td><td>계명 H.O.W팀(교목실)</td></tr>
<tr><td>15</td><td>종강예배</td><td></td><td>김문영 목사(교목실)</td></tr>
</table>

2011학년 1학기부터 채플 지도교수제를 운영하였다. 단과대학별로 지도교수가 학생들을 인솔하여 채플에 참석하도록 하였으며, 지도교수에게는 채플 참석 시 봉사 시간을 부여하였다. 다음은 2011년 4월 19일~21일 주간의 채플 지도교수 내역이다.

단과대학	학장	지도교수
인문대학	김인수	정막래
국제학대학	장병옥	이용덕

사범대학	신인숙	성소영
경영대학	정재엽	박명호
사회과학대학	류건우	이상식
법경대학	최우정	허경미
자연과학대학	민경진	김배환
환경대학	김정배	배헌균
공과대학	배석천	노승백
건축학대학	김종영	김영철
의과대학	김권배	박원균, 구정훈
간호대학	이병숙	김나현
음악·공연예술대학	김창재	김춘해
미술대학	윤영태	정우영
패션대학	이승훈	박민정
체육대학	김기진	조창모
KAC	Roy Andrew Partain	김진하 Ralf Arnold Havertz Robert Rittenhouse
약학대학	박종욱	천경수
이부대학	이승한	박기봉, 최은정, 배지현
교양교육대학	최재성	김지은

2011년 2학기 채플

2011년 2학기 채플은 말씀 채플과 문화 채플을 격주로 운영하였으며, 말씀 채플은 내부 강사의 비중을 높이면서 외부 강사는 유명 강사와 교목을 섭외하였다. 또한 절기에 따른 신앙 강화 차원에서 연합채플을 실시하였는데, 추수감사절 연합채플에 참석하면 보충 2시간으로 인정하였다. 또한 정체성 채플과 예식 채플에 참석하면 보충 1시간으로 인정하였으며, 계명역사탐방 채플을 학기 말에 실시하여 참여하면 보충 2~4시간으로 인정하였다.

2학기에도 채플 지도교수를 지정하여 학장과 학과장을 통하여 채플에 참석하도록 요청하였으며 채플 봉사 시간을 업적 평가에 반영하였다. 또한 채플 지도교수와의 만남(말씀) 시간을 신설하여 지도교수가 좀 더 관심과 열의를 갖고 학생들을 이끌도록 하였다.

2011년 2학기에는 선택과 집중을 위해 중국어 채플, 리더십 채플, 예식채플, 화요아침경건 채플, 기독교문화 채플은 폐지하고, 4개의 특성화 채플은 반을 늘려 진행하였다. 외부 초청팀(2인 이상)을 초청하여 이틀 동안 진행할 경우, 숙박 및 식대는 신앙선교 활동비 중 채플진행비로 지출하였으며, 교목실 소속 예배팀(H.O.W)은 채플 시간에 특송으로 봉사하였다.

종 류		담당 및 개설 시간
열린 채플		교목실
특성화 채플	영어 채플 6반	박소영, 원어민 강사 2명 화13:00,17:00,18:00, 수12:00,15:00,17:00
	리더십 채플 3반	류수근 화14:00, 15:00, 목11:00
	기독교문화 채플 3반	허돈(겸임 교목) 수13:00, 14:00, 목12:00
	정체성 채플 2반	김문영 수13:00, 18:00

2011년 2학기 열린 채플

주	유형	강사 및 주제
1	개강	오리엔테이션 교목실
2	문화	이강훈(Radical Ministry)
3	말씀	이은태(저자), 이종진 이사장(성광고등학교)
4	강연	김현우 간사(기아대책) - 나눔과 섬김
5	말씀	교목실, 겸임 교목
6	문화	박아셀(CCM 사역자), 김희현 집사(드러머)
7	강연	지도교수와의 만남, 신호범 장로
8	문화	김동언 동문(CCM가수), 김 브라이언(CCM가수)
9	말씀	대구 지역 기독교학교 교목
10	문화	김춘해 교수(핸드벨과 오르간)
11	말씀	교내 강사
12	문화	추수감사 신앙강화 연합채플, 해오른누리
13	강연	천관웅 목사(뉴사운드워십), 하정완 목사
14	문화	계명 H.O.W(교목실 예배팀)

이강훈, 박아셀, 김희현(드러머), 김동언, 김 브라이언, 천관웅 등 CCM 사역자들을 초빙하여 문화콘텐츠 중심으로 채플을 진행하였으며 종강 채플은 H.O.W의 공연으로 마무리하였다. 12주에는 추수감사절을 맞이하여 신앙강화 연합채플을 진행하였는데, 대중 어쿠스틱 가수팀인 해오른누리를 초청해서 시와 음악이 어우러진 문화 공연으로 11월 23일 수요일 오후 6시부터 2시간 동안 진행하였다. 10주에는 김춘해 교수를 강사로 핸드벨과 오르간을 소개하고 연주하는 시간을 가졌다.

2012년 채플

특성화 채플은 영어 채플, 리더십 채플, 기독교문화 채플, 수요예식정체성 채플을 진행하였으며, 2학기 담당 강사는 조금 변경되었다.

종류	1학기 담당	2학기 담당
영어 채플	박소영, Aaron Seney Julie Rushik, Karin Sodeholm	박소영, Aaron Seney Karin Sodeholm, 김희태, 이상혁
리더십 채플	허선호, 전찬례	허선호, 강지영, 전재홍
기독교문화 채플	손성아, 전재홍, 김재현	손성아, 최혜은, 임소라
수요예식정체성 채플	류수근	류수근, 전찬례

2013년 1학기 채플

특성화 채플은 음악 채플과 힐링 채플을 추가하여 진행하면서, 수요 채플은 폐지했다. 8주는 교목실에서 영상 채플로 진행하고, 9주는 연합 채플로 진행하였다.

종 류	담당
열린 채플	교목실

특성화 채플	영어 채플 4반	Aaron Seney, 전희원
	리더십 채플 2반	전재홍, 허선호, 강지영
	기독교문화 채플 3반	임소라, 허돈
	음악 채플	손성아
	힐링 채플	허선호

2013년 2학기 채플

2013년 2학기에는 영어 채플을 제외한, 나머지 특성화 채플은 모두 폐지하였다. 이렇게 된 이유는 첫째, 교목실의 인력 감축과 피로 누적 때문이었다. 그동안 특성화 채플 운영을 위해 많은 인력과 자원이 동원되었는데, 채플 출석과 관리에 따른 업무 부담이 늘어났으나, 인력은 오히려 축소되었다. 둘째, 교목실의 예산 감축에 따라 채플 강사비와 운영비를 줄일 수밖에 없었다. 셋째, 특성화 채플의 이수율과 만족도는 열린 채플보다 상대적으로 낮았기 때문에 특성화 채플을 유지할 명분도 없어지게 되었다. 그럼에도 영어 채플은 KAC 재학생들을 위해 실시하였으며, 교목실의 박소영 목사가 담당하면서 외국인 교원과 영어 담당 교수를 강사로 초빙하여 현재까지 진행하고 있다.

<table>
<tr><th>주</th><th>주제</th><th>강사</th></tr>
<tr><td>1</td><td>개강 오리엔테이션</td><td>교목실</td></tr>
<tr><td rowspan="2">2</td><td>일상을 소재로 한 찬양</td><td>이강훈(Radical Ministry)</td></tr>
<tr><td>성가를 통한 기독교 이해</td><td>박찬일 강사(음대)</td></tr>
<tr><td>3</td><td rowspan="2">교수·학생 공동체 형성 채플</td><td rowspan="2">교내 교수</td></tr>
<tr><td>4</td></tr>
<tr><td rowspan="2">5</td><td>희망과 도전</td><td>백금기 대표(실천경영연구소)</td></tr>
<tr><td>자아 발견과 힐링</td><td>전재홍 강사(교양대)</td></tr>
<tr><td rowspan="2">6</td><td>찬양밴드와 기독교 메시지</td><td>민호기(대신대학교 교수)</td></tr>
<tr><td>영화에 나타난 기독교</td><td>최상갑(계명대학교회 부목사)</td></tr>
</table>

7	재학생 참여 공연 채플	재즈 앙상블(뮤직프로덕션)
	찬양과 간증	동방현주(CCM)
	음악에 나타난 기독교	손성아(수성대학교 출강)
8	영화 상영(중간고사)	교목실
9	교수/학생 공동체 형성 채플	교수선교합창단
10	여행을 통한 성장	배장환(여행작가, 방송인)
	나는 남들과 무엇이 다른가	정철윤(LG 전자 마케팅 메니저)
11	대학 생활과 독서	이원종 대표(독서경영연구소)
12	찬양과 삶의 이야기	NCM(인디밴드)
	자아 발견과 치유	허선호(교양교육대학 출강)
13	교회음악과 기독교 - 핸드벨 공연	Sonitus Caelli Handbell Choir, 송재월
14	영원한 생명과 희망	강연과 오르간특순
	행복한 삶	최혜은 강사(교양교육대학)
15	종강 오리엔테이션	교목실
	보충 채플(성서캠퍼스, 대명캠퍼스)	허선호 강사(교양교육대학)

3주와 4주 2주간에 걸쳐 "교수·학생 공동체 형성 채플"을 진행하였는데, 담당 교수는 학생들과 친밀한 관계를 형성하면서 공동체 정신을 강화하였다. 또한 교수선교합창단의 특별 찬양이 있었다. 7주에는 뮤직프로덕션 재학생이 중심이 되어 재즈 앙상블 공연으로 진행하였다. 13주의 핸드벨 연주와 14주의 오르간 연주를 통해 교회음악을 소개하였다. 중간고사 기간에는 영화 상영으로 채플을 대체하였으며, 채플 수강 요건을 충족시키기 위해 보충 채플을 성서캠퍼스, 대명캠퍼스에서 각각 실시하였다.

2014년 1학기 채플

주	주제	강사
1	새내기 환영콘서트	민호기 목사(대신대 교수)
2	개강 오리엔테이션	교목실(박소영 교목)
3	대학 생활 꿈 디자인하기	장진주
	예술과 대학 생활 설계	최호순 교수(건축학)

4	계명의 설립 이념 고취	총장 외 보직자
	예술과 진로 설정	김기한 명예교수
5	계명의 설립 이념 고취	총장 외 보직자
	미술과 기독교	김재현 교수
6	오르간과 기독교	교목실
7	기독교 문화의 다양성	공연
8	중간고사	
9	봉사와 나눔의 삶	송주현 전도사(나눔 커뮤니티)
	자기 계발과 진로 설정	박상흠 변호사
10	뮤지컬 공연	김정화 교수(계명문화대)
	강연	전희원 목사
11	대학 생활과 도전	송수용 대표(한국인재인증센터)
	봉사와 나눔의 삶	송주현 전도사(나눔 커뮤니티)
12	대학 생활과 힐링	조수아(CCM 가수) 이강훈 전도사(래디컬밴드)
13	세계 속의 계명인	김정희 교수(패션마케팅학과)
	나는 남들과 무엇이 다른가	정철윤(LG 전자 마케팅 메니저)
14	종강 오리엔테이션	교목실(박소영 교목)
15	보충 채플	전재홍 강사(교양교육대학)

2014년은 계명대학교 창립 115주년을 맞아 채플을 통해 계명대학교의 설립 이념과 기독교 정신 고취에 역점을 두었다. 4주에는 총장 외 보직자들이 채플 강연을 맡아 계명의 기독교 정신과 개척 정신을 강조하였는데, 신일희 총장은 "타불라 라사 - 우리가 얼굴을 가질 때까지"를 소개하면서 4년 동안 하나밖에 없는 자신만의 고유한 가치를 성실하게 탐구하여 구현해 나갈 것을 당부하였다. 이후로 매년 봄 학기 개강 채플을 전후하여 계명의 역사를 소개하면서 개척 정신과 도전 정신을 고취시키고, 계명의 역사 속에서 구현되어 온 기독교 정신과 카리타스 정신을 소개해 오고 있다. 10주에는 계명문화대학교 뮤지컬팀을 초청하여 뮤지컬 공연으로 진행하였다.

2014년 2학기 채플

주	주제	강사
1	개강 채플 콘서트	이강훈 & 신지혜(CCM)
2	계명 대학교 설립 이념과 채플 오리엔테이션	박소영 교목
3	개인 가치 발견 및 브랜드 형성	문소윤 원장
4	독서를 통한 자기 성장 및 개발	이원종 대표(독서경영연구소)
5	싱어송라이터를 통한 교회 문화 이해	New Christian Music(송현기)
	성악을 통한 기독교 문화 이해	박찬일 교수
6	창의적인 사고와 발상의 전환	최윤규 대표
7	개인 가치 발견 및 브랜드 형성	조미경 대표
	나눔과 봉사를 통한 이웃 사랑 실천(대명캠퍼스)	김성원
8	영화를 통한 관계의 중요성 및 자신의 인생 이해	교목실
9	연합 채플 - 음악으로 발견하는 기독교 문화	전종목 (브라스 콰이어)
10	행복한 미래를 위한 진로 설계	신길자 취업컨설턴트
	창의적인 사고와 발상의 전환(대명캠퍼스)	최윤규 대표
11	교수와의 만남 채플 - 진로, 전공 등 관련	본교 교수
12	말씀을 통한 교회 및 기독교 이해	기독교 교양 강사, 목사 등
13	핸드벨을 통한 기독교 음악 이해	Sonitus Caelli handbell Choir
	핸드벨 공연(대명캠퍼스)	송재월 연주자
14	일상생활을 통한 기독교 문화 이해	이길승(CCM 사역자)
	악기 연주를 통한 기독교 문화 이해(대명캠퍼스)	박성국 강사(음대)
15	계명인 프로젝트	교목실(박소영 교목)
	보충 채플(대명캠퍼스) 6시, 6시 50분 2회 진행	교목실

11주에는 교수와의 만남 채플을 통해 본교 교수들이 진로 설계나 전공 탐색 등과 관련된 강연을 맡았으며, 교수들과의 만남을 통해 친밀한 관계가 형성되었다. 12주에는 기독교 교양을 담당하는 교수와 강사를 통해 기독교를 이해하는 시간을 가졌다. 이 외에도 독서를 통한 자기 성장 및 개발(4주), 창의적인 사고와 발상의 전환(6주), 개인 가치 발견 및 브랜드 형성(7주), 행복한 미래를 위한 진로 설계(10주) 등 대학 생활에 대한 안내와 더불어 창의적이고 도전적인 대학 생활을 설계하는 강연을 중심으로 채플을 진행하였

다. 또한 15주에는 보충 채플을 대명캠퍼스에서 2회 진행하였다.

2015년 1학기 채플

주	주제	강사
1	개강 채플 콘서트	조수아(CCM 가수)
2	채플 오리엔테이션	교목실(이종원, 곽호철, 박소영 교목)
3	계명 대학교 설립 정신, 교가 배우기	교목실(이종원, 곽호철, 박소영 교목)
4	오르간 채플(오르간 소개 및 연주)	김춘해 교수, 박수원, 노지혜 연주자
	창의적 사고와 디자인	임헌우 교수(시각디자인과)
5	대학 생활의 도전과 비전 설계	신길자(취업컨설턴트)
	미술과 기독교(대명캠퍼스)	임소라 간사
6	나눔과 봉사의 대학 생활	송주현 전도사(나눔 커뮤니티)
7	기독교 정신 이해	공인배 목사, 최혜은 강사 김재현 교수, 허선호 교수
10	비전 설계와 긍정적 사고	장진주(드림디자인 연구소)
13	국악 연주와 해설	이헌창(국악인)
14	종강 채플 콘서트	이강훈(CCM 가수)

개강 채플과 종강 채플은 CCM 공연으로 진행하였으며, 4주에는 오르간 채플을 통해 파이프오르간에 대해 상세하게 소개하면서 연주하는 시간을 가졌다. 아담스채플에서만 경험할 수 있는 오르간의 웅장한 연주와 더불어 전통적인 교회음악의 역사에 대해 강연하였다. 13주에는 이헌창 대금 연주자를 강사로 국악 해설과 더불어 연주를 통해 전통 악기를 깊이 이해하는 시간을 가졌다. 이때로부터 지금까지 매 학기 오르간 채플을 정기적으로 진행해 오고 있으며, 국악 연주와 해설도 매년 진행해 오고 있다. 창의적 사고와 디자인(4주, 대명동 채플), 대학 생활의 도전과 비전 설계(5주), 비전 설계와 긍정적 사고(10주) 등 창의적이고 도전적인 대학 생활을 설계하도록 힘썼다.

2015년 2학기 채플

주	주제	강사
1	개강 채플 콘서트	민호기 목사(대신대학교 교수)
2	창의적인 사고와 발상의 전환	최윤규 소장(카툰경영연구소)
3	개인 가치 발견 및 브랜드 형성	조미경 대표(CMK 이미지 코리아) 문소윤 원장(석세스 이미지 컨설팅)
4	기독교 가치관을 통한 창업과 복지	임정택 대표(향기 내는 사람들)
6	기독교 가치관을 통한 이웃 사랑과 봉사	오동찬 부장(국립소록도병원)
5	바이올린 연주와 간증	해나리(전자바이올리니스트)
6	의사소통과 내면 치유	오상익 대표(오간지)
6	교회 건축과 디자인	김영철 교수
7	싱어송라이터를 통한 교회 문화 이해	송현기 대표
10	의사소통과 리더십 향상	이기화 대표(펀리더십코칭아카데미)
11	일상생활을 통한 기독교 문화 이해	이길승(CCM 사역자)
14	종강 채플 콘서트	함부영 대표(마커스)

2015년 2학기는 공연 위주의 채플(1주, 5주, 11주, 14주)이 많이 진행되었다. 6주에는 국립소록도병원에서 20년 이상을 봉사하고 있는 오동찬 의료 부장을 강사로 모시고 기독교 가치관에 기초한 이웃 사랑과 봉사에 대해 강연하였는데, 소록도에서 20년 이상 한센인과 함께 한 삶을 나누면서 큰 도전의 시간이 되었다. 또한 3주는 자신의 이미지를 점검하면서 가치를 발견하고 자신만의 브랜드를 형성하도록 하였으며, 10주에는 의사소통을 통하여 리더십을 기르도록 하였다.

2016년 1학기 채플

주	주제	강사
1	신일희 총장 교육 희년 영상 계명의 개척 정신과 도전 정신	교목실(이종원, 곽호철, 박소영 교목)
2	채플 오리엔테이션	교목실(이종원, 곽호철, 박소영 교목)
3	나눔과 봉사의 대학 생활	송주현 전도사(나눔 커뮤니티)
4	계명 대학교 설립 정신, 교가 배우기	교목실

5	비전 설계와 긍정적 사고	장진주(드림디자인 연구소)
6	오르간 채플(오르간 소개 및 연주)	김춘해 교수, 박수원, 노지혜 연주자
7	리더십과 힐링	송주용(대한인재인증센터)
8	음악을 통한 교회 문화 이해	지묘정(PATH 12)
9	뮤지컬 공연	계명문화대 뮤지컬팀
10	대학 생활의 도전과 비전 설계	신길자(취업컨설턴트)
11	기독교 정신과 이웃 사랑	이호택 대표(피난처)
12	음악을 통한 인성 함양 및 교회 문화 이해	교양합창 클래스 공연 우성규 교수, 윤동찬 교수, 김수현 교수
13	국악 연주와 해설	이헌창(국악인)

2016년은 신일희 총장이 뉴욕 퀸즈 대학에서 교수가 된 지 50년을 맞이하는 뜻깊은 해였기에, 신 총장의 교육 희년 행사를 위한 특별 영상이 제작되었다. 개강 채플에서 신 총장의 일대기와 제자 사랑 영상을 소개하면서 계명의 개척 정신과 도전 정신을 강조하였다. 12주에는 음악을 통한 인성 함양 및 교회 문화 이해라는 주제로 교양합창 클래스 공연이 진행되었다. 합창 지도에는 우성규 교수, 윤동찬 교수, 김수현 교수가 수고하였으며, 교양합창은 인기 있는 교양과목으로 학생들의 많은 관심과 호응을 받았다.

2016년 2학기 채플

주	주제	강사
1	계명의 역사와 도전적 개척 정신	교목실(이종원, 곽호철, 박소영 교목)
2	건강한 인간관계를 통한 공동체 의식 함양	이상미(대구 여성장애인통합상담소)
3	기독교의 가치와 행복한 삶의 설계	이상학 목사(포항제일교회), 이인경 교수, 김재현 교수, 김경미 교수, 최봉도 교수
4	기독교적 내면 성찰과 자아 수련	강은도 목사(광교푸른교회)
5	사회적 약자와 더불어 살아가기	이원철(달구벌 장애인 종합복지관)
6	오르간 채플(오르간 소개 및 연주)	김춘해 교수, 박수원, 노지혜 오르가니스트
7	기독교 음악을 통한 소통과 힐링의 경험	조수아(CCM 가수)

8	기독교적 가치관에 바탕을 둔 대학 생활 설계	이상식 교수, 정현숙 교수, 이병로 교수, 이경규 교수, 김정회 교수
9	기독교 봉사 정신과 이웃 사랑 실천	임윤택 목사(둥지 청소년 회복센터)
9	일상생활을 통한 기독교 문화 이해	이길승(CCM 사역자)
10	창의적인 사고와 발상의 전환	최윤규 소장(카툰경영연구소)
11	핸드벨 연주를 통한 문화적 감성 함양	송재월 연주자
12	교회 성가를 통한 기독교 문화 이해 음대 합창 클래스와 교양합창 클래스 공연	김 돈 교수, 우성규 교수, 박영호 교수 김수현 교수
13	현대 기독교 음악을 통한 기독교 문화 체험	함부영 대표(마커스)
14	종강 오리엔테이션	교목실(이종원, 곽호철, 박소영 교목)

3주와 8주에는 교내 교수들이 채플 강사로 수고하였으며, 2학기에도 12주에 교양합창 클래스 공연과 더불어 성악과와 음대 합창 공연이 진행되었다. 9주에는 둥지 청소년 회복센터에서 비행 청소년을 품고 한결같은 사랑을 실천해 온 임윤택 목사를 강사로 모시고, 기독교의 봉사 정신과 이웃 사랑의 생생한 현장을 나누었다. 이후 매년 임윤택 목사를 채플 강사로 모시고 있다.

2017년 1학기 채플

주	주제	강사
1	계명 대학교 설립 정신, 교가 배우기	교목실(이종원, 곽호철, 박소영 교목)
2	채플 오리엔테이션	
3	건강한 인간관계를 통한 공동체 의식 함양	이상미(대구 여성장애인통합상담소)
4	기독교 음악을 통한 소통과 힐링의 경험	조수아(CCM 가수)
5	대학 생활의 도전과 비전 설계	신길자 취업컨설턴트
6	글로벌 시티즌으로서의 소양 함양	이원철 지부장(섬들장애인보호작업장)
7	비전 설계와 긍정적 사고	장진주(드림디자인 연구소)
8	오르간 채플(오르간 소개 및 연주)	김춘해 교수, 이웅희, 유진아 오르가니스
9	기독교 정신과 이웃사랑	고경수 목사(대구이주민선교센터)

10	기독교 문화 및 음악 이해	교양합창 클래스 공연 우성규 교수, 윤동찬 교수, 김수현 교수
11	국악 연주와 해설	임동원(향국악단)
11	나눔과 봉사의 이웃사랑 실천	송주현 전도사(나눔 커뮤니티)
12	성가 합창을 통한 기독교 문화 이해	음악공연예술대학 성악과합창단 교수선교합창단

3주와 6주에는 장애인 강사를 초빙하여 사회적 약자와 더불어 살아가는 삶에 대해 나누었으며, 9주에는 대구이주민선교센터를 운영하는 고경수 목사를 초청하여 외국인 근로자들을 품고 그들을 위해 봉사하는 삶을 나누었는데, 이후 매년 강사로 모시고 있다. 10주에는 교양합창 클래스 공연이 진행되었고, 12주에는 성악과합창단과 교수선교합창단의 찬양이 진행되었다.

2017년 2학기 채플

주	주제	강사
1	개강 오리엔테이션, 동아리 공연 및 소개	교목실 (이종원, 곽호철, 박소영 교목)
2	계명의 역사와 도전적 개척 정신	
3	공연 채플 - 지구촌 시민으로서 책임 의식 고양	엘루체(월드비전 후원)
	공연을 통한 기독교 문화 이해(대명캠퍼스)	이강훈(래디칼워십밴드)
4	도전 정신과 대학 생활 설계	김훈호(열정여행가)
5	공연 - CCM을 통한 청년 기독교 문화 이해	라엘(라옴뮤직)
6	사회적 약자와 더불어 살아가기	임윤택 목사(사단법인 보물상자)
7	인디밴드음악을 통한 기독교 정신 및 문화 이해	이길승(이길승밴드)
8	기독교 봉사 정신과 이웃사랑 실천	오동찬 부장(국립소록도병원)
	여행을 통한 기독교적 감성 제고(대명캠퍼스)	이은숙 교수(타불라라사)
9	소외 등 현대사회 이해와 문제해결 능력 도모	우종진 목사(JUSTJOY)
10	핸드벨 연주를 통한 문화적 감성 함양	송재월(대전핸드벨콰이어)
	기독교 가치관과 대학 생활(대명캠퍼스)	정용한 교목(연세대)

11	교회 성가를 통한 기독교 문화 이해	박영호 교수(레이디스 싱어즈)
	자아 발견과 세계기독교 문화	김향숙 교수, 이경규 교수
	물 부족으로 인한 세계환경문제에 대한 이해	김은지(월드비전)
12	현대 기독교 청년 문화의 이해 교수선교합창단 찬양(5시. 6시)	황천호(예수쟁이)
	대학 생활과 자아 발견(대명캠퍼스)	손진태 목사(대학교회)
13	현대 기독교 음악을 통한 기독교 문화 체험	함부영(마커스)
	기독교 봉사 정신과 이웃 사랑 실천	오동찬 부장(국립소록도병원)
14	종강 오리엔테이션	교목실

2017년도 2학기부터 오르간 채플을 추가로 개설하였다. 오르간 채플은 직장생활로 6시까지 올 수 없는 직장인들을 배려해서 6시 50분에 시작하였다. 김춘해 교수가 오르간 음악을 소개하면서 직접 편곡하거나 작곡한 오르간 음악을 들려주면서 수강생들에게 쉼과 힐링의 시간을 제공하였다. 2017년도 2학기에 시작된 오르간 채플은 2023년 1학기까지 운영되다가 김춘해 교수가 정년 퇴임하면서 폐지되었다.

개강채플에서 교내 동아리 공연 및 소개 시간을 가졌다. 12주에는 교수선교합창단의 찬양(5시. 6시 2회)이 있었다. 또한 신천지를 비롯한 이단·사이비 단체로 인한 피해가 많아 이를 방지하기 위한 캠페인을 채플 시간을 이용하여 실시하였다.

2018년 1학기 채플

주	주제	강사
1	계명대학교의 설립 정신, 교가 배우기	교목실(이종원, 곽호철, 박소영 교목)
2	채플 오리엔테이션	
3	건강한 인간관계를 통한 공동체 의식 함양	이상미(대구 여성장애인통합상담소)
4	기독교 음악을 통한 소통과 힐링의 경험	조수아(CCM 가수), 이강훈(래디칼워십밴드)
5	국악을 통한 기독교 문화 체험	임동원

6	장애인 인식 교육	이원철 지부장(달구벌 장애인 종합복지관)
7	대학 생활의 비전 설계와 도전 정신 함양	이영희 대표(토닥토닥)
8	클래식 교회음악을 통한 기독교 이해	양의진(트리오 K)
9	오르간 채플(오르간 소개 및 연주)	김춘해 교수 외 오르가니스트
10	열정과 도전 정신의 대학 생활 설계	김훈호(열정여행가)
11	동시대 청년 음악을 통한 교회 문화 이해	지묘정 목사(PATH 12)
12	지역사회에 구현된 기독교적 사랑	고경수 목사(대구이주민선교센터)
13	교양합창 클래스 공연	우성규 교수, 윤동찬 교수, 김수현 교수 교수선교합창단
14	성가 합창을 통한 기독교 문화 이해	음악공연예술대학 성악과합창단
15	종강채플	교목실

8주에는 현악 중주단을 초청하여 클래식 음악 연주를 통해 교회음악을 소개하였으며, 4주(조수아, 이강훈)와 11주(지묘정)에는 CCM 음악과 삶의 이야기를 나누었다. 또한 13주에는 교양합창 클래스 공연과 교수선교합창단의 찬양이 있었으며, 14주에는 성악과 합창단의 성가 합창 공연이 진행되었다.

2018년 2학기에는 명교생활관에서 거주하는 학생들을 위한 기독인 채플을 추가로 개설하여 운영하였다. 매주 수요일 저녁 6시 50분 명교생활관 관리동 강의실에서 100여 명의 학생을 대상으로 채플이 진행되었다. 대상자는 명교생활관에 거주하는 학생이며, 형식은 기독교적 콘텐츠를 강화한 찬양과 말씀 중심의 채플이었다. 먼저 채플 장학생으로 구성된 찬양팀의 인도로 찬양을 약 15분 정도 하였고, 이어서 담당 교목이 대학 생활과 신앙에 대한 다양한 주제의 강연을 진행하였다.

2018년 2학기 채플

주	주제	강사
1	계명의 기독교 정신과 공동체 의식	교목실(이종원, 곽호철, 박소영 교목)

2	계명의 기독교 정신과 대학 생활 기독교 동아리 간사 초청 강연	김승진(LWM), 정은총(JDM), 임소라(J-Heart), 권두택 간사(OCB)
3	음악적 감수성과 공동체 의식 (음악 공연)	이길승(이길승밴드)
4	새로운 청년 문화와 공동체 의식(목요일)	황천호 목사(예수쟁이)
5	연주를 통한 나눔과 섬김의 삶	박재홍 피아니스트(한예종)
	섬김과 나눔의 실천(대명동 채플)	이영희 대표(토닥토닥)
6	예배 음악을 통한 배려와 존중의 삶	김훈희(보컬 트레이너, CCM)
	창의적 사고와 대학 생활(대명동 채플)	이종원 목사(교목실)
7	기독교 영성과 대학 생활	이관형 목사(내일교회)
8	CCM과 나눔의 삶	손우석 목사(CCM)
9	사회적 약자를 섬기는 삶	임윤택 목사(사단법인 보물상자)
10	자아 성찰과 비전 설계	장진주 소장(드림디자인 연구소)
11	대학 생활의 도전과 창의적 비전 설계	신길자 대표(언니의 취업가게)
12	기독교적인 자아 성찰과 삶의 의미 추구	강은도 목사(광교푸른교회)
13	핸드벨 연주와 기독교적 문화 감수성	송재월 연주자
13	교회 합창과 기독교 문화의 포용성 이해 성악과 및 교양합창 클래스의 공연	박영호 교수, 김돈 교수, 우성규 교수, 윤동찬 교수, 교수선교합창단
14	기독교 문화의 다양성과 CCM	함부영(마커스)
15	종강 오리엔테이션	교목실(이종원, 곽호철, 박소영 교목)

2주에는 교내에서 활동하는 기독동아리 간사들을 강사로 초청해서 기독동아리를 소개하는 시간을 가졌다. 동아리 간사들은 학생들의 눈높이에 맞추어 대학 생활에 대한 안내와 더불어 기독교적 세계관과 인생관을 소개하였다. 5주에는 한국예술종합학교에 재학 중인 박재홍 피아니스트를 초청해서 연주회 시간을 가졌다. 박재홍의 연주는 같은 연령대의 학생들에게 깊은 감동을 선사하며 도전을 주었다. 3주, 6주, 8주, 14주는 CCM 공연으로 진행하였다.

2019년 1학기 채플

특성화 채플로 오르간 채플(김춘해 교수)과 영어 채플(박소영 목사)을 진행하였다.

주	주제	강사
1	계명대학교의 설립 정신, 교가 배우기	교목실(허도화 교목실장, 이종원, 곽호철, 박소영 교목)
2	계명의 개척 정신과 봉사 정신	교목실(이종원, 곽호철, 박소영 교목)
3	기독교 음악을 통한 소통과 힐링의 경험	조수아(CCM 가수)
4	열정과 도전 정신의 대학 생활 설계	김훈호(열정여행가)
5	국악을 통한 기독교 문화 체험	임동원
6	대학 생활의 비전 설계와 도전 정신 함양	이영희 대표(토닥토닥)
7	클래식 교회음악을 통한 기독교 이해	양의진(트리오 K)
8	지역사회에 구현된 기독교적 사랑	고경수 목사(대구이주민선교센터)
9	오르간 채플(오르간 소개 및 연주)	김춘해 교수, 이웅희, 노지혜 오르가니스트
10	창의적 자기 계발과 대학 생활 설계	장진주 소장(드림디자인 연구소)
11	동시대 청년 음악을 통한 교회 문화 이해	김훈희(보컬 트레이너, CCM)
12	성가 합창을 통한 기독교 문화 이해	음악공연예술대학 성악과합창단
13	성가 합창 공연	김돈 교수, 박영호 교수 교양합창(김춘해 교수), 교수선교합창단
14	CCM 음악과 교회 청년 문화 이해	이강훈(래디칼워십밴드)
15	계명인과 섬김의 정신(종강 채플)	이종원 교목, 박소영 교목

4주에는 자전거로 알래스카에서부터 남미 최남단까지 종단한 김훈호 강사의 열정과 여행 경험을 통해 창의적 개척 정신과 도전 정신을 일깨웠다. 13주에는 김돈 교수의 음대 합창단과 박영호 교수의 성악과 합창단의 합창, 김춘해 교수의 교양합창 공연과 더불어 교수선교합창단의 합창(화요일 오후 5시, 6시)으로 진행했다.

2019년 2학기 채플

주	주제	강사
1	계명의 기독교 정신과 공동체 의식	교목실(이종원, 박소영 교목)
2	배려와 존중으로 대학 생활 가꾸기(양성평등)	장명주 강사(양성평등교육)
3	기독교 음악을 통한 소통과 힐링 (음악 공연)	이길승(이길승 밴드)

4	사랑과 헌신의 정신으로 살아가기	황교진 작가
5	오르간 채플(오르간 연주)	이웅희, 유진아 오르가니스트
6	대학 생활의 비전 설계와 도전 정신 함양	오상익 대표(오간지)
7	사회적 약자를 섬기는 삶	임윤택 목사(사단법인 보물상자)
8	기독교적인 자아 성찰과 삶의 의미 추구	강은도 목사(광교푸른교회)
9	대학 생활의 도전과 창의적 비전 설계	신길자 대표(언니의 취업가게)
10	창의적 자기 계발과 가치 있는 삶	이의용 교수(국민대)
11	장애인과 더불어 살아가기(장애인 인식 교육)	이상미(대구 여성장애인통합상담소)
12	성가 합창을 통한 기독교 문화 이해 성악과 및 교양합창 클래스의 공연	박영호 교수, 김돈 교수 교수선교합창단
	찬양 연주와 간증	심삼종(색소포니스트)
13	CCM을 통한 기독교 문화 이해	함부영(마커스)
14	핸드벨 연주와 기독교적 문화 감수성	송재월 연주자
15	계명인과 섬김의 정신	교목실(이종원, 박소영 교목)

3주, 13주에는 CCM을 통한 기독교 문화를 소개하였으며, 12주와 14주에는 색소폰과 핸드벨 연주로 진행하였다. 12주에는 성가 합창과 교양합창 클래스의 공연으로 진행하였다. 4주에는 황교진 작가를 초청하여 사랑과 헌신적인 삶을 나누었으며, 7주에는 사법형 그룹홈을 운영하면서 사랑을 실천하는 임윤택 목사를 초청하여 강연으로 진행하였다. 임윤택 목사는 매년 채플 강사로 수고하고 있다.

2020년 1학기 채플

2020년 1학기는 코로나19 바이러스 팬데믹으로 인해 채플을 전면 비대면으로 운영하였으며 교수학습개발센터의 시스템을 이용하여 온라인 동영상을 수강하도록 하였으며, 강연은 임경수 교목실장을 비롯한 본교 교목이 온라인을 녹화하여 동영상으로 진행하였다.

주	주제	담당
1	채플 오리엔테이션, 계명의 개척 정신	이종원 교목
2	계명 121년의 역사와 기독교 정신	이종원 교목
3	행복한 대학 생활 설계 및 이단 사이비 예방	박소영 교목
4	4차 산업혁명 시대와 창의적 인재	이종원 교목
5	대학 생활의 비전 설계와 창의적인 자기 계발	박소영 교목
6	일, 사랑 그리고 우정	임경수 교목실장
7	파이프오르간 소개 및 연주	김춘해 교수
8	청년 세대와 기독교 문화 이해	이종원 교목
9	기독교의 사랑과 환대의 정신	이종원 교목
10	공감을 통한 기독교적 인성 함양	이종원 교목
11	지역사회에 구현된 기독교적 섬김의 정신	이종원 교목
12	소외된 이들을 향한 사랑과 봉사(오동찬 영상)	이종원 교목
13	기독교적 인성 함양과 봉사의 실천	이종원 교목
14	계명인과 섬김의 정신(종강 채플)	이종원 교목

2020년 2학기 채플

2020년 2학기에도 코로나19 팬데믹으로 인해 채플을 전면 비대면으로 운영하였으며, 교목실과 교내 교수와 외부 강사로 채플을 진행하였다.

주	주제	담당
1	계명의 기독교 정신과 공동체 의식	이종원 교목
2	코로나 19 위기와 우리 대학교의 사회적 책무 이행	박소영 교목
3	인공 지능 시대와 기독교	이경규 교수
4	사랑과 헌신의 정신으로 살아가기	황교진 작가
5	인권·성평등 교육	양성평등 강사
6	대학 생활의 비전 설계와 도전 정신 함양	장진주 소장
7	사회적 약자를 섬기는 삶	김춘이 교수
8	참된 이웃 사랑 실천과 기독교 인성 함양	이인경 교수
9	대학 생활의 도전과 창의적 대학 생활 설계	신길자 대표
10	창의적 자기 계발과 가치 있는 삶	이의용 교수
11	장애인과 함께 더불어 살아가기	장애인 인식 교육

12	미래를 향한 개척 정신과 대학 생활 설계	송창근 부대표
13	색소폰 연주와 일상의 종교 체험	심삼종 교수
14	계명인과 섬김의 정신(종강 채플)	이종원 교목

2021년 1학기 채플

코로나19 팬데믹으로 인해 채플을 전면 비대면으로 운영하였으며, 교목실과 교내 교수와 외부 강사로 채플을 진행하였다. 채플 강연은 기독교적 환경관과 생태계 보호에 초점을 맞추어 진행했다. 지나친 인간의 탐욕으로 인하여 자연에 대한 무분별한 착취와 개입의 결과 코로나19 바이러스 팬데믹이 발생하게 된 원인을 살펴보고, 생태계의 보존과 회복을 위해 주어진 책임과 사명에 대해 상소하었나.

주	구분	주제	강사
1	열린	채플 안내 및 계명의 역사와 기독교 정신	이종원 교목
	영어	Chapel Orientation	박소영 교목
2	열린	기독교 정신과 대학 생활의 비선 설계	곽호칠 교목(연세대)
	영어	KMU Spirit and History	박소영 교목
3	열린	개인 및 사회를 위한 종교의 역할	이경규 교수
	영어	Place of Religion for Individuals and Society	박소영 교목
4	열린	자기 이해와 정체성 형성	허선호 교수
	영어	Self-Understanding and Identity Formation	박소영 교목
5	열린	섬김의 정신과 리더십	최혜은 강사
	영어	Christian Spirit and Vision Building	박소영 교목
6	열린	기독교적 환경관과 생태계 보호	장윤재 교목(이화여대)
	영어	Christian Ecology and Preservation of Nature	박소영 교목
7	열린	아담스채플 오르간 소개	김춘해 교수
8	열린	내면 성찰과 감사의 생활	김춘이 교수
	영어	Jesus Christ and People with Disabilities	Simpao Kristine Joy Sant
9	열린	생명 존숭과 자연 사랑	신싱헌 교수(국제통상)
	영어	Respect of life and Nature	박소영 교목

10	열린	인권 및 성평등 교육	인권센터
	영어	Christian Perspectives on Human Rights	박소영 교목
11	열린	기독교 정신과 윤리적 대학 생활	이인경 교수
	영어	Christian Spirit and Ethical College Life	박소영 교목
12	열린	소외된 이들을 향한 사랑과 봉사의 실천	김재현 교수
	영어	Loving and Serving the Marginalized	박소영 교목
13	열린	기독교적 인성 함양과 사랑의 실천	김성숙 교수(소비자정보)
	영어	The Embodiment of Christian Character	박소영 교목
14	열린	종강 채플 정직하고 진실된 삶	이종원 교목
	영어	Closing Chapel	박소영 교목

2021년 2학기 채플

코로나19 팬데믹으로 인해 채플을 전면 비대면으로 운영하였지만, 기존의 영어 채플 외에, 특성화 채플로 문화콘텐츠 채플과 글로벌리더십 채플을 추가하여 운영하였으며, 강사는 교내 교목과 외부 강사로 구성하여 진행하였다.

주	구분	주제	강사
1	열린, 문화, 리더십	개강 채플	이종원 교목
	영어	Opening Chapel	박소영 교목
2	열린	해설이 있는 오페라: 나부코를 중심으로	강현수 교수
3	열린, 문화콘텐츠	건강한 문화콘텐츠 찾기	우종진 목사
	영어	Christian Values for Community	이상혁 교수
	글로벌리더십	글로벌 리더의 자질과 특성	이종원 교목
4	열린 채플	장애인식개선교육	장애학생지원센터
	영어	Jesus and People with Disabilities	박소영 교목
5	열린, 문화콘텐츠	사진 매체를 통한 영성적 의미 추구	김태영 교수
	영어	Christian Values and Character Building	김희태 교수
	글로벌리더십	리더십과 팔로워십	이종원 교목

6	열린, 문화콘텐츠	음악을 통한 기독교 문화 이해	전효숙 지휘자
	영어	College Life in Global Age	Angelita Cruz
	글로벌리더십	공동체의 갈등 해결을 위한 리더의 역할	김춘이 교수
7	열린, 문화콘텐츠	미술을 통한 기독교 문화 이해	임소라 간사
	영어	Experiencing Ultimate Reality	박소영 교목
	글로벌리더십	글로벌 시대와 다문화적 감수성	이승백 강사
8	열린, 문화	국악을 통한 기독교 문화 이해	임동원 강사
	영어	Relationship Building and College Life	박소영 교목
	글로벌리더십	공동체의 갈등 해결을 위한 리더의 역할	김춘이 교수
9	열린, 문화콘텐츠	문화콘텐츠와 인문학적 감수성	이경규 교수
	영어	The Christian Spirit of Hospitality	박소영 교목
	글로벌리더십	글로벌 리더의 자질과 특성	이종원 교목
10	열린	계명의 도전 정신과 창의적 자기 개발	김대진 목사
	문화콘텐츠	문화콘텐츠와 창의적 사고	이종원 교목
	영어	Solitude and Loneliness	박소영 교목
	글로벌리더십	예수와 레오에게서 배우는 서번트 리더십	이종원 교목
11	공통	인권 및 양성평등 교육	인권센터
12	열린	글로벌 시대에 요구되는 리더십	김경미 교수
	문화콘텐츠	영화 속에서 종교적 의미 찾기	이종원 교목
	영어	Who is my neighbor?	Simpao Kristine Joy Sant
	글로벌리더십	글로벌 시대에 요구되는 리더십	김경미 교수
13	열린, 문화, 리더십	CCM을 통한 기독교 문화 이해	민호기 교수
	영어	Practicing KMU's Social Responsibilities	박소영 교목
14	열린, 문화, 리더십	종강 채플	이종원 교목
	영어	Closing Chapel: The Embodiment of Keimyung Spirit	박소영 교목

2022년 1학기 채플

코로나19 팬데믹이 지속되어 채플을 전면 비대면으로 운영하였으며, 특성화 채플로 영어 채플과 문화콘텐츠 채플과 글로벌리더십 채플을 운영하였다.

주	주제	강사
1	개강 오리엔테이션 및 교가 배우기	이종원 교목
2	기독교 정신과 대학 생활의 비전 설계	이종원 교목
3	개인 및 사회를 위한 종교의 역할	박소영 교목
4	CCM과 교회 음악 이해	조수아(비컴퍼니)
5	섬김의 정신과 리더십	이종원 교목
6	기독교적 환경관과 생태계 보호	유미호(기독교환경교육센터장)
7	생명 존중과 자연 사랑	신상헌 교수(국제통상)
8	동산의료원 역사와 원목실 활동	전세광 원목(동산의료원)
9	내면 성찰과 감사의 생활	김춘이 교수
10	사진 매체를 통한 영성적 의미 추구	김태영 교수
11	인권 및 양성평등 교육	이인경 교수
12	소비에 관한 기독교적 관점	김성숙 교수
13	아담스 채플 오르간 소개와 연주	김춘해 교수
14	소외된 이들을 향한 사랑과 봉사의 실천	임윤택 목사(사단법인 보물상자)
15	계명인과 섬김의 정신(종강 채플)	이종원 교목

2022년 2학기 채플

코로나19 팬데믹이 다소 완화되었지만, 밀집하여 모이는 채플의 구조적 특성상 완전 대면으로 전환하기에는 어려워 A그룹과 B그룹으로 나누어 처음 6주 동안은 A그룹이 대면(B그룹은 비대면)으로 진행하고, 중간고사 기간 2주 동안 쉬고, 다음 6주 동안은 B그룹이 대면(A그룹은 비대면)으로 진행했다. 특성화 채플로 영어 채플과 문화콘텐츠 채플을 운영했다.

주	주제	강사
1	슬기로운 대학 생활(개강 채플)	이종원 교목실장직무대리
2	CCM을 통한 기독교 문화 이해	민호기(대신대 교수)
3	공부와 취업 사이 나의 행복 찾기	유은호 강사
4	개척 정신과 대학 생활 비전 설계	신길자

5	기독교적인 자아 성찰과 삶의 의미 추구	이의용 교수
6	색소폰 연주를 통한 기독교 문화 이해	심삼종 교수
7	창의적 자기 개발과 대학 생활 설계	장진주
8	국악을 통한 기독교 문화 이해	임동원
9	다양한 삶과의 만남 추구 및 대학생활	박소영 교목
10	이웃사랑 실천과 혐오 예방	이인경 교수
11	장애인식개선교육	이상미 (대구여성장애인통합상담소)
12	진리와 정의와 사랑의 나라를 위하여(종강 채플)	교목실(이종원, 박소영)

2023년 1학기 채플

A그룹과 B그룹으로 나누어 6주 동안씩 대면 채플과 비대면 채플을 교대로 진행했으며, 특성화 채플로 영어 채플과 글로벌리더십 채플을 운영했다.

주	주제	강사
1	개간 오리엔테이션 및 교가 배우기	교목실(이종원, 박소영)
2	CCM을 통한 기독교 문화 이해	조수아(비컴퍼니)
3	대학 생활 비전 설계와 도전 정신	이영희 대표(사회적 기업 토닥토닥)
4	기독교적 환경관과 생태계 보호	유미호 (기독교환경교육센터 살림)
5	지역사회에 구현된 기독교적 사랑	고경수 목사(대구이주민선교센터)
6	음악과 교회 청년 문화 이해	노주영 목사(시티워십퍼)
7	CCM을 통한 교회 문화 이해	임훈희(보컬 트레이너)
8	기독교와 행복한 소비	홍연금(가톨릭대 강사)
9	기독교 정신과 대학 생활의 비전 설계	이종원 교목실장직무대리
10	개인 및 사회를 위한 종교의 역할	박소영 교목
11	이웃사랑 실천과 성평등	이상미(대구여성장애인통합상담소)
12	계명인과 섬김의 정신(종강 채플)	교목실(이종원, 박소영)

2023년 2학기 채플

A그룹과 B그룹으로 나누어 6주 동안씩 대면 채플과 비대면 채플을 교

대로 진행했으며, 특성화 채플로 영어 채플과 문화콘텐츠 채플을 운영했다.

주	주제	강사
1	슬기로운 대학 생활(개강 채플)	이종원 교목실장직무대리
2	CCM을 통한 기독교 문화 이해	동방현주(CCM 가수)
3	소외된 이들을 향한 사랑과 봉사의 실천	임윤택 목사(둥지청소년회복센터)
4	음악을 통한 동시대 영성 이해	이길승 싱어송라이터
5	창의적 자기 개발과 대학 생활 설계	이종원 교목실장직무대리
6	교수선교합창단(화 6시, 6시50분 채플)	최신현
7	오르간 연주를 통한 기독교 문화 이해	김춘해 교수
8	국악을 통한 기독교 문화 이해	임동원(LB모던국악밴드)
9	다양한 삶과의 만남 추구 및 대학생활	박소영 교목
10	생명 존중과 자연 사랑	신상헌 교수(국제통상)
11	장애인식개선교육	이정미 (대구여성장애인통합상담소)
12	진리와 정의와 사랑의 나라를 위하여(종강 채플)	교목실(이종원, 박소영)

2024년 1학기 채플

채플을 완전히 대면으로 전환하였으며, 중간고사 기간 2주 동안 쉬고 12주로 채플을 운영하였다.

주	주제	강사
1	채플 오리엔테이션 계명의 역사 기독교 정신, 교가 배우기	교목실(이종원, 박소영)
2	찬양을 통한 기독교 문화 이해	조수아(비컴퍼니)
3	대학 생활 비전 설계와 도전 정신	오상익 대표(오간지프로덕션)
4	기독교적 환경관과 생태계 보호	유미호(기독교환경교육센터 살림)
5	지역사회에 구현된 기독교적 사랑	고경수 목사(대구이주민선교센터)
6	인권 및 성평등 교육(디지털 성폭력)	송경인 대표(대구여성의전화)
7	오르간 연주를 통한 기독교 문화 이해	이상경 대표(대구공간울림)
8	CCM을 통한 교회 문화 이해	임훈희(가수 및 음반제작자)
9	자기 이해와 정신 건강 관리	신예니(제천정신건강의학과)
10	기독교와 행복한 소비	김성숙 교수(경제금융학)

11	대학생활의 비전 설계와 도전 정신	송창근 대표(이도산업)
12	계명인과 섬김의 정신(종강 채플)	교목실(이종원, 박소영)

2024년 2학기 채플

주	주제	강사
1	슬기로운 대학 생활(개강 채플)	교목실(이종원, 박소영)
2	CCM을 통한 기독교 문화 이해	동방현주(CCM 가수)
3	둥지 쉼터 아빠의 기독교 사랑 실천기	임윤택 목사(둥지청소년회복센터)
4	음악을 통한 동시대 영성 이해	이길승 싱어송라이터
5	데이트 폭력 및 스토킹 예방 교육	이정미 (대구여성장애인통합상담소)
6	CCM을 통한 교회 문화 이해	노주영(시티워십퍼)
7	장애인식개신교육	이정미 (대구여성장애인통합상담소)
8	국악을 통한 기독교 문화 이해	임동원(LB모던국악밴드)
9	음악을 통한 사랑과 힐링 메시지	나들(엔터교회)
10	생명 존중과 자연 사랑	장정희(환경교육사)
11	진리와 정의와 사랑의 나라를 위하여(종강 채플)	교목실(이종원, 박소영)

채플을 12주차로 운영하였으며, 2주, 4주, 6주, 9주는 CCM 공연으로, 8주는 국악 공연으로 진행하였다.

교목실은 채플을 운영하면서 수강생들의 다양한 요구나 필요에 적극 대응하려 힘썼다. 대표적인 예로 특성화 채플을 들 수 있는데, 2005년 1학기 세 개로 시작한 특성화 채플은 다양한 형태와 콘텐츠로 확대되면서 세분화되었다. 영어와 중국어 등 외국어로 진행하는 채플 외에 음악이나 문화콘텐츠에 기반한 채플뿐 아니라 리더십 채플, 봉사 채플, 대화 채플 등 다양한 현실적 필요에 따라 개설하였다. 2008년 2학기에는 11개의 특성화 채플을 운영하였는데, 각 특성에 맞는 강사의 발굴과 관리, 출결 처리를 위한 행정적 지원 등 많은 인력과 자원이 뒷받침되었다.

학기	영어	신앙	찬양		리더십	영상	봉사	중국어	대화	핸드벨	생명
			CCM	클래식							
2005-1	0	0	0								
2005-2	0	0	0		0	0					
2006-1	0	0	0		0	0	0				
2007	0	0	0		0	0	0				
2008-1	0	0	0	0	0	0	0	0	0	0	
2008-2	0	0	0	0	0	0	0	0	0	0	0

2009년 1학기에는 특성화 채플을 선별하여 종류는 줄이는 대신 수요에 따라 반을 늘렸다. 2009년 2학기에는 정체성 채플, 관계 채플, 사명 채플, 예식 채플 등을 개설하면서 기독교적 정체성과 소명을 부각시켰다. 2010년 2학기에는 선택과 집중이 두드러졌다. 수요예식 채플, 화요아침경건 채플 등을 통해 예배의 회복과 중보기도하는 기독인의 정체성과 사명을 일깨우기 위해 노력하였다. 그리고 영어 채플, 기독교문화 채플, 리더십 채플의 반을 늘리는 대신 종류는 수요에 맞추어 줄였다.

학기	영어	기독교음악	리더십	봉사	중국어	생명	선교	관계	정체성	사명	예식	화요아침경건	기독교문화
2009-1	0	0	0	0	0	0	0						
2009-2	0	0	0	0	0	0		0	0	0	0		
2010-1	0		0		0						0	0	0
2010-2	0		0								0	0	0

2011년에 정체성 채플과 화요아침경건 채플이 폐지된 것은 아쉽다. 채플을 통해 예배다운 예배를 드리고, 사명을 발견하며 캠퍼스를 위해 기도하는 모습이 사라지게 되었기 때문이다. 2013년 1학기는 힐링 채플과 음악 채플이 새로 개설되었지만, 2학기에는 영어 채플을 제외하고, 나머지 특성화 채플은 모두 폐지하였다.

학기	영어	리더십	기독교 문화	정체성	수요예식 정체성	수요	경건과 묵상	음악	힐링
2011-1	0	0	0				0		
2011-2	0	0	0	0					
2012-1	0	0	0		0				
2012-2	0	0	0			0			
2013-1	0	0	0					0	0
2013-2	0								

2013년 2학기 이후 특성화 채플은 영어 채플만 지속하다가 2017년 2학기부터 오르간 채플이 추가로 운영되었으며, 2018년 2학기에는 명교생활관 학생들을 위한 기독인 채플이 한 학기만 한시적으로 운영되었다. 2020년 1학기에는 코로나19 팬데믹으로 열린 채플만 운영하다가 2학기에는 영어 채플과 오르간 채플이 다시 운영되었다. 2021년 2학기부터는 영어 채플과 오르간 채플 외에 글로벌리더십 채플과 문화콘텐츠 채플도 운영하다가 2022년 2학기부터 글로벌리더십 채플과 문화콘텐츠 채플은 학기마다 교대로 하나씩 운영하고 있다.

학기	영어	오르간	기독인 (명교생활관)	글로벌리더십	문화콘텐츠
2017-2	0	0			
2018-1	0	0			
2018-2	0	0	0		
2019	0	0			
2020-1					
2020-2	0	0			
2021-1	0	0			
2021-2	0	0		0	0
2022-1	0	0		0	0
2022-2	0	0			0
2023-1	0	0		0	

2023-2	0				0
2024-1	0			0	
2024-2	0				0

채플을 진행하는 아담스채플 대예배실은 웅장한 외관과 더불어 파이프 오르간과 화려하고 아름다운 스테인드글라스가 선사하는 고풍스러움으로 경건과 묵상을 위한 최적의 장소이다. 하지만 아담스채플은 궁산 중턱에 위치해 있어 접근성이 크게 떨어지는 단점이 있다. 이를 극복하기 위해서는 다양한 노력이 필요하다. 교목실은 아담스채플만이 가진 강점을 살리기 위해 매 학기 오르간 채플을 통해 오르간 음악을 소개하면서 깊은 울림과 힐링을 제공하고 있다. 보다 나은 채플을 위해서 더욱 다양하고 창의적인 접근이 요청된다. 학생들이 기대하고 만나길 원하는 영향력 있는 강사를 초청하고, CCM이나 클래식 음악, 국악 장르뿐 아니라 연극이나 뮤지컬, 무용 등과 같은 다채로운 문화콘텐츠로 깊은 감동과 공감을 자아내는 채플로 변모할 필요성이 있다.

(5) 교목실의 대외 봉사

1) 지역사회를 위한 봉사

지역 목회자를 위한 세미나

교목실 주최로 목회자 계속 교육 세미나를 1989년 2월 27일에서 28일까지 상대 온천에서 "교회와 사회"라는 주제로 진행하였는데, 강사로는 한완상 교수를 초빙하였으며, 약 70명의 목회자가 참석하였다. 2004년 8월 27일 오후 6시에는 대구 교목회 초청 간담회가 진행되었으며, 대구 지역의 교목 17명이 참석하였다.

교목실에서는 2005년 교내외 네트워크를 강화하기 위해 지역 교단별 목회자 초청 행사를 진행하였다. 4월에는 한국기독교장로회 대구노회 교역자를 초청하였으며, 5월에는 기독교대한성결교 대구지방회 교역자를 초청하였으며, 6월에는 대구광역시 중고등학교 교목회를 초청하였고, 7월에는 성서지역 교역자를 초청하였다. 또한 가을 학기에는 대한예수교장로회 통합교단의 성서지역 시찰회와 대한예수교장로회 합동교단의 성서지역 시찰회와 동문 목사 등을 초청하여 캠퍼스 복음화를 위해 계획을 나누면서 유대관계를 돈독히 하였다.

중·고등학생 여름신앙캠프

1999년 7월 21일부터 22일까지 성서캠퍼스에서 대구 시내 14개 교회의 중·고등학생들을 초청하여 신앙 캠프를 가졌다. 중학생 117명과 고등학생 103명이 참가한 여름신앙캠프는 교수선교회의 목요성경공부 모임이 주관하였고, 교수선교회와 복음선교회의 후원으로 개최되었다. 여름 신앙 캠프는 교수들이 중심이 되어 기독교 세계관을 토대로 신앙과 학문을 소개하면서 '신앙생활과 공부'에 관해 깊이 있게 다루었다.[253]

고등학교방문 영어성경공부

2001년 1학기에는 경일여자고등학교를 방문하여 고등학교방문 영어성경공부를 실시하였으며, 2학기에는 경일여고 외에 영신고등학교, 영남고등학교, 송현여고, 경일여고로 확대하여 실시하였다. 고등학교방문 영어성경공부를 위해 M. E. Genet 목사가 수고하였으며, 이호철 조교가 동행하면서 보조하였다. 또한 2002년에는 9월 11일부터 12월 13일까지 14주간 동안 M.

---

253 「계명대신문」 830호 3면, 1999년 8월 2일.

E. Genet 목사가 송현여자고등학교, 협성고등학교를 방문하여 영어성경공부를 인도하였다.

고등학생 영어캠프

2002년 1월 28일(월)에서 2월 1일(금)까지 한 주간 동안 고등학생을 위한 영어캠프가 진행되었다. 신명여고, 대구외고, 송현여고 등 16명의 학생이 참여하였으며, 국제관 301호, 채플관, 체육관, PC실 등 여러 강의실에서 영어캠프를 진행했다. 또한 2003년에는 2월 3일(월)에서 7일(금)까지 명교생활관에서 제2회 영어캠프를 개최하였다. 계성고, 송현여고, 신명여고, 대구외고 15명의 학생이 참여하였으며, 강사로는 M. E. Genet 목사와 외국인 강사 3명이 수고하였고, 교목실과 자원봉사자 7명이 섬겼다.

2004년 영어여름성경학교

2004년 영어여름성경학교가 8월 2일(화)부터 6일(금)까지 아담스채플 중예배실과 소예배실, 여러 강의실(108호, 202호, 208호, 209호, 친교실)과 한학촌 및 체육관에서 진행되었다. 참여 학생은 70명이었으며, 20명의 교사 및 봉사자의 헌신과 섬김으로 유익한 행사가 되었다.

2) 멘토와 꼬마친구들 프로그램

교목실은 2011년 5월 31일에 한국토지주택공사(LH) 대구경북지역본부와 <멘토와 꼬마친구들 프로그램> 협정을 맺었다. 협정의 목적은 교목실과 상호 협력하여 LH가 지원한 임대주택에 입주 중인 저소득가정의 복지 향상을 증진시키기 위함이었다. 그리하여 2012년부터 2020년까지 교목실에서 선발한 계명대학생이 멘토가 되어 저소득가정의 청소년에게 학습과 생활지도를 도와주는 멘토 프로그램이 진행되었다. 멘토와 꼬마친구들 프로그램은 개인 멘토링과 전체 멘토링으로 나뉘어 진행하였는데, 개인 멘토링은 주 1회 2시간을 기본으로 멘티의 시간에 맞추어 진행하였으며, 전체 멘토링은 봄과 가을을 이용하여 전체 멘토링 1회, 구성별 멘토링을 1회 실시하였다. 교목실에서 계명대 재학생을 학생 멘토로 선발한 인원은 다음과 같다.

연도	선발 인원	연도	선발 인원	연도	선발 인원
2012년	32명	2015년	50명	2018년	54명
2013년	32명	2016년	52명	2019년	48명
2014년	48명	2017년	55명	2020년	44명

〈멘토와 꼬마친구들〉 연간 활동 일정

월	활동 내역
3월	멘토 · 멘티 매칭 LH경북지부 및 관리공단 협조
4월	학년별 멘티 모임
5월, 6월	멘토 · 멘티 전체 모임 LH경북지부 및 관리공단 협조
7월, 8월	개인 멘토링 및 워크샵 월 1회
9월	멘토 개강 모임 및 교육
10월	멘토 · 멘티 전체 모임
11월	학년별 멘티 모임
12월	총회 및 12년 결산 전체 워크샵 준비

2013년에는 전체 모임을 더욱 활성화하여 5월에는 멘토·멘티 단합체육대회를, 6월에는 바다생물 이야기로 체험학습을, 7월에는 "여름나기 건강체험"이라는 주제로 멘토 단합 워크샵을 진행하였으며, 8월에는 전국봉사자 워크샵에 참가하였다. 2016년에는 멘토와 꼬마친구들 프로그램을 좀 더 체계화하여 진행하였다. 멘토는 계명대학교 재학생 및 휴학생으로, 멘티는 한국토지주택공사(LH) 영구 임대 주택에 거주하는 초, 중, 고등학생을 대상으로 하였다. 멘토링은 주 1회 멘티의 시간에 맞추어 진행하도록 하며, 학기당 30시간을 기준으로 하루 최대 3시간을 기본으로 활동하였다. 멘토와 멘티가 참여하는 체험학습을 병행하여 실시하였는데, 학기당 1회 이상 진행하였

으며, 경비는 한국토지주택공사(LH)에서 지원하였고, 활동일지는 한국토지주택공사(LH)로 제출하여 봉사활동 인증서를 받도록 하였다.

교목실은 멘토와 꼬마친구들 프로그램을 통해 저소득가정의 청소년에게 학습과 생활지도를 제공하였으며, 멘토로 참여한 재학생에게는 봉사와 섬김으로 리더십을 기르는 계기를 제공하였다.

3) 새노래선교단

새노래선교단은 교목실 산하에서 운영되었던 찬양팀이다. 찬양을 좋아하는 학생들의 자발적인 모임으로 결성되었으며, 채플을 비롯한 다양한 선교활동에 적극 참여하면서 찬양 문화를 확산하는데 중요한 역할을 했다. 새노래선교단은 초기에는 새노래중창단이라는 이름으로 주로 성악과 학생들을 중심으로 운영되다가 이후 선교단으로 확대 운영하면서 채플에서는 찬양을 인도하였고, 채플 이외에도 학교, 교회, 군부대에 초청되어 찬양집회를 인도하면서 활발하게 대외적인 선교활동을 하였다.

새노래선교단은 2003년부터 채플에 찬양으로 참여하면서 활기를 불어넣었다. 2003년 1학기 개강채플은 새노래선교단의 찬양으로 시작되었는데, 찬양하는 학생들의 자발적인 참여로 활기를 띠면서 시너지 효과를 일으켰다. 약 70명 정도의 단원들은 캠퍼스의 찬양문화를 확산하는 데 중요한 역할을 하였다. 새노래선교단은 2004년 성서캠퍼스 노천강당에서 HPMU와 CU 연합집회를 인도하였으며, 수요일 저녁에는 학생기도회와 영어 채플에서 찬양을 인도하였다. 2005년에도 수요일 기도회 때 찬양을 인도하였으며, 매주 수요일과 금요일 오전 8시 25분에서 55분까지 약 20분 동안 정문과 동문에서 찬양하면서 등교하는 학생과 교직원들을 맞이했다. 2006년 11월 22일에는 '계명새노래선교단' 주최로 추수감사특별 수요찬양예배가 바우어관 시청각실에서 진행되었다.

새노래선교단은 대외적인 활동에도 적극 참여하면서 계명대학교의 위상을 드러내고 홍보하는 중요한 역할을 하였다. 새노래선교단은 2001년 대구두류공원 야외음악당에서 개최된 야외음악 콘서트에 참가하였으며, 2002년에는 대구 지역의 고등학교와 교회를 순회하는 선교활동을 진행하면서 찬양 문화를 선도하는 중추적 역할을 하였다. 다음은 2002년 대구 지역 고등학교와 교회에 초청받아 활동한 내역이다.

활동 내역	일시 및 참여 대상 인원
신명여고 수양회 공연	4월 25일(금) 전교생 대상
동부교회 청소년 찬양 공연	5월 17일(토) 오후 3시 약 500명
남산고등학교 수양회 공연	6월 14일(토) 오전 9시-오후 1시 전교생 대상

새노래선교단은 대구 지역 고등학교에 초청을 받아 찬양집회를 인도하였으며, 기독동아리 모임을 진행할 정도로 왕성하게 활동하였다. 새노래선교단은 2004년 11월 24일 협성고와 경일여고에서 진행하는 추수감사예배에 초청을 받아 찬양집회를 인도하면서 추수감사절 행사를 빛냈다. 2005년에도 새노래선교단의 찬양 선교는 활발했는데, 송현여고와 계성고등학교에 초청받아 전교생 대상으로 신앙수련회에서 찬양인도를 하였으며, 여름방학 중에는 경주와 영덕 지역의 교회를 순회하면서 찬양수련회도 진행하였다.

새노래선교단은 2009년 이후 팀명을 H.O.W로 바꾸어 2011년 2학기까지 활동하였는데, 교목실 소속 예배팀으로 개강 채플이나 종강 채플에서 찬양집회를 인도하거나, 채플 시간에 특송으로 봉사하였다.

4) 교목실의 국외 봉사

교목실은 2006년부터 기독교 성체성 확립과 봉사 성신을 실전하기 위한 목적으로 다양한 국외 봉사활동을 진행하였다. 교목실은 2006년부터

2012년까지 미국, 멕시코, 필리핀, 타지키스탄 등 4개 국가에서 봉사활동을 하였고, 2013년과 2014년에는 타지키스탄에서 봉사활동을 하였다.[254]

2012년 필리핀 선교 봉사

CDP센터 문화 봉사 및 교육봉사

현지 쓰레기 마을 방문

교목실 선교팀 30명은 2012년 1월 10일(화)-1월 19일(목) 동안 9박 10일의 일정으로 필리핀 마닐라 톤도와 발렌주엘라 지역 국제기아대책 CDP 센터에서 선교를 겸한 봉사활동을 했다. 무료급식소에서 급식 봉사를 하였으며, 건축에 참여하는 봉사를 하였고, CDP 센터에서 교육 및 문화 봉사와 쓰레기 마을을 투어하고 현지인 가정에서 1박 체험을 하였다.

2012년 타지키스탄 국외 선교 봉사

교목실 국외 선교 봉사팀은 2012년 6월 27일(수)에서 7월 8일(일)까지 11박 12일의 일정으로 타지키스탄 계명대학교 세종 한국어학당, 타지키스탄 국립 시각장애인 학교에서 봉사활동을 진행하였다. 주요 활동으로는 계명여름학교를 진행하였고, 계명예술재활센터 설립공사와 계명한국어학당 시설보수공사에 참여하였고, 한글과 영어, 그리고 예술을 가르치며 활동하는

---

254 성서이전사 편찬위원회, 『계명대학교 성서캠퍼스 세계를 향해 빛을 비추다』, 445.

교육봉사를 하였다. 2015년 계명카리타스봉사센터가 조직된 후에는 교목실에서 진행하던 국외봉사는 계명카리타스봉사센터로 이관되어 더욱 다양한 형식과 내용으로 국외봉사활동을 꾸준히 진행하고 있다.

3. 캠퍼스 복음화를 위한 연합행사

(1) 예수대행진

예수대행진은 1988년부터 시작되었던 것으로 추정된다. 제3회 예수대행진은 1990년 9월 17일(월)에서 21일(금)까지 한 주간 동안 대명캠퍼스 노천강당과 성서캠퍼스 일대에서 진행되었다. 예수대행진은 아침기도회를 시작으로 각종 기독교 관련 자료를 전시하고, 정오에는 함께 모여 찬양을 드렸으며, 초청강연회와 종교영화상영, 그리고 연합예배 등 다양한 행사가 한 주간 동안 진행되었다. 참여한 구성원들은 계명대학교 구성원뿐 아니라 경북대, 대구대, 영남대, 효성여대(대구가톨릭대) 등 각 대학의 기독인들과 단체가 연합으로 참여하였는데, 노천강당에서 진행되었던 하나대행진은 약 2천 명이 참여하여 대미를 풍성하게 장식하였다.

1991년 제4회 예수대행진은 여름방학을 이용하여 진행되었으며, 1997년 이후 예수대행진은 기독학생연합회 주관으로 진행되었는데, 교목실과 신앙위원회가 예수대행진 행사를 위해 적극 협력하였다. 1999년 예수대행진은 11월 2일에서 4일까지 성서캠퍼스에서 IVF, 내비게이터, CAM 등 많은 기독동아리와 교수선교회와 복음선교회가 참여한 가운데 진행되었다. 2일은 교수선교회 주관으로 '신앙과 학문'이라는 주제로 세미나를 진행했으며,

3일은 하용인(하스데반 선교사)의 강연회를 비롯하여 두란노 찬양팀의 '경배와 찬양' 공연과 계명 CCM 경연 대회가 열렸다. 4일에는 바우어관 시청각실에서 탈북 동포인 김명숙 집사의 강연과 '꿈이 있는 자유 콘서트'를 끝으로 막을 내렸다.[255]

2000년 예수대행진은 가을 비사 축제 중 '가을여행 빅3 이벤트' 중 두 번째 행사로 기획하여 10월 4일과 5일 성서캠퍼스 제1학생회관 대강당에서 진행하였다. 4일에는 '진실아 보여줘'라는 창조론과 진화론에 대한 영상세미나를 통해 창조와 진화에 대한 궁금증을 해소하는 시간이 되었고, 5일에는 강명식의 가스펠 콘서트로 진행했다.[256]

2001년 예수대행진은 기독학생연합회 주관으로 10월 15일(월)에서 16일(화)까지 진행되었는데, 강사로는 전병욱 목사(서울 삼일교회)가 초청되어 설교하였으며, 강명식의 CCM공연이 진행되었다. 2002년 예수대행진은 10월 30일부터 31일(목)까지 "계명신우회 하나되기 페스티벌"이라는 주제로 바우어관 시청각실과 아담스채플 대예배실에서 개최되었으며, 김석수 목사가 초청되어 말씀을 전했다.

2003년 예수대행진은 11월 18일(화)부터 20일(목)까지 진행하였는데, 24일에는 명교생활관 학생들을 위하여 CCM 가수를 초청하여 공연하면서 선교활동을 하였다. 2004년 예수 대행진은 11월 10일부터 12일까지 "하나되게 하소서"라는 주제로 진행되었는데, 주요 행사로는 연합기도회, 기독동아리 소개, 도서 전시, 가스펠 경연대회 및 CCM 콘서트와 더불어 연합 영성수련회가 진행되었다.

신앙 공동체의 연합행사인 예수대행진은 가을 비사 축제 기간 중에 진행되어 기독교의 가치를 구성원들과 나누면서 믿음의 축제로 자리 잡았고,

---

255 「계명대신문」 837호 2면, 1999년 11월 8일.
256 「계명대신문」 854호 1면, 2000년 10월 2일.

연합기도회를 통해 캠퍼스 복음화를 위해 뜨겁게 기도하였으며, 도서 전시, 가스펠 경연대회 및 CCM 콘서트와 유명 강사를 초청하여 말씀 집회를 여는 등 다양한 행사를 통해 기독인 공동체의 존재감을 드러내고 복음을 전하는 행사가 되었다.

(2) 계명 기독인 연합행사

부활절 행사

1998년에는 부활절을 축하하면서 교목실이 주최하고, 기독학생연합회의 주관으로 찬양경연대회가 진행되었다. 부활절 찬양경연대회는 4월 6일(월) 바우어관 시청각실에서 진행되었는데, 신앙위원회, 교수합창단, 복음선교회, 대학교회 등 여러 단체가 참여하여 찬양으로 주님께 영광 돌리는 경연이 되었다.

2015년 4월 8일 오전 8시 노천강당에서 기독인연합 부활축하 아침기도회로 모였다. 찬양은 LWM이 맡았으며, 설교 후에는 계명대학교의 복음화를 위해, 교목실과 교수선교회, 복음선교회, 각 선교단체 동아리와 신우회 모임을 위해 합심으로 중보기도를 했다. 아침기도회 시간에 교수선교회가 마련한 선교후원금을 각 기독동아리에 전달하면서 격려하는 특별순서도 함께 가졌다. 이후 매년 부활축하 아침기도회에서는 캠퍼스 복음화를 위해 중보기도를 하고 있으며, 기독동아리를 위한 선교후원금을 교수선교회에서 준비해서 전달하고 있다. 또한 아침기도회 후에는 복음선교회가 후원한 식권으로 아람관 식당에서 함께 식사하면서 교제하고 있다.

추수감사절 행사

매년 추수감사절이 속한 주를 추수감사절 주간으로 정하여 기독교적 창립 정신에 맞춰 다양한 행사를 가졌다. 1999년 11월 26일(금)에는 교목실 선교지원팀 주관으로 아담스채플 대예배실에서 추수감사절 찬양예배를 드렸다. 교수선교회, 직원찬양팀, 기독동아리, 간호대학중창단, 대학교회, 새노래선교단이 찬양에 참여하였는데, 한 해 동안 베푸신 은혜에 대해 하나님께 감사드리며, 공동체의 결속을 다졌다.[257]

2006년에도 11월 19일부터 25일까지 한 주간을 추수감사절 주간으로 정하고 찬양과 예배로 추수감사절 행사를 진행하였다. 21일 오전에는 아담스채플에서 '추수감사절예배'를 드렸으며, 오후 6시에는 한스밴드를 초청하여 '추수감사 신앙강화주간 연합채플'로 진행하였다. 22일에는 '계명새노래선교단' 주최로 추수감사특별 수요찬양예배가 바우어관 시청각실에서 진행되었다. 이후 추수감사절에는 계명가족 교직원예배와 기독인연합 아침기도회로 진행하였다. 기독인연합 아침기도회에서는 복음선교회가 떡을 준비하여 감사의 의미를 나누었다.

제1회 기독인연합 추수감사절 찬양예배

2017년부터 추수감사절 행사는 아침 연합기도회에서 저녁 연합찬양예배로 확대되었다. 이렇게 된 계기는 전남대학교의 추수감사절 찬양제 때문이었다. 전남대학교의 추수감사절 찬양제는 지역 대학이 참여할 뿐만 아니라 기독교방송국이 협찬할 정도로 지역을 대표하는 축제로 자리 잡았는데, 우리도 감사절 행사를 확대하여 추진하자는 제안이 있었다. 이에 교목실을 비롯한 교수선교회와 복음선교회, 기독동아리 대표단이 협의하여 기독인연합 찬양예배로 추진하게 되었다. 그리하여 제1회 기독인연합 추수감사절 찬양예배를 11월 15일(수) 오후 7시 바우어관 우촌실에서 개최하였다.

---

257 「계명대신문」 839호 1면, 1999년 11월 26일.

제1회 추수감사절 찬양예배

이상식 교수의 사회로 진행된 2부는 교수선교회·교수선교합창단, 복음선교회, 선교단체 동아리 연합, 약학대학 신우회, 인터콥 선교회, 기독교학과, 간호대학 SNCF, 간호대학 기독합창동아리 흰빛중창단, 법학과, 중국유학생합창단, 대학교회 청년부 등 총 14개 팀이 참가하여 감사의 은혜를 나누며 찬양드렸다. 순서지에는 참가팀에 대한 소개와 더불어 각 단체 대표의 축하와 환영의 인사도 함께 넣어 연합과 연대의 중요성을 환기시켰다.

제2회 추수감사절 찬양예배는 2018년 11월 7일㈬ 오후 7시에 아담스채플 대예배실에서 개최되었다. 제1회 찬양예배는 듀엣이나 독창팀도 참여하였는데, 제2회 찬양예배는 연합의 의미를 살려 합창 위주로 진행하였다. 교수선교회·교수선교합창단, 복음선교회, 기독동아리 연합, 약학대학 기독인모임, 인터콥 선교회, 기독교학과, 간호대학 기독합창동아리 흰빛중창단, 법학과 성경공부모임, 중국유학생합창단, 대학교회 성가대와 교양합창 클래스, 의과대학 교수중창단 등 12개 팀이 참가하였다.

제2회 추수감사절 찬양예배

1부 예배에 앞서 김춘해 교수의 오르간 연주가 있었으며, 2부 사회는 교수선교회 회장인 이승근 교수가 진행하였다. 2017년 행사보다 한 단계 더 발전한 모습을 보였는데, 대학교회 성가대와 교양합창 클래스, 의과대학 교수중창단의 참여로 합창의 품격이 한층 높아지는 행사가 되었다. 마지막 순서로 모두가 감사절 찬송을 함께 부르고 축도로 마쳤다.

제3회 추수감사절 찬양예배는 2019년 11월 6일(수) 오후 7시에 아담스채플 대예배실에서 개최되었다. 2부는 교양합창 클래스의 찬양으로 시작하였으며, 이어서 교수선교회·교수선교합창단, 간호대학 기독합창동아리 흰빛, 중국유학생합창단 천운대동, 복음선교회, 기독동아리 연합 찬양팀, 의과대학 합창동아리 안투스, 기독교학과, 그리고 외국인 유학생팀이 특별출연하였다. 전체 9팀이 참가하였으나, 의과대학 합창동아리와 중국유학생합창단, 외국인 유학생의 참여가 의미를 더했다.

2019년 2학기까지 추수감사절 찬양예배를 진행했으나. 2020년 발생한 코로나19 바이러스로 인해 중지되었다. 이른바 3밀(밀집, 밀접, 밀폐)을 피하고 방역 수칙을 준수해야 했기에 모든 집회와 모임이 중단되었다. 2022년 2학기 코로나19 팬데믹이 어느 정도 진정되자 제4회 추수감사절 찬양예배를 11월 24일(목) 오후 7시에 아담스채플에서 진행하였다. 2부는 교양합창 클래스의 찬양으로 시작하였으며, 교수선교회와 교수선교합창단, CCC, 대학교회 성가대, 복음선교회, J-Heart, 기독동아리 연합 찬양팀 등 총 8개 팀이 출연하였다.

제5회 추사감사절 찬양예배는 2023년 11월 2일(목) 오후 7시에 아담스채플 대예배실에서 개최되었다. 1부 예배는 브라스퀸텟의 전주로 시작되었다. 2부는 기독동아리 연합 찬양팀의 “감사 위에 감사” 찬양으로 시작하였으며, CCC, 교수선교회와 교수선교합창단의 찬양, 기독교학과, 복음선교회, 간호대학 기독중창단 흰빛 그리고 대학교회의 중창이 있었다. 특별초청된 징검다리 크로마하프단의 크로마하프 연주와 찬양으로 감사의 의미를 더했다.

제6회 추사감사절 찬양예배는 계명대학교 창립 125주년을 기념하여 2024년 11월 14일(목) 오후 7시에 아담스채플 대예배실에서 개최되었다. 2부는 기독동아리 연합 찬양팀, 간호대학 기독중창단 흰빛, 교수선교회와 교수선교합창단, CCC, 기독교학과, 복음선교회, 그리고 대학교회의 중창이 있었으며, 꿈꾸는 음악학교가 특별 게스트로 초청되어 찬양했다.

제6회 추수감사절 찬양예배

2018년 기독신입생 오리엔테이션

2018년 3월 22일 오후 6시 덕영실에서 “나 주님과 함께 산다”라는 주제로 기독신입생 오리엔테이션 행사를 가졌다. 1부 순서로 예배를 드리고, 2부 순서로 교목실을 비롯한 신우회 모임과 기독동아리 소개 시간을 갖고 식당에서 함께 식사하면서 교제 시간을 가졌다.

청년대학생 복음축제

2018년 5월 9일부터 17일까지 대구·경북 청년대학생 복음축제 행사를 가졌다. 복음축제 행사는 5월 9일 영남대를 시작으로 14일에는 계명대, 15일에는 경북대, 17일에는 대구대에서 연속으로 가졌는데, 기독 청년들이 믿지 않는 친구를 초청하여 축제를 통해 복음을 나누는 장이 되었다.

청년대학생 복음축제

계명대에서 진행한 복음축제는 5월 14일 오후 6시 30분 신바우어관 덕영실에서 토크 콘서트 형식으로 진행되었다. 1부는 CCM 사역자인 김훈희와 이강훈 전도사의 찬양콘서트가 있었고, 2부는 나들목교회 김형국 목사의 강연이 있었으며, 강연 후에는 인생과 진리, 하나님에 대한 청년들의 다양한 고민거리에 대해 진솔하게 나누면서 복음의 진리를 발견하고, 신앙이 한 차원 더 성숙하는 계기가 되었다.

(3) 지역 청소년을 위한 연합행사

찬양콘서트

2001년 10월 13일 오후 6시 두류공원 야외음악당에서 계명대학교 교목실이 주관하고 계명대학교 새노래선교단과 고교 찬양선교단 연합회(HPMU) 주관으로 고교 찬양단과 함께 하는 새노래 예배 콘서트가 "언약"이라는 주제로 개최되었다.[258] 이 행사를 위하여 기독교 대구 방송국과 국민일보와 홀리뮤직이 후원하였다. 새노래선교단 외, 24개 고교 찬양단이 참가한 콘서트를 통해 찬양문화를 선도하는 유익한 행사가 되었다.

2002년 6월 13일(목) 오후 7시 30분 대명캠퍼스 대강당에서 교목실 소속 찬양팀 "증인들" 찬양콘서트를 개최하였으며, 11월 23일(토) 오후 4시에는 추수감사절을 맞이해서 찬양대축제를 아담스채플 대예배실에서 개최하였는데, 교회 12개 팀과 고등학교 4개 팀이 참가하여 찬양드렸다. 2004년 9월 4일 오후 6시에는 청소년을 위한 사랑의 콘서트가 대명캠퍼스 노천강당에서 진행되었는데, 지역의 고등학생 약 600명이 참가하였다.

경연대회

계명대학교 교목실 주최로 2001년 추수감사절 성가합창경연대회가 11월 17일 아담스채플에서 열렸다. 일반부는 서문교회 외 16개 팀이, 고등부는 계성고교 외 6개 팀이 참가했다. 시상은 대상 100만 원, 금상(일반, 고등) 각 80

---

258 「계명대신문」 874호 8면, 2001년 10월 8일.

만 원, 은상(일반, 고등) 각 70만 원, 동상(일반, 고등) 각 50만 원, 장려상(일반, 고등) 각 30만 원으로 진행했다.[259]

청소년들을 새로운 찬양문화로 선도하기 위해 찬양문화경연대회를 2001년부터 2005년까지 아담스채플 대예배실에서 개최하였다. 2002년 제2회 청소년을 위한 찬양문화경연대회를 8월 15일 오후 2시부터 6시까지 개최하였는데, 참가팀으로는 신명여자고등학교 외 22개 팀(학교 15개 팀, 교회 8개 팀)이 참가하였으며 전체 참여 인원은 약 1,200명이었다. 2003년 8월 15일에도 청소년 찬양문화경연대회를 진행하였는데, 28개 팀이 참가하였으며, 2004년 8월 14일에도 약 1,200명이 참가하였다. 2005년에도 8월 15일에도 찬양문화경연대회를 개최하여 찬양문화를 선도하고 확산하는 데 앞장섰다.

설립 50주년 기념행사

2004년은 계명대학교가 1954년 대명동에서 시작된 지 50년째 되는 해였기에, 설립 50주년 기념행사들이 진행되었다. <2004 올네이션스 경배와 찬양 큰잔치>가 5월 28일 오후 6시 30분부터 3시간 동안 성서캠퍼스 노천강당에서 진행되었다. 계명대학교 학생과 교직원 그리고 지역의 기독청소년을 포함해서 약 1,900명이 참석한 가운데 준비기도회를 시작으로, 새노래 배우기, 경배와 찬양, 말씀과 기도, 축복과 정리의 순서로 진행되었다. 이 행사를 통해서 개교 50주년의 의미를 되새기고, 대구지역 청소년에게 학교를 홍보하며 경배와 찬양을 통해 신앙이 한 차원 더 성숙하는 계기가 되었다.

성가합창대축제

2003년 11월 29일 오후 5시에는 아담스채플 대예배실에서 성가합창대축제를 개최하였으며, 2004년 11월 27일 오후 5시에도 아담스채플에서 성

---

259 「계명대신문」 877호 2면, 2001년 11월 5일.

가합창대축제를 개최하였다. 계명대학교의 글리합창단을 비롯한 상동교회, 산격제일교회, 은천교회, 달서교회, 동문교회, 대동교회, 원일교회, 비산동교회, 고령제일교회, 서문교회 등 지역교회 성가대 10팀과 대구 YWCA여성합창단, 미즈모르선교찬양단, 대구크리스챤 코랄, 필그림합창단 등 일반 합창단 4팀, 그리고 관현악 앙상블 1팀이 참여하여 가을밤을 성가합창으로 장식하며 하나님께 찬양으로 영광 돌렸다. 이날 행사는 전국 CTS 교계 대구 경북권 뉴스로 방영되었으며, 녹화된 성가합창대축제 행사는 12월 4일 CBS의 "계명대학교 2004년 성가합창대축제 특별실황"으로 방송되었다.

Again 1907 in Daegu 행사

Again 1907 in Daegu 행사가 2005년 5월 15일과 16일 새벽 체육대학 실내체육관에서 열렸는데, 약 5,000명이나 되는 많은 청소년들이 참석하여 계명대학교의 기독교적 정체성을 드러내는 뜻깊은 행사가 되었다. 또한 7월 9일에는 LA에서 활동 중인 God's Image Ministry의 순회 집회가 청소년과 청년 대상으로 대명캠퍼스 노천강당에서 성황리에 개최되었다.

4. 주요 기관들의 활동

(1) 기독교학과와 연합신학대학원

계명대학교는 기독교적 건학이념을 구현하기 위하여 1981년부터 신학과(현 기독교학과)가 신설되었을 뿐 아니라 1995년부터는 목회신학대학원도 설립되었다. 목회신학대학원은 기독교 정신을 바탕으로 신학의 심오한 이론과 광범위한 응용 분야 및 방법을 연구하고 교수하여 인류 공영과 국가 발전에 기여하는 한국 교회의 유능한 인재 내지 지도자를 양성하기 위해 설립하였다. 1995년 10월 목회신학대학원으로 설립 인가를 받아 1996학년도부터 신학과 목회학의 2개 전공으로 개원하였다. 2000년 신학대학원으로 이름을 바꾸었고, 2004년도부터 연합신학대학원으로 명칭을 변경하여 현재까지 운영하여 오고 있다.[260]

예배와 찬양

기독교학과에서 개설하여 진행하고 있는 예배와 찬양은 기독교학과가 팀으로 운영하는 전공선택 교과목(1학점)이다. 이 교과목은 기독교학과의 학부 예배와 접목시켜 개설한 교과목이다. 예배와 찬양은 학원 복음화 및 인성교육을 목적으로 기독교인과 비기독교인 구별 없이 채플 및 기독교 교양 과목을 필수적으로 수강해야 하는 1학년 학생들을 제외한 전 학년 학생들을 대상으로 개설되었다. 2010년 1학기는 기독교학과 20명을 포함해서 70명이, 2학기에는 119명이 수강하였는데, 이후 수강생이 늘어나면서 기독교학과 교수들(정중호, 임경수, 박민수, 최봉도, 오우성)이 팀으로 협력하면서 인문, 사회, 음악, 법경대생들을 위해 개설하였다.

학기	책임 교수	수강생 수	기독교학과	수강생 합계
2010-1	정중호	인문대 59명	20명	79명
2010-2	정중호	인문대 99명	20명	119명

수강 신청자들이 많아 2011년 1학기에는 2개의 분반으로, 2학기에는 3개의 분반으로 확대하면서 수강생 수도 많이 늘어났다.

260 계명대학교 120년사 편찬위원회, 『계명대학교 120년사』, 525.

학기	담당 교수/수강생 수(기독교학과 1학년 20명 제외)			합계
2011-1	인문대 58명 정중호	인문대 80명 최봉도		138명
2011-2	인문대 70명 정중호	사회대 56명 박민수	음대 115명 최봉도	241명

예배와 찬양은 인성 함양을 위한 실습 위주의 방식으로 진행되었기에 학생들은 부담 없이 수강할 수 있었으며, 인기 있는 수업으로 주목받았다. 다음은 2011년 진행했던 예배와 찬양 수업의 전체적인 구성과 내용이다.

순서	내용
찬양	회중 찬양, 그룹 찬양, 개인 찬양, 국악 찬양, 영어 찬양, 히브리어 찬양
기도	회중 기도, 개인 기도, 중보 기도
성경	한글, 영어, 중국어, 히브리어, 헬라어
설교	강해 설교, 주제 설교, 절기 설교, 영어설교
나눔	코이노니아 - 생일 축하, 광고, 동아리 나눔, 선교 봉사 단체 나눔

예배와 찬양은 설교와 축도 외에는 대부분의 순서를 학생들이 참여하면서 이끌어가는 것이 특징이다. 첫 순서는 찬양으로 시작하는데, 찬양은 손뼉을 치기도 하고 때로는 율동을 하면서 공동체 의식을 강화하였다. 대표 학생의 기도가 있고, 성경을 읽은 후 설교가 진행되었다. 설교 후에는 광고와 더불어 생일을 축하하는 코이노니아 시간을 가졌다. 모든 학생들이 적극 참여할 수 있도록 한 학기에 한 번씩은 그룹별로 돌아가면서 특별 찬양을 하는 순서도 가졌다.

예배와 찬양을 위해 많은 이들의 경건 훈련과 헌신이 뒷받침되었다. 기독교학과의 교수들은 설교를 통한 교육을 위해, 기독교학과의 재학생들은 찬양팀원으로 봉사하였다. 초기부터 예배와 찬양은 기독교학과 학생들이 교과목 진행을 돕는 찬양팀(찬양 인도자와 악기 연주자)으로 중요한 역할을 담당했다. 예배와 찬양은 매주 수요일 1시 30분에 시작되지만, 담당 교수와 기독교학과 학생들은 수업 90분 전에 미리 모여 준비하였다. 자체 경건회를 가지면서 예배와 찬양의 사회, 기도, 특송, 생일 축하나 간단한 간식과 같은 친교 등의 순서를 준비하였다.

기독교학과의 경건회는 예배와 찬양 과목을 준비하는 내용과 형식으로 교회력 주제에 맞는 기도와 찬양, 그리고 다양한 형식의 설교, 예식, 특강 등으로 진행되며, 친교와 간단한 식사나 간식을 함께 나누는 공동체 훈련도 포함하였다. 기독교학과 학생들은 경건회가 끝난 후 예배와 찬양 진행을 위해 흩어지고, 수업이 끝나면 다시 모여 평가 하면서 다음 주 예배와 찬양을 준비하였다.

담당 교수는 공유된 주제와 관심사가 어떻게 유익하게 연결되는지 보여주기만 하고 전반적인 진행은 찬양팀에게 맡겼다. 그리하여 예배와 찬양은 젊은이들을 위한 찬양과 율동, 월별 생일 축하, 학생 간증, 퀴즈게임 형식의 복습 등 다양한 내용들로 구성하여 비기독교인 학생들에게 관심과 배려를 베풀면서 눈높이로 다가가는 형식으로 기독교의 다양한 문화들을 소개하며 선교적 접근을 시도하였다.[261]

2010년~2011년 기준, 수강생의 종교 분포를 보면, 기독교인 수강생의 비율이 89%에 이를 정도로 압도적으로 높았다. 수업선호도를 보면, 준비찬양에 대한 선호도가 전체적으로 높았고, 그다음 선호도에서는 기독교인과 비기독교인의 선호도에서 차이가 났다. 기독교인은 특송에 선호도가 높았지만, 비기독교인은 생일 축하에 대한 선호도가 높았다.

2011년 학기 말 예배와 찬양 수업에 대한 설문조사 결과, 좋았던 점은 첫째, 함께 참여하여 찬양의 영성을 느낄 수 있는 시간이어서, 둘째, 자발적으로 찬양하고 예배드릴 수 있어서, 셋째, 새로운 관계를 맺을 수 있어서, 넷

261 허도화, "신앙과 학문의 통합을 위한 복음적 인성교육," 신학사상 173 (2016년 여름), 254.

째, 나눔과 생일 축하의 시간이 좋아서, 다섯째, 설교가 신앙생활과 대학생활에 많은 도움과 힘이 되어서라고 답했다. 개선점으로는 시간제한으로 너무 급하게 진행하는 때가 있었으며, 설교가 너무 어려워 비기독교인 학생들을 좀 더 고려했으면 하는 의견과 찬양 장비가 보강되었으면 하는 의견 등이 있었다. 설문 결과를 보면, 내용과 질적인 측면에서 만족도가 높았다.

2012년에서 2014년까지 현황에서 보듯이 수강생은 300명 이상으로 늘어났다.

학기	담당 교수 / 수강생 수(기독교학과 1학년 20명 제외)				합계
2012-1	인문대 63명 정중호	사회대 99명 박민수	음대 56명 최봉도		218명
2012-2	인문대 66명 정중호	사회대 78명 오우성	음대 72명 최봉도	법경대 77명 박민수	293명
2013-1	인문대 62명 임경수	사회대 121명 정중호	음대 71명 최봉도	법경대 96명 박민수	350명
2013-2	인문대 89명 임경수	사회대 78명 정중호	음대 92명 최봉도	법경대 45명 박민수	304명
2014-1	인문대 72명 임경수	사회대 110명 정중호	음대 90명 최봉도	법경대 87명 박민수	359명
2014-2	사회대 75명 임경수	사회대 115명 정중호	음대 72명 최봉도	법경대 99명 박민수	361명

예배와찬양은 같은 시간(수요일 13:30~14:20)에 여러 반으로 개설되어 단과대학별 예배실에서 진행되었다. 이런 이유들로 인해 예배와찬양은 대학 내에서 '재학생 채플' 또는 '찾아가는 채플'이라고 불리기도 했다.[262] 또한 학기마다 각 예배와찬양 담당 교수들 및 찬양팀들이 교환하여 수업을 진행하기도 했다. 예배와찬양은 학생들의 관심과 요청에 의해 반이 늘어나기도 하고 줄어들기도 했는데, 2015년 1학기에는 5개의 반으로, 2학기에는 6개의 반으

262 허도화, "신앙과 학문의 통합을 위한 복음적 인성교육, 251.

로, 2016학년 1학기에서 2017년 1학기까지는 7개의 반으로 늘려 진행했다.

학기	담당 교수 / 수강생 수							합계
2015-1	정중호 111명	박민수 80명	최봉도 93명	홍용인 75명	안명선 107명			466명
2015-2	정중호 94명	임경수 41명	박민수 95명	최봉도 98명	정희원 100명	안명선 100명		528명
2016-1	임경수 26명	박민수 43명	최봉도 57명	MacLean 29명	정희원 54명	안명선 60명	홍용인 38명	307명
2016-2	정중호 88명	임경수 45명	박민수 53명	최봉도 51명	MacLean 26명	정희원 55명	안명선 60명	378명
2017-1	정중호 65명	임경수 73명	박민수 76명	최봉도 72명	MacLean 27명	정희원 66명	안명선 76명	455명

다음은 2015년 2학기의 예배와 찬양 담당 교수와 기독교학과 찬양팀 현황이다.

2015년 2학기 예배와 찬양						
담당 교수	정중호	임경수	박민수	최봉도	정희원	안명선
찬양 인도	손문현(10)	조한진(13)	곽승윤(14)	권영성(11)	오성준(11)	김은석(10)
예배 인도	배정일(11)	민병훈(10)	김현록(13)	박예성(12)	윤혜은(11)	김혜성(11)
반주	최은혜(13)	이현지(12)	최지나(14)	정하은	김한결(12)	원지영(12)
출석	구주영(14)	목은혜(13)	홍예은(14)	오주은(14)	김민정(14)	서미선(14)
섬김이	강한별(11)	박동주(11)	강신영(11)	장재혁(14)	김현록(13)	김명서(13)
	김태선(14)	김예황(11)	김주영(12)	송지혜(13)	박유진(14)	김영진(14)
	윤나라(12)		김성준		설창하(14)	김신애

2017년 2학기부터 2019년 1학기까지는 5개 반으로 운영했다.

학기	담당 교수 / 수강생 수					합계
2017-2	허도화 150명	황재범 147명	최봉도 154명	박민수 154명	MacLean 144명	749명

2018-1	허도화 77명	황재범 75명	최봉도 76명	박민수 80명	MacLean 68명	376명
2018-2	허도화 80명	황재범 99명	최봉도 98명	박민수 99명	MacLean 50명	426명
2019-1	허도화 83명	황재범 83명	최봉도 86명	박민수 85명	MacLean 61명	398명
2019-2	허도화 99명	임경수 93명	최봉도 95명	박민수 95명	MacLean 55명	437명

2020년 1학기부터 2022년 1학기까지는 4개 반으로 운영했다.

학기	담당 교수 / 수강생 수				합계
2020-1	황재범 96명	최봉도 99명	박민수 97명	MacLean 96명	388명
2020-2	황재범 97명	최봉도 98명	박민수 97명	MacLean 73명	365명
2021-1	황재범 96명	최봉도 99명	박민수 99명	MacLean 33명	327명
2021-2	황재범 95명	최봉도 96명	박민수 95명	MacLean 57명	343명
2022-1	황재범 83명	최봉도 94명	박민수 99명	MacLean 12명	288명

2022년 2학기부터 현재까지는 5개 반(한국어 4개와 영어 1개)으로 운영하였으며, 전체 수강생은 약 400명에서 500명에 이른다.

학기	담당 교수 / 기독교학과 찬양팀 / 수강생 수					합계
2022-2	최봉도 95명	박민수 94명	김서준 92명	박정근 93명	MacLean 14명	388명
2023-1	최봉도 96명	박민수 95명	김서준 97명	박정근 94명	MacLean 36명	418명
2023-2	최봉도 96명	박민수 90명	김서준 96명	박정근 100명	MacLean 68명	450명
2024-1	최봉도 94명	박민수 96명	김서준 98명	박정근 98명	MacLean 75명	461명

2024-2	최봉도 97명	박민수 99명	김서준 99명	박정근 98명	MacLean 95명	488명
2025-1	최봉도 94명	박민수 96명	김서준 98명	박정근 98명	MacLean 75명	461명

부활절이나 추수감사절 같은 절기에는 바우어관 시청각실이나 야외 노천강당에서 연합찬양예배를 드리면서 전체가 한 자리에 모여 축제 형식으로 진행했다. 찬양 인도는 기독교학과의 연합찬양인도팀이 맡았다. 그동안 반별로 흩어져 진행하다가 모두 함께 모여 연합예배를 드리면서 부활의 기쁨과 추수 감사의 은혜와 사랑을 나누었으며, 간단한 다과나 선물도 준비해서 나누었다.

학기	강좌번호	강의 만족도
2022년 2학기	27857-01	4.820
	27857-02	4.935
	27857-03	4.869
2023년 1학기	27856-01	4.794
	27856-02	4.906
	27856-03	4.434
2023년 2학기	27857-01	4.883
	27857-02	4.705
2024년 2학기	29609-01	4.938
	29609-02	4.931
	29609-03	4.943
	29609-04	4.876
	29609-05	4.856

초기의 예배와 찬양은 기독교인의 비율이 높았는데, 현재는 기독교인 수강생이 약 30% 정도이며, 70%는 비기독교인 수강생이 참여하고 있다. 최근 3년 동안의 강의만족도 내역을 보더라도 강의만족도가 상당히 높은 편임을 알 수 있듯이 예배와 찬양은 강의만족도가 비교적 높은 편이며, 학

생들이 선호하는 과목이다. 강의평가에서 믿지 않는 학생이 기독교에 대해 새롭게 알고 기독교를 이해하는 계기가 되었으며 기독교에 대해 관심을 갖게 되었다는 등의 긍정적인 평가를 받고 있다. 예배와 찬양은 계명대학교의 기독교적 창립 정신을 구현하고, 복음을 전하는 사명을 감당하는 교과목이다.

계명신학산책

계명신학산책은 대구·경북 지역교회를 위하여 기독교학과와 연합신학대학원 교수들이 협력하여 만든 '순회 신학 강의' 프로그램이다. 교수들이 대구·경북 지역의 교회를 순회하면서 신학에 대해 생각해 보는 기회를 제공하고 있다. 매년 두 곳의 교회를 정하여 교수들이 번갈아 가며 주 1회 강의를 실시하고 있으며 강의 주제는 교우들이 신앙적으로 성장할 수 있는 주제를 교수들이 연구하는 분야와 접목시켰다. 계명신학산책은 마치 산책하듯이 편안한 분위기에서 삶의 실천 문제와 연관된 신학적인 주제를 자연스럽게 나누고자 애쓰고 있다.

제1회 계명신학산책은 2023년 5월 13일에서 6월 17일까지 매주 토요일 오전 10시에서 12시까지 대구대봉교회에서 진행하였는데, 목회자의 신학적 지평 확대와 평신도의 신앙적 성숙을 도왔다.

날짜	강사	주제	전공 분야
5월 13일	박민수 교수	심리상담의 변천사 그리고 영성 상담	기독교상담학
5월 20일	박정근 교수	성경의 숲에서 길을 찾는 종교개혁가 루터	교회사
6월 03일	곽은성 교수	예수님의 성경	구약학
6월 10일	김서준 교수	예수님의 환대와 섬김의 제자도	신약학
6월 17일	최봉도 교수	베드로와 신앙성숙을 논하다	기독교교육학

교회를 선정할 때, 지방 교회나 미자립 교회를 우선 배려해서 선정하려

했다. 지방에 있거나 작은 교회는 신학을 접할 기회가 많지 않기에 도움이 될 것으로 기대하였다. 그리하여 제2회 계명신학산책은 대구 하늘빛 교회를 선정하여 2023년 10월 29일에서 12월 11일까지 주일 오후 1시 30분부터 50분 동안 진행하였다.

날짜	강사	주제	전공 분야
10월 29일	최봉도 교수	괜찮니?	기독교교육학
11월 5일	김서준 교수	바울의 기도와 영성	신약학
11월 12일	임경수 교수	성경과 상담	기독교상담학
11월 19일	곽은성 교수	하나님의 형상	구약학
12월 3일	박정근 교수	성경, 교회의 길을 묻다	교회사
12월 11일	박민수 교수	행복, 성령에게 길을 묻다	기독교상담학

하늘빛 교회는 시각장애인들을 위한 신앙 공동체로, 김기화 담임목사도 1급 시각장애인이다. 시각장애인 교인들이 서로 섬기고 돕는 모습이 인상 깊었다. 하늘빛 교회에서 계명신학산책을 통해 신학에 대해 더 깊이 알려고 애쓰는 성도들과 유익한 시간을 나누었다.

제3회 계명신학산책은 "학생이 묻고 성경이 말하다"라는 주제로 2024년 4월 17일에서 6월 12일까지 계명대학교 재학생을 대상으로 진행하였다. 영암관 253호에서 매주 수요일 오후 2시 30분에서 4시 30분까지 120분 동안 진행하였는데, 인문국제대학 학생들의 인문역량 비교과프로그램(IV)의 일환으로 운영하였다. 학생들에게 기독교와 신학에 대해 깊은 이해를 제공함과 동시에 전문 지식을 강화하기 위한 목적으로 진행되었다. 삶에서 제기되는 다양한 문제들에 대해 신학적 사고로 접근하면서 질의와 응답을 겸한 강의로 진행하였다. 이를 통해 기독교 학문에 대한 폭넓은 이해를 함양하고 전문 지식인으로서의 역량을 강화하는 계기가 되었다.

날짜	강사	주제	전공 분야
4월 17일	박민수 교수	회복탄력성: 마음의 근육 키우기	기독교상담학
5월 8일	박정근 교수	봉인된 성경 봉인되지 않은 성경 밖 이야기	교회사
5월 22일	임경수 교수	심리학과 신학을 통한 인간 이해	기독교상담학
5월 29일	최봉도 교수	결혼: 사랑과 전쟁	기독교교육학
6월 5일	김서준 교수	하나님 나라에 대한 오해와 진실	신약학
6월 12일	곽은성 교수	에스더의 창조적 성경 읽기	구약학

제4회 계명신학산책은 2024년 9월 8일에서 10월 20일까지 주일 오후 2시에서 3시까지 안동서부교회에서 진행하였다. 교회 설립 100주년을 맞이한 안동서부교회는 계명대학교 초대 법인 이사였던 봉경 이원영 목사가 개척했던 교회이며, 계명대학교와 오랜 역사를 함께 해왔던 점을 고려해 선정했다.

날짜	강사	주제	전공 분야
9월 8일	임경수교수	성경과 상담	기독교상담학
9월 20일	최봉도교수	베드로와 신앙성숙을 논하다	기독교교육학
9월 29일	곽은성교수	성경을 읽으시는 예수님 그리고 그 목적	구약학
10월 6일	김서준교수	믿음, 소망, 사랑의 트라이앵글	신약학
10월 13일	박정근교수	성경, 교회의 길을 묻다	교회사
10월 20일	박민수교수	마음 평안의 길	기독교상담학

제5회 계명신학산책은 2025년 4월 27일에서 5월 25일까지 "말씀과 함께 걷는 지혜의 길"이라는 주제로 주일 오후 2시에서 3시까지 포항평강교회에서 진행하였다.

계명신학산책의 목표는 '신학의 대중화'를 실현하는 것이다. 신학을 전공한 교수와 현장에서 사역하는 목회자, 그리고 평신도 간에는 관점의 차이가 있을 수밖에 없는데, '계명신학산책'은 신학을 다양한 관점에서 바라보는 경험을 통해 차이를 좁히고 신학에 더욱 친숙하게 다가가는 소통의 통로가 되기 위해 힘쓰고 있다.

(2) 교수선교회와 교수선교합창단

1) 교수선교회 창립

1997년을 전후해서 기독인 교수들이 중심이 되어 성경공부 및 신우회 모임이 활발하게 진행되었다. 교목실 산하의 신앙위원회를 중심으로 채플을 활성화하고, '예수대행진' 행사에도 협력하면서 구성원들의 신앙 향상을 위해 힘썼다. 이러한 분위기에 덧입어 교수선교회가 1998년 봄에 창립되었다. 창립 당시 대구·경북교수선교회 회장이었던 남원식 교수가 중심이 되어 오우성 교목실장의 도움을 받아 120여 명의 기독인 교수를 회원으로 구성하여 창립되었다. 창립총회에는 30여 명의 교수가 참석했는데, 초대 회장은 남원식 교수, 총무는 최상호 교수가 맡았다.[263]

---

263 대구경북교수선교회 편, 『기독교수행전』 (대구: Joytree, 2016), 46

이후 교수선교회는 학기 중 매주 수요일 12시에는 기도회로, 목요일 오전 8시에는 목요성경공부 모임을 하면서 활발하게 활동하였으며, 대구경북 교수선교회 연합활동에도 적극 참여하면서 캠퍼스 선교를 위해 헌신하였다.

교수선교회 회장

	기간	성 명 (소속)
1대	1998~1999년	남원식(영어영문학과)
2대	2000년	김종선(영어영문학과)
3대	2001년	오세창(국제통상학과)
4대	2002년	이천수(화학시스템)
5대	2003년	배인호(시각디자인과)
6대	2004년	신동수(화학공학과)
7대	2005년	김인수(영어영문학과)
8대	2006년	원명수(한국어문학과)
9대	2007년	이병찬(경영학과)
10대	2008년	조현전(국제통상학과)
11대	2009년	박아청(교육학과)
12대	2010년	권태찬(의과대학)
13대	2011년	최상호(경찰법학과)
14대	2012년	이병로(일본학과)
15대	2013년	최무진(경영정보학과)
16대	2014년	박희구(화학시스템공학과)
17·18대	2015~2016년	이상식(언론영상학과)
19대	2017년	정연식(세무학과)
20대	2018년	이승근(정치외교학과)
21대	2019년	김준식(의과대학, 소아과)
22대	2020년	서경석(스페인중남미학과)
23대	2021년	김성숙(경제금융학과)
24대	2022년	김희태(타불라라사 칼리지)
25·26대	2023~2024년	최해운(기계자동차공학)
27대	2025년	장준호(토목공학과)

2) 수요기도회

교수선교회가 주관하는 수요기도회는 매주 수요일 12시에 모여 말씀을 나누면서 캠퍼스 선교를 위해 중보기도하는 모임이다. 인도자가 은혜받은 말씀을 중심으로 간증 형식으로 진행하였으며, 간증이나 설교가 끝난 후 계명공동체를 위한 기도 제목을 놓고 합심으로 기도하였다. 기도회 후에는 의양관 교직원 식당으로 이동하여 식사를 겸해 교제하였다.

다음은 2015년 수요기도회 담당자 현황이다.

일 시	설교(간증)	중보기도	일 시	설교(간증)	중보기도
3/18	이상식 교수	이승근 교수	5/6	김창완 교수	정호진 교수
3/25	김준식 교수	장요한 교수	5/13	김춘해 교수	김향숙 교수
4/1	김정회 교수	서경석 교수	5/27	이상길 교수	이승근 교수
4/15	이병로 교수	우채영 교수	6/3	곽호철 교목	김희태 교수
4/22	정연식 교수	윤재우 교수	6/10	최무진 교수	이상식 교수
4/29	이종원 교목	전미향 교수			

교수들이 설교 및 간증과 중보기도 인도를 골고루 맡으면서 은혜롭게 진행하였다.

다음은 2017년 수요기도회 담당자 현황이다.

일자	강사	주제	중보기도
3/15	이상식 교수	차이스타 보고	정연식 교수
3/22	최해운 교수	간증	이승근 교수
3/29	김향숙 교수	간증	김준식 교수
4/5	곽호철 목사	학과 신우회	서경석 교수
4/12	김정명 학생	신천지	이상식 교수
4/19	이극범 목사	관용과 질서	이승근 교수
5/10	황재범 목사	종교개혁이야기(1)	김희태 교수
5/17	황재범 목사	종교개혁이야기(2)	박창일 교수

5/24	황재범 목사	종교개혁이야기(3)	우채영 교수
5/31	황재범 목사	종교개혁이야기(4)	우채영 교수
6/7	장요한 교수	전환점 -「오두막」을 읽고	우채영 교수
9/13	이상길 교수	동성애	정연식 교수
9/20	이인성 지사장 (극동방송대구지사)	동행, 생명, 나눔	김준식 교수
9/27	황재범 목사	종교개혁 이야기(5)	이승근 교수
10/11	황재범 목사	종교개혁 이야기(6)	김희태 교수
10/18		신임교원 환영회	이병로 교수
10/25	남원식 교수	마틴 루터의 종교개혁	서경석 교수
11/1	문경자 교수	내 앞에 엎드려라	이수원 교수
11/8	이경희 교수	역사로 이해하는 기독교의 세계화	우채영 교수
11/15	황재범 목사	추수감사절 찬양예배	김승진 간사
11/22	나성영 교수	간증	박창일 교수
11/29	조현정 교수	듣는 신앙과 보는 신앙	이상식 교수

2017년은 종교개혁 500주년을 맞이하는 해였기에 교리사를 전공한 황재범 교목실장이 종교개혁에 대한 주제로 강연하였으며, 이를 통해 종교개혁이 오늘 우리에게 어떤 신앙의 변화를 요구하는지 성찰하면서 신앙을 새롭게 하였다. 다음은 2018년 수요기도회 담당자 현황이다.

일자	말씀 및 간증	주제	중보기도
3/21	이상길 교수	이끎 공동체 소개	이승근 교수
3/28	박치근 장로(내일교회)	이끎 공동체 소개	김준식 교수
4/11	김춘이 교수	바람이 불어도 좋습니다	손동환 교수
4/25	이종범 총장	기독 교수 내면의 힘, 어디서 오는가	장요한 교수
5/2	김승진 간사	아프리카 선교 보고	서경석 교수
5/9	김재현 교수	삶의 바닥에서 만난 하나님	정연식 교수
5/16	허선호 교수	네 하나님이 됨이라	박창일 교수
5/23	배복환 목사	CCC 선교 보고	문경자 교수
6/20	곽호철 목사 박아청 교수	종강예배 및 세미나	우채영 교수

9/12	허도화 목사	강펀치 기도	이승근 교수
9/19	나00 인도 선교사	인도 선교 보고	김준식 교수
10/10	임재헌 선교사	외국인 사역	서경석 교수
10/17	구자천 목사	ROTC 사역	김희태 교수
10/24	김정남 교수	목회간호선교	장요한 교수
10/31	최금화 전도사	중국인 유학생 선교	전미향 교수
11/14	최경주 교수	간증	김성숙 교수
11/21	조현정 교수	믿음대로 될지어다	박창일 교수
11/28	황재범 교수	성도의 견인 교리	이종원 목사

2018년 수요기도회는 선교사들이나 기독동아리 간사들을 초청해서 선교 현장의 생생한 목소리를 들으면서 선교사들의 선교사역과 캠퍼스 선교를 위해 중보기도를 하였다.

다음은 2023년 수요기도회 담당자 현황이다.

일자	말씀 및 은혜 나눔	제목
4/5	이종원 교목실장	로그잼과 킹핀
4/19	한만배 교수	일상에서 하나님 부재함을 느낄 때
4/26	장요한 교수	네가 나를 사랑하느냐?
5/3	이상식 교수	먼저 그의 나라와 의를 구하라
5/10	문경자 교수	일과 영성, 복음의 날개를 달다
5/17	김향숙 교수	대구의 여성 선교사
5/24	김창완 교수	고난 속에 심겨진 소망
10/4	이종원 교목실장	친밀함
10/11	이상석 교수선교회장 (계명문화대)	내 인생의 하프 타임
10/18	정연인 교수	형통케 하시는 하나님
11/1	김성숙 교수	화목해야 할 때
11/8	손화정 교수	함께한 이웃들
11/15	박창일 교수	새로운 시작을 준비하며
11/22	이호형 교수	여호와를 신뢰하는 삶
11/29	이승근 교수	한국의 공공외교와 선교
12/6	우채영 교수	남은 자의 사명

2023년에도 교수들의 간증 중심으로 한 학기를 진행하였다.

다음은 2024년 2학기 수요기도회 담당자 현황이다.

일자	말씀	비고
9/25	이종원 목사	교목실장
10/2	이정환 교수(공과대학)	교수선교합창단장
10/16	손동환 교수(약학대학)	약학대학 학장
10/23	이선장 교수(체육대학)	체육대학 학장
11/6	이종한 교수(인문국제학대학)	동산도서관장
11/13	박천만 교수(자연과학대학)	공중보건학과
11/20	허선호 목사(타불라라사)	타불라라사
11/27	황재석 교수(의과대학)	의학과
12/4	이상식 교수(사회과학대학)/총회	언론영상학과
12/12	계명대/문화대 교수선교회 연합예배	채병관 목사

2024년 2학기는 퇴직을 앞둔 교수들 위주로 인도하면서, 그동안의 캠퍼스 사역과 각자의 삶을 인도하신 하나님의 은혜를 간증하였으며, 퇴직 이후의 계획도 함께 나누었다.

3) 교수선교회의 주요 행사

대구경북교수선교회 동계수련회

2018년 1월 6일(土) 제28회 대구경북교수선교회 동계수련회를 계명대학교 교수선교회 주관으로 "캠퍼스 선교 위기 시대에 부흥의 길을 묻다"라는 주제로 신바우어관 덕영실에서 개최되었다. 특강 강사로는 한동대 장순흥 총장과 사이비종교 피해대책연맹의 정동섭 총재와 대구학원복음화협의회 상임총무인 임호근 목사가 특강을 맡았다. 이날 선교대회에서 찬양제와 외국인 유학생에 대한 선교 보고가 진행되었으며, 캠퍼스 선교를 위해 헌신을 다짐하였다.

2019년 동계세미나

선교지 탐방

2018년 선교지 탐방

2018년 2월 24일에 영천-청송-안동 일대를 중심으로 대구·경북 지역의 선교지를 탐방하였다. 먼저 아담스 선교사가 세운 자천교회를 탐방하였으며, 이후 신태식 명예총장의 모교회인 복동교회와 동산대, 봉경 이원영 목사의 생가를 방문하였으며, 돌아오는 길에는 이종만 목사가 운영하는 유은복지재단을 들러 교제를 나누었다. 2019년 2월 23일(土)에는 27명의 회원이 전남 영광 염산교회, 야월교회를 탐방하면서 순교자들의 삶을 살펴보았으며, 광주 호남신학대학의 유진벨 선교사 고택 및 묘지 등을 중심으로 선교지 탐방을 하면서 선교사들의 헌신을 되새겼다.

대구경북교수선교회 5월 월례기도회 주관

대구·경북교수선교회 월례기도회가 학기 중에 매월 셋째 주 토요일 아침에 진행되고 있으며, 각 대학 교수선교회가 돌아가면서 맡고 있다. 계명대학교 교수선교회는 매년 5월 셋째주 월례기도회를 주관하고 있다. 2018년에는 5월 19일 오전 7시 30분에 남산교회에서 가졌는데, 이날 설교를 맡은 황재범 교목실장은 "우리의 연약함을 도우시는 성령"이라는 제목으로 설교하였다. 2019년에는 4월 20일(土) 오전 7시 30분에 월례기도회를 동신교회에서 진행하였다.

2018년 남산교회 월례기도회 특송

2000년에는 코로나19로 인해 보산관에서 온라인으로 5월 월례기도회를 진행하였으며, 2021년과 2002년 5월 월례기도회는 아담스채플관 208호에서 온라인으로 진행하였다.

2023년에는 대면으로 전환하여 5월 월례기도회를 주관하였는데, 5월

20일(토) 오전 7시 30분에 동신교회 참신관에서 드렸다. 교수선교회는 358장 '주의 진리 위해 십자가 군기'를 찬양으로 드렸고, 이종원 교목실장은 "섬김으로 일꾼 세우기"라는 제목으로 바울과 디모데처럼 섬김의 본을 보이면서 신실한 일꾼을 세우고 선한 영향력을 발휘할 것을 강조했다. 2부 기도회는 교수선교회 회장인 최해운 교수의 인도로 학원 복음화와 국가와 한국 교회를 위하여 합심 기도를 드렸다. 2024년에도 5월 18일(토) 오전 7시 30분에 대구 동신교회 참신관에서 드렸으며, "내 평생에 가는 길"을 찬양으로 드렸고, 이종원 교목실장은 "티쿤 올람"이라는 제목으로 세상을 행복하고 풍요롭게 변화시킬 것을 강조했다. 2부 기도회는 교수선교회 회장인 최해운 교수가 인도하여 학원 복음화와 한국교회를 위하여 기도하였다.

4) 이끎 섬김공동체와 이주민 선교 협력

2018년 3월 계명대학교 남문 건너편 건물 4층에 섬김공동체 '이끎'이 세워지게 되었다. 이끎 공동체는 내일교회의 박치근 장로와 이상길 교수(약학과)의 헌신과 대구·경북의 여러 단체의 후원으로 3월 10일 창립 예배를 드렸다. 이끎 공동체는 계명대학교 교수선교회와 기독동아리와 연합하여 캠퍼스 복음화를 위해 협력하게 되었다. 이끎 공동체는 기독동아리의 모임 장소로 개방되었는데, 그동안 장소가 부족한 기독동아리들이 이끎 공동체를 자유롭게 이용하면서 기도회와 성경공부를 활발하게 진행할 수 있었다. 이끎 공동체는 찾아오는 학생들을 위해 공간을 제공하며, 커피와 음료 및 간식을 무료로 이용할 수 있도록 하였으며, 초기에는 내일교회의 자원봉사자들이 섬겼지만, 지금은 무인카페처럼 방문하는 학생들이 편하게 활용하고 있다.

대구이주민 추석 축제는 대구평화교회 주최로 대구·경북 지역의 외국인 근로자들을 대상으로 추석 당일에 한마당 축제를 매년 개최하고 있다. 교수선교회는 매년 계명대학교 체육관에서 진행하는 대구이주민 추석 축제를 위해 재정적인 후원과 물품으로 도움을 제공하고 있다.

5) 중국인 유학생 선교

2000년대 들어서 외국인 유학생들이 한국으로 많이 유입되었으며 계명대학교에도 외국인 학생들이 점차 늘어났는데, 특히 중국인 유학생의 숫자가 압도적으로 많았다. 교수선교회는 외국인 학생들에 대해 관심을 갖고 유학생 선교를 위해 기도하였는데, 이러한 기도는 2008년 견고한 크리스천 세우기로 열매를 맺게 되었다.

제1회 견고한 크리스천 세우기는 2008년 9월 5일부터 7일까지 2박 3일 동안 계명대학교의 중국인 유학생 52명을 대상으로 왜관 연화리 피정의 집에서 개최되었다. 미국 LA세계로교회의 선교팀은 프로그램과 재정으로 참여하였고, 교수선교회와 대구 지역 교회 80명의 자원봉사자들은 음식 준비와 안내 등으로 52명의 유학생들을 그리스도의 사랑으로 섬겼다.

견세(견고한 크리스천 세우기)는 미국 KOSTA 프로그램과 트레스디아스를 모델로 기획하였는데, 유학생들을 섬김으로 감동시킨 후 말씀이 자연스럽게 녹아들도록 하였다. 이를 위해서는 봉사자들의 헌신이 절대적이었는데, 봉사자들은 예수 그리스도의 사랑으로 학생들을 진심으로 품고 섬겼다. 이튿날 저녁 세족식에서 교수선교회 회원들이 제자들의 발을 씻겨 주자 학생들에게 큰 감동이 일어났고, 교수들과 학생들은 서로 부둥켜안고 울며 함께 기도했다.

프로그램을 마칠 때 19명이 그리스도인이 되기로 고백하였고, 43명은 하나님을 더 알고 싶다고 고백하였다. 이러한 결실은 프로그램을 위해 수고한 자원봉사자들의 수고와 기도 때문이었다. 봉사자들은 여름 내내 준비로 수고하였으며, 중보기도와 꽃꽂이, 차량 봉사, 테이블 리더와 통역 등 각자 다양한 은사를 활용하여 적극 참여하면서 헌신하였다. 80명이 넘는 이들이 자발적으로 섬겼고, 참여한 학생들은 천국을 경험하였다.[264] 이후 계속된 견세 프로그램에는 견세 수료자들이 통역 및 리더로 참여하면서 선순환 구조를 이루었다. 해를 거듭할수록 참여한 이들이 많은 은혜를 받았으며 더욱 체계적으로 발전시키는 계기가 되었다.

북경에서 참여했던 중국인 단장은 유학생들이 전국에서 왔으며, 심지어 신장에서 온 학생도 있다는 이야기를 듣고 매우 놀랐다. 그는 "중국에서는 이렇게 다양한 학생들을 한자리에 모이게 하는 것이 불가능하며, 특히 신장은 이슬람교가 워낙 강해서 선교사들이 10년 동안 사역해도 한두 사람을 구원하기 어려운 지역"이라고 말하면서 중국인 유학생들을 위한 헌신에 깊은 감사의 마음을 전했다.

2010년 제3회 견세

제3회 견고한 크리스쳔 세우기는 2010년 9월 3일에서 5일까지 삼랑진

264 대구경북교수선교회 편, 『기독교수행전』, 200.

에서 진행했는데, 계명대학교 교수선교회가 주최하고, 미국 LA세계로교회와 뉴저지초대교회, 그리고 북경시온교회가 주관하고, 아멘교회 등 대구 지역의 교회가 후원하였다. 중국인 유학생을 견고한 제자로 세우기 위해 여러 국가의 구성원들이 합력하여 선을 이루었는데, 프로그램을 준비하고 진행하는 중에 불평이나 갈등 없이 오로지 은혜와 사랑이 가득한 가운데 진행되었다. 이후 견세는 5회 대회 때까지 교수선교회가 중심이 되고 미국 LA한길교회와 뉴저지초대교회, 북경시온교회가 함께 협력하면서 활기를 더했다.[265]

이후 견세는 추석 명절 전후를 이용한 중국 유학생 집회인 차이스타(CHISTA, Chinese Students Abroad)로 발전하게 되었다. 차이스타는 북미 한인 유학생들을 중심으로 추진해 왔던 KOSTA에서 창안해서 만들었다. KOSTA를 통해 많은 한국 유학생들이 은혜받고 변화되어 사회적, 영적 지도자로 활동하고 있는데, CHISTA 역시 한국에서 공부하는 중국 유학생들을 영적 리더로 세우고자 추진되었다.

당시 한국에 유학 온 중국인이 8만 명에 달하면서 대구·경북지역의 대학에도 약 8천 명의 중국인 유학생이 있었다. 2010년 12월 대구·경북지역의 중국 사역자들이 협의체를 구성하기로 하였으며, 2011년에 대구경북교수선교회의 역점 사업으로 추진되었다. 2011년 초부터 중국유학생 사역자들이 매월 모임을 가지면서 사역자 네트워크를 만들었으며, 대구경북교수선교회가 주최하고 지역교회들이 재정적으로 후원하기로 하였다.

중국인 유학생의 영적 성장과 비전 발견이라는 목적과 이를 위한 사역 비전 및 선교전략 수립이라는 두 가지 목적을 가지고 2011년 제1회 차이스타대회가 개최되었다. 차이스타의 공식 명칭은 글로벌리더십캠프(Global Leadership Camp)로서 중국 유학생들을 세계적인 리더로 만들기 위하여 캠프를

265 같은 책, 198-199.

운영한다는 목적을 갖고 발족되었다.[266]

2011년 10월 2일에서 3일까지 구미에 위치한 경북청소년수련센터에서 제1회 차이스타 대회가 개최되었는데, 사역자와 봉사자 100명, 중국 유학생 약 400명을 포함해서 전체 500명이 참여하여 은혜를 나누었다. 견세에 참여한 강사들이 차이스타의 강사로 수고했으며, 설교, 주제 강의, 선택식 강의(인생비전과 시간관리, 공부, 성경개관, 창조과학, 내적치유와 상담, 연애와 결혼), 상담, 워크숍, 찬양, 워십 댄스, 레크레이션과 조별 활동 등 다채로운 프로그램을 진행하였다. 첫날 집회 시간에 김에스라 목사의 설교 후 결단의 시간에는 참여 학생의 절반이 복음 전도자로 살겠다고 서원하였다.

제3회 차이스타 대회

제2회 차이스타 대회는 2012년 10월 1일에서 2일까지 대구 팔공산 평산아카데미에서, 제3회 차이스타 대회는 2013년 9월 20일에서 21일까지 경주 켄싱턴리조트에서, 제4회 차이스타 대회는 2014년 10월 3일에서 4일까지 경주 보문 청소년수련원에서, 제5회 차이스타 대회는 2015년 10월 9일에서 10일까지 부산 수영로교회에서, 제8회 차이스타 대회는 2018년 9월

---

266 같은 책, 203.

25에서 26일까지 경주 켄싱턴리조트에서 개최하였다.[267]

차이스타에 참여한 학생들은 영적 체험을 통해 하나님을 인격적으로 만나는 계기가 되었으며, 사역자들은 네트워크를 구축하면서 활력을 얻었다. 차이스타가 진행되는 동안 사역자들은 유학생 사역 경험담을 나누면서 서로 위로받고 효과적인 사역에 대한 지혜를 나누면서 헌신을 다지는 계기가 되었다.

(3) 교수선교합창단

교수선교합창단은 1995년 11월 25일에 발족되었다. 초대 단장은 정만득 교수가, 총무는 최상호 교수가, 회계는 이병로 교수가, 서기는 박광희 교수가, 지휘는 이승선 교수가, 반주 김춘해 교수가 맡았다. 합창 연습은 약 30명 정도가 참여하여 1996년 2월부터 매월 2~3차례 가졌다. 1996년 첫 행사로 교수합창단 동계수련회를 가졌는데, 1월 5일과 6일 1박2일 일정으로 경주교육문화회관에서 독보법(讀譜法)과 발성법을 비롯하여 성가곡으로 합창 연습을 하면서 단원 간 친목을 다졌다. 1996년 2월 26일 계명대학교 본관(현 행소관) 봉헌 예배 시에 특송을 하였으며, 5월 6일 교직원 예배와 11월 20일 채플 시간에 특송을 하였다.

1997년 단장은 정만득 교수가 그대로 맡았고, 부단장은 나성영 교수가, 총무는 이병로 교수가, 회계는 박광희 교수가 맡았다. 하계 수련회를 6월 23일에서 24일까지 지리산 프라자 호텔에서 가졌고, 교직원 예배 특송과 학생 채플 찬양, 그리고 평강교회에서 특송을 하였다.

---

267 같은 책, 204-205.

2019년 추수감사찬양예배 교수선교합창단 찬양

1998년에는 김종선 교수가 단장을 맡았고, 나머지 임원은 그대로 유지했다. 5월 20일 개교기념행사에 사회교육원 주부합창단과 함께 특송을 하였으며, 6월과 11월에는 교직원 예배에서 특송을 하였고, 6월 2일과 12월 1일에는 채플 시간에 특송을 하였다. 12월 18일에는 1박 2일 일정으로 충무 마리나 콘도에서 동계수련회를 진행하면서 합창 연습과 친목을 도모하였다.

교수선교합창단은 매년 약 30~40여 명의 교수들이 동계 또는 하계 수련회를 통해 성가 연습 및 친목의 시간을 가졌으며, 매년 학생 채플에서 정기적으로 특별찬양을 하였고, 외부 활동으로는 교회나 기관 등의 초청을 받아 초청연주회를 갖기도 하였다. 교수선교합창단은 학생 채플, 추수감사절 및 성탄절 행사 등에서 찬양으로 봉사하고 있다.

(4) 복음선교회

복음선교회는 1995년에 복음선교회 설립을 위한 준비 모임을 가졌으며, 이듬해인 1996년 4월 2일(화) 바우어관 1층 학생생활연구소 강의실에서 창립총회를 개최하였다. 복음선교회는 계명대학교의 설립 정신인 기독교 정신을 전파하고 직원 상호 간의 교제를 통하여 신앙을 증진하는 목적으로 설립되었다. 2025년 기준 100명이 넘는 회원이 가입되어 있으며 월례 예배, 기도회, 봉사활동, 장학금 전달 등의 방법을 통해 학원 선교에 힘쓰고 있다. 월례 예배를 드리면서 생일을 맞이한 회원들에게 선물을 전하면서 축하의 시간을 갖고 있다.

복음선교회 회장

임기	임기 시작일	회장명	임기	임기 시작일	회장명
1대	1996. 4. 2.	조웅걸	16대	2011. 3. 1.	손근호
2대	1997. 4. 1.	조웅걸	17대	2012. 3. 1.	성이환
3대	1998. 4. 1.	정지룡	18대	2013. 3. 1.	이은희
4대	1999. 4. 1.	정지룡	19대	2014. 3. 1.	강숙성
5대	2000. 4. 1.	남택수	20대	2015. 3. 1.	배영호
6대	2001. 4. 1.	남택수	21대	2016. 3. 1.	홍 숙
7대	2002. 4. 1.	조웅걸	22대	2017. 3. 1.	조상국
8대	2003. 4. 1.	이선봉	23대	2018. 3. 1.	정호기
9대	2004. 4. 1.	이선봉	24대	2019. 3. 1.	김점웅
10대	2005. 4. 1.	양재희	25대	2020. 3. 1.	김점웅
11대	2006. 4. 1.	양재희	26대	2021. 3. 1.	김점웅
12대	2007. 3. 1.	조동제	27대	2022. 3. 1.	정경훈
13대	2008. 3. 1.	조동제	28대	2023. 3. 1.	정경훈
14대	2009. 3. 1.	김기환	29대	2024. 3. 1.	정경훈
15대	2010. 3. 1.	박성우	30대	2025. 3. 1.	신동익

2016년 진행한 주요 행사로는 6월 23일에서 24일까지 켄싱턴리조트(경

남 하동군)에서 진행한 하계직원 연수회 중 아침기도회를 가졌다. 복음선교회는 매년 하계 봉사활동 및 선교지 탐방을 진행해 오고 있는데, 하계 봉사활동은 계명1%사랑나눔에서 예산의 일부를 지원받아 활동하고 있다. 7월 16일(토)에는 안동 애명노인마을에서 봉사활동을 했으며, 봉사활동 후에는 안동 하회교회를 탐방하였다. 또한 네팔에서 사역하고 있는 권경선 목사에게 50만 원의 선교비를 후원했다.

2017년에는 동계 신앙수련회를 2017년 1월 6일에서 7일까지 1박 2일 동안 칠곡 동영 약용식물원에서 가지면서 신앙을 새롭게 하고 친목을 다졌다. 하계 봉사 및 문화 탐방으로 7월 8일 상주보육원에서 봉사활동을 했으며 국립낙동강생물자원관을 탐방하였다. 서주은(중국어문학전공 4학년) 학생에게 장학금 50만 원을 지원하였다.

2018년에는 동계 신앙수련회를 2018년 1월 19일에서 20일까지 칠곡 동영학술림에서 가졌는데, 수련회를 통해 새해의 계획을 나누며, 신앙을 돈독히 하고 교제 시간을 가졌다. 하계 봉사활동 및 문화 탐방으로 8월 25일 안동 애명노인마을에서 봉사활동을 했으며, 봉사활동 후에는 월영교를 탐방하였다. 안혜진(피아노전공 2학년) 학생에게 장학금을 50만 원 지원하였다. 2019년에는 주제를 “하나님을 사랑하는 복음선교회”로 정하고 더욱 모이기에 힘썼다. 동계 신앙수련회를 1월 18일에서 19일까지 경주 대명리조트에서 가지면서 캠퍼스 복음화를 위해 기도하며 신앙을 새롭게 하였다. 9월 28일에는 안동 애명노인마을에서 봉사활동을 했으며, 봉사활동 후 도산서원 외 안동 지역의 문화유적지를 탐방하였다.

2020년에는 코로나19 바이러스의 확산에 따라 대면 모임을 대신하여 매주 월요일 아침마다 주간 편지를 메일로 발송하였다. 편지의 내용은 성경말씀 묵상 및 찬양, 그리고 기도 제목과 복음선교회 소식과 더불어 교회 관련 주요 뉴스 등을 실었다. 하계 봉사활동 및 문화 탐방을 10월 24일(토) 상주보육원에서 진행하였는데, 코로나19 감염 예방을 위해 대표 임원만 방문하여 봉사 물품을 전달하였다. 2020년에는 장학금 지원도 확대하였는데, 복음선교회 회원의 추천을 받아 7월 8일에 신백경(국제통상학전공), 황소명(경영학전공), 김도현(기독교학과) 3명의 학생에게 그리고 10월 28일에는 장혜리(토목공학전공), 송다은(간호학과), 강유경(작곡전공) 학생을 선발하여 1인당 50만 원씩 장학금을 지급하였다.

2021년에도 코로나19 확산이 지속되었기에, 대면 모임 대신에 매주 월요일 주간 편지를 메일로 발송하였으며, 6월 24일에는 복음선교회 회원의 추천을 받아 권평화(대학원 신학과), 소준형(미국학전공), 임대환(기계공학전공), 김소닮(철학과), 이수진(식품영양학전공) 학생을 선발하여 1인당 50만 원씩 장학금을 지급하였다. 하계 봉사활동을 11월 6일 상주보육원에서 진행하였는데, 코로나19 감염 예방을 위해 대표 임원만 방문하여 봉사 물품을 전달하였다.

코로나19 확산이 진정되자 2022년 6월 21일 12시에 월례예배를 대면으로 드렸다. 6월 21일에는 복음선교회 회원의 추천을 받은 이하임(기계공학전공 1학년) 학생을 장학생으로 선발하여 50만 원을 전달하였다. 10월 15일에는 안동 인계교회에 봉사 물품을 전달하고, 시설물 청소와 보건 의료 봉사를 하였다.

2023년 6월 21일 김민오 학생(기독교학과 1학년)을 장학생으로 선발하여 50만 원을 지급하였다. 7월 5일에서 17일까지 교직원 연합 국외 봉사활동을 캄보디아 프놈펜 지역에 위치한 소금과빛 국제학교에서 봉사하면서, 캄보디아 소금과빛 국제학교의 학생 8명에게 총 400불의 장학금을 전달하였다. 11월 9일에는 고3 수험생 자녀 학부모 회원 9명에게 선물을 전달하였으며, 11월 11일에는 안동 인계교회에서 시설물 공사 및 청소와 보건 의료 봉사를 하고, 봉사 물품을 전달했다. 12월 19일에는 과일잼 세트를 성탄 선물로 배부하고, 매월 대상 회원에게 생일 축하 선물로 스타벅스 커피 쿠폰을 전달하였다.

2023년 안동 인계교회 봉사

2024년 6월 24일 구민기(컴퓨터공학과 1학년) 학생과 김성환(전자공학과 1학년) 학생을 장학생으로 선발하여 각각 50만 원씩 지급하였다. 봉사활동 및 문화탐방으로 11월 2일 김문영 목사가 섬기는 성주 수성교회와 한개마을에서 예배당 바닥 공사 및 청소를 하였다. 11월 1일에는 고3 수험생 자녀 학부모 회원 6명에게 초콜릿을 전달하면서 격려하였으며, 12월 5일에는 성탄 선물로 캐스키드슨 홀리데이 선물 세트를 배부하였고, 매월 생일을 맞이한 회원에게 스타벅스 커피 쿠폰을 선물로 전달하였다.

(5) 기독인 모임 및 기독동아리

학생들과의 만남을 통해 복음을 나누는 신우회는 기독 교수들의 자발적인 헌신으로 운영되었다. 다음은 1997년 성경공부와 신우회 모임 현황이다.

대학	성격	내역
경영대학	성경공부	이병찬 교수 외 7명

자연과학대학	신우회	조영수, 임대근 교수 외 학생 20명
공과대학, 가정대학	신우회	김종영 교수 외 학생 30명
법과대학	신우회	최상호 교수 외 학생 20명

교수들이 퇴임 전 신실한 후배 교수에게 인계되기도 했으며, 교수의 퇴임과 함께 모임이 사라지기도 했다.

1) 인문국제학대학 목요일의 만남

인문국제학대학 목요일의 만남은 매주 목요일 점심시간을 이용하여 인문국제학대학 교수를 비롯하여 사범내, 타불라라사 대학 등의 교수들도 함께 참여하여 학생들과 함께 예배를 드리면서 교제를 나누는 시간이었다. 목요일의 만남은 2008년 8월, 남택수 장로가 인문대학 행정실장으로 부임하게 되었을 때로 거슬러 올라간다.

당시 김인수 교수 중심으로 한 영어영문학과 신우회와 철학과의 기독교학과의 모임 등 여러 모임들이 있었다. 어느 날 교육학과 박아청 교수가 남택수 인문대 행정실장에게 영암관에서의 연합예배를 제안하였고, 이에 김인수 학장, 중어중문학과 이종한 교수, 일어일문학과 나성영 교수, 국어국문학과 원명수 교수, 철학과 김용일 교수, 그리고 기독교학과의 여러 교수와 협력하여 기존의 모임을 하나로 통합하여 운영하기로 하였다. 이에 따라 영암관에 있는 인문대학, 사범대학의 학생, 교수, 조교, 직원과 타 대학의 희망 학생들까지 함께 모이기로 결의하였다. 이렇게 하여 기존의 신우회와 모임을 연합하여 "木요일의 만남"을 창설하고 운영하게 되었는데, 매주 목요일에 함께 모여 예배하고 친교하면서 활성화된 모임으로 성장할 수 있었다.

6개월의 준비기간을 거친 후, 2009년 3월부터 매주 목요일 12시 영암관 240호에서 "木요일의 만남" 모임을 갖게 되었다. 모이는 날을 목요일로 정한 것은 나무 '木'자가 지닌 독특한 상징 때문이었다. 나무 '木'자는 가운데에 십자가가 있고, 그 아래 양쪽에는 십자가를 붙들고 기도하는 모습으로 보인다. 이러한 상징을 부여하여 매주 목요일 12시에 인문국제학대학에 속한 구성원들이 함께 모여 십자가의 보혈을 감사하고 구원의 십자가를 전하기 위해 예배하는 모임으로 발전하였다. 말씀은 주로 교수들이 전하고, 기도는 참석자들 가운데 돌아가면서 하고, 점심은 교수와 직원 가운데 후원을 받아 김밥을 준비했다. 처음에는 20명 정도가 모였으며, 예배를 위해 교비를 지원받아 디지털피아노도 구입하였다.

차츰 모임 인원이 늘어나 장소를 354호로 옮겼으며, 인문대학의 주요 행사로 자리 잡게 되었다. 말씀은 주로 박아청 교수(교육), 김인수 교수(영문), 김용일 교수(철학), 원명수 교수(국문), 이종한 교수(중문), 기독교학과의 오우성 교수, 정중호 교수, 허도화 교수, 황재범 교수, 박민수 교수와 행정실장 남택수 등이 담당했으며, 대표 기도는 나성영 교수(일문), 권민균 교수(유아교육), 김신혜 교수(영문), 신지숙 교수(일문), 김선정 교수(한국문화), 최은정(중문) 교수 등이 맡았다. 예배는 기독교학과의 신우회장과 찬양팀의 인도로 찬양을 드리고, 이어서 담당 교수가 준비한 말씀을 나누었다. 예배를 드린 후에는 교내 식당으로 이동하여 교제의 시간을 가졌다. 목요일의 만남을 위해 기독교학과에서 찬양 인도를 맡아 수고하였다.

매주 월요일 임원들이 "목요일의 만남" 포스터(일시, 장소, 설교 제목, 설교자) 10여 장을 영암관 게시판에 붙여 홍보하였다. 학기 말에는 작은 음악회와 피자 파티도 겸하면서 영암관의 새로운 문화로 정착되었다. 매 학기 종강 시간에 진행한 작은 음악회와 피자 파티는 남택수 실장이 사회를 맡았으며, 학기마다 다채로운 순서를 준비하였다. 김인수 나성영 교수의 아코디언 협주, 박재황 교수(교육)의 색소폰 연주, 허도화 교수(기독교)의 바리톤 독창, 한국문화정보학과 마이클 핀치 교수의 기타 연주와 학생들의 연주 등으로 매우 다양하고 흥미로운 순서로 진행했다. 음악 예배와 피자 파티가 소문이 나서 종강 모임에는 100명 이상이 모이기도 했다. 목요일의 만남은 이병로 학장의 퇴임과 코로나19의 여파로 모임이 중단되었다.

2) 자연과학대학 신우회 모임

자연과학대학 신우회 모임은 1990년대는 조영수, 임대근 교수 외 학생 20여 명이 모였으며, 2000년 이후에는 유민 교수가 이어받아 모임을 지속하였다. 매주 화요일 또는 수요일 점심시간을 이용하여 유민 교수(생명과학) 연구실에서 함께 모임을 가졌는데, 찬양과 교제, 간증과 말씀, 중보기도를 나눈 후 준비한 빵과 음료를 나누었다. 일상을 나누면서 함께 기도하고 희망과 용기, 소망을 얻는 모임이었다.

3) 기독동아리

2000년 11월 27일 빛세계선교회(LWM)가 주최하는 계명대학교 복음집회가 "향기 나는 선물"이라는 주제로 열렸다. 복음집회를 통해 그동안 복음을 듣지 못했거나 복음에 관심 있는 이들이 복음을 제대로 아는 유익한 행사가 되었다.[268] 2001년 10월 8일에는 IVF 주최로 "행복에의 초대"가 바우어관 시청각실에서 진행되었다. 기독교인이 아닌 사람들에게 기독교문화를 소개하기 위해 개최된 행사에는 게임, 댄스, 드라마 등의 프로그램이 진행되었으며, 이후 IVF 회원과 초청된 총 139명이 바우어관 시청각실 앞에서 준비된 리셉션을 가졌다.[269]

2015년 기준 기독동아리는 11개가 활동하였으며, 총동아리연합회에 소

---

268 「계명대신문」 859호 3면, 2000년 11월 27일.
269 「계명대신문」 875호 2면, 2001년 10월 15일.

속되어 활동하던 정동아리는 4개(DFC, LWM, SFC, IVF)였다. 이후 IVF와 LWM이 회원수 부족으로 인해 정동아리의 조건을 충족시키지 못해 제외되는 아픔을 겪었다.

2019년 기독동아리 현황

	단체	간사	지도교수	현황
1	CCC	배복환 간사	장요한 교수	120명
2	DFC	강세현 간사	박민수 교수	10명
3	ESF	임소라 간사		10명
4	캠퍼스바나바훈련	권두택 간사		3명
5	빛세계선교회(LWM)	김승진 간사	김희태 교수	10명
6	예수제자운동(JDM)	정은총 간사	이상혁 교수	4명
7	인터콥	권수빈 간사		10명
8	네비게이토	신동화 간사		20명
9	SFC	정현철 간사	김춘해 교수	25~30명
10	IVF	김태균 간사	정우경 교수	50명
11	예수전도단	김지수 간사		3명

현재 활동하고 있는 기독동아리는 8개이며, 정동아리는 DFC와 SFC 두 개뿐이다. CCC는 회원이 많아 정동아리로서 조건이 충분하지만, DFC와 같은 성격의 동아리인 관계로 정동아리에 가입하지 못하고 있는 실정이다.

2025년 기독동아리 현황

	단체	간사	지도교수	현황
1	CCC	박성현 간사	장요한 교수	120명
2	DFC	변현정 간사	박민수 교수	25명
3	J-Heart	임소라 간사		6명
4	빛세계선교회(LWM)	홍시언 간사	김희태 교수	5명
5	예수제자운동(JDM)	정은총 간사 공미송 간사	임충재 교수	5명
6	네비게이토	정의평 간사	박요한 교수	8명

7	SFC	정현철 간사 서가은 간사	김서준 교수	50명
8	IVF	오종현 간사	정우경 교수	15명

기독동아리 중에서 CCC가 가장 활발하게 활동하고 있다. CCC는 1990년대 DFC로 분리되기도 했지만, 복음 전파에 매진하고 있다. CCC는 사랑방에서 공동체를 이루면서 숙식을 함께 하고, 매주 금요일 아침에는 대운동장에서 축구하면서 친교를 다지고 있으며, 사랑의 밥집 등을 운영하면서 활발하게 활동하고 있다. 그 다음으로 SFC와 IVF가 활발하게 활동하고 있다. SFC는 소그룹 모임을 비롯해서 동아리방에서 기도모임과 양육모임 등을 진행하고 있으며, 방학 때는 수련회 등 연합모임을 하고 있다.

5. 대학교회의 선교활동

(1) 대학교회의 연혁

아담스채플이 1999년 봉헌되면서 한결교회는 성서 캠퍼스의 아담스채플로 이전하기로 결정하였다. 그리하여 교회 명칭도 계명대학교 대학교회로 변경하면서 더욱 내실을 기하게 되었다. 1999년 2월 26일 계명대학교 규정(일반행정 직제규정 3장 9조 4항)에 의해 교목실에 속한 초교파적인 개방형 지역사회를 위한 교회로 설립을 허가받았다. 교회명도 한결교회에서 계명대학교 대학교회로 변경하고 성서캠퍼스에 위치한 아담스채플로 이전하였다. 아담스채플이 완공된 후, 1999년 6월 6일 대학교회 설립 예배를 드리고 당시 교목실장인 오우성 목사가 초대 담임목사로 취임하였다.

대학교회 담임목사

	성 명	기 간	보직
1	오우성	1999. 6. 6. ~ 2000. 2. 29.	교목실장
2	정중호	2000. 3. 1. ~ 2003. 2. 28.	교목실장
3	허도화	2003. 3. 1. ~ 2010. 7. 15.	교목실장
4	임경수	2010. 7. 16. ~ 2012. 7. 31.	교목실장
5	황재범	2012. 8. 1. ~ 2018. 7. 31.	교목실장
6	허도화	2018. 8. 1. ~ 2020. 2. 28.	교목실장
7	임경수	2020. 3. 1. - 2023. 7. 31.	교목실장
8	이종원	2023. 8. 1. ~ 2025. 1. 31.	교목실장직무대리/교목실장
9	김서준	2025. 2. 1. ~ 2025. 7. 31.	교목실장직무대리
10	박정근	2025. 8. 1. ~	교목실장직무대리

2007년 2월 공동의회에서 시무장로의 정년을 만 65세로 정하였다. 6월에는 창립 8주년 기념 감사 예배 및 임직 예식을 드렸다. 2009년 4월에는 교회 내 최고 의사 결정 부서를 당회에서 운영위원회로 변경하였다.

(2) 대학교회의 특성과 변모

대학교회가 있는 아담스채플은 1,200석의 대예배실과 250석의 중예배실을 비롯해 여러 소예배실, 기도실, 교육관, 상담실, 친교실, 방송실, 파이프 오르간 등 예배와 모임을 위한 시설이 완비되었으며, 넓은 주차장도 갖추고 있어 대형교회에 버금갈 정도로 최상의 시설과 기자재를 갖추었다.

대학교회는 다음과 같은 특성을 지닌다. 첫째, 대학교회는 계명대학교와 계명문화대학교의 교직원과 학생, 그리고 지역 주민들에게 열려 있는 개방형 교회이다. 둘째, 대학교회는 하나님과 이웃을 섬기기 위해 예배와 찬양, 선교와 교육, 사랑과 나눔을 감당하기 위한 섬김의 공동체이다. 셋째, 대학교회는 캠퍼스 복음화를 위해 구성원들의 신앙 지도와 장학 복지를 지원하며, 지역사회가 바른 사회망을 형성하도록 돕는 선교적 공동체이다.

대학교회는 성서 캠퍼스로 이전하면서 다음과 같이 새롭게 변모하였다. 첫째, 대학교회는 교회 이름을 한결교회에서 계명대학교 대학교회로 바꾸어 계명대학교에 소속된 부속기관으로서의 정체성을 새롭게 정립하였다. 캠퍼스 선교를 전담하는 교목실과의 긴밀한 관계 속에서 안으로는 대학의 구성원들을 섬기고, 밖으로는 지역사회를 품고 세상을 향해 빛을 여는 선교적 사명을 다하는 교회로서의 사명을 새롭게 정립하였다. 계명대학교 직제규정 제2장 제8조 2항에 따르면, 총장 직속 기구로서 "교목실에 선교지원팀과 대학교회를 두며"라고 명시하고 있다. 이에 따라 대학교회는 학교 규정에 따라 총장 직속 기구로서 교목실의 산하 조직으로 재편되어 오늘에 이르고 있다.[270]

둘째, 대학교회는 교단의 경계를 벗어나 초교파적 개방형 교회로 탈바꿈하였다. 대명캠퍼스 한결교회 시절에는 통합 측 장로교단에 소속되었지만, 성서로 이전하면서 특정 교단의 경계를 벗어나 신앙과 학문의 조화를 추구하는 초교파적 개방형 교회로서의 정체성을 새롭게 하였다. 이러한 초교파성은 대학교회가 갖는 공공성과 함께 교단과 교파, 그리고 지역을 초월하여 교회연합운동에 적극 참여하게 하는 계기가 되었다. 대학교회는 학문과 교단의 경계를 자유롭게 넘나들면서 초월성과 내재성의 통섭을 추구할 수 있게 되었으며, 진리와 정의와 사랑의 하나님 나라를 확장하고 구현하는 데 힘쓰고 있다.[271]

---

270 계명대학교 성서이전사 편찬위원회, 『계명대학교 성서캠퍼스 세계를 향해 빛을 비추다』, 407.

271 같은 책, 407-408.

셋째, 대학교회는 지역사회를 섬기며 세계에 빛을 비추는 섬김의 공동체로서 대학생들과 교직원, 그리고 그들의 가족뿐 아니라 지역 주민들까지 자유롭게 참여할 수 있도록 문턱을 낮추었다. 대학교회는 교세 확장과 더불어 교회 건축이나 유지에 따른 재정적 부담을 더는 대신 재정의 50% 이상을 교회 밖의 이웃과 세상을 섬기는 데 사용할 수 있는 기틀을 마련하였다. 대학교회는 지역이나 공동체 주변에서 일어나는 공공의 문제에 대해 관심을 갖고 책임 있는 역할을 하며, 다양한 선교와 봉사활동으로 지역사회를 섬기면서 세상 속에서 빛과 소금의 역할을 감당하고 있다.

넷째, 대학교회는 평신도가 중심이 되어 자율적으로 운영되는 조직으로 새롭게 개편하였다. 대학교회는 장로, 권사, 집사 등의 조직으로 운영되는 기성 교회와는 달리 위원회의 회원이나 성도 등과 같은 호칭을 사용하면서 평신도가 중심이 되어 운영되도록 하였다. 이는 특정 교단이나 교파의 경계를 넘어섬과 동시에 지성인이 중심이 되는 교회의 구성원들을 배려하여 민주적인 목회 구조로 조직화한 것이었다. 이런 민주적인 관계를 기초로 모든 모임이나 활동에서 성도들의 자율적인 의견이 반영되도록 힘썼다.[272]

대학교회의 평신도 중심의 구조는 교회의 운영 내규, 주보, 재정 보고, 예배 등에서 잘 드러난다. 교회 조직은 기성 교회와 같은 당회나 제직회를 두지 않고, 평신도 중심의 교회위원회와 교육부서와 선교회 중심으로 조직되었다. 교회위원회는 예배·음악 위원회, 재정·장학 위원회, 교육위원회, 특별위원회, 봉사위원회, 새신자위원회, 선교위원회 등의 7개의 위원회로 구성되었다. 대학교회는 운영 내규를 통해 평신도 중심의 조직을 추구했으며, 그 핵심은 교회 운영에 교인들의 자발적인 참여를 확대하는 것이었다. 이를 위해 자발적인 봉사자들을 중심으로 하는 구역장과 각 부서장 등이 자율적으로 참여하는 교회위원회를 통해 교회의 다양한 활동을 논의하고 집행하

272 같은 책, 408.

도록 하였다.

다섯째, 대학교회는 삶의 현장에서 그리스도인으로서 실천과 봉사가 중심이 되어 교회 안의 신자로 머물러 있기보다는 지역사회 속에서 섬김을 통해 지역사회의 필요를 충족하고 복음의 진리를 드러내는 공공성을 지닌 교회로서의 정체성을 새롭게 하였다. 성도들이 신앙의 내실을 다져 성숙한 신자로 온전하게 양육되어 세상 속에서 빛과 소금의 삶을 살도록 하였다. 성도들이 세상 속에서 예수 그리스도의 제자로서 올곧게 살아가면서 그리스도인으로서 그윽한 삶의 향기를 세상 속에서 자연스럽게 드러내도록 하였다. 이는 교회 안의 거룩성과 교회 밖 세상을 향한 세속성을 조화시키면서 진리와 정의와 사랑의 나라를 세상 속에서 구현하는 방식이다.

(3) 대학교회의 예배

1) 예배

대학교회는 예배(leiturgia)와 말씀 선포(kerygma), 교육(didache), 교제(koinonia)와 섬김(diakonia)이라는 교회의 역할과 사명을 조화의 원리를 적용하여 균형 있게 드러내기 위해 힘쓰고 있다. 대학교회는 깊이 있는 성경적 지식과 폭넓은 교양을 통해 대학의 구성원인 지성인들의 지적 욕구를 충족시키고 영성의 깊이를 더하는 설교를 통해 지성과 영성의 조화와 균형을 추구하는 예배를 구현하고 있다.

대학교회의 주일예배는 파이프오르간의 전주로 시작된다. 장엄한 파이프오르간 연주 속에서 성도들은 깊은 울림 가운데 겸허한 마음으로 예배의 자리로 나아가게 된다. 대학교회는 전통적인 장로교 예배 형식에 따라 진행하면서 절기에 따라 평신도 중심의 공동체 예배를 진행하고 있다. 절기의 형식과 내용에 맞도록 평신도들이 다양한 은사에 따라 예배에 자발적으로 참여할 수 있도록 예배 형식을 다양화하고 있다. 절기 예배나 분기별로 연합예배를 드릴 때는 어린아이, 청소년을 위시한 다양한 연령층의 교인들이 함께 순서를 맡도록 배려하고 있다.

대학교회는 예배를 통해 성도들이 세상 속에서 그리스도인으로서 빛을 발하며 선한 영향력을 드러내는 통로 역할이 되도록 힘쓰고 있다. 설교를 통해 그리스도인이 실천해야 할 사랑, 용서, 정의, 화해, 평화, 희망 등과 같은 기독교적 가치들을 강조한다. 또한 신앙을 입으로만 고백하고 찬송하는 것이 아니라 그리스도의 지체로서 기독교적 가치들을 일상적인 삶 속에서 적극적으로 실천하도록 힘쓰고 있다.

대학교회는 영어 예배부와 중국어 예배부를 진행하기도 했다. 영어 예배부는 2011년 12월 명교생활관 중앙도서실에서 처음 시작되었다. 이후 아담스채플 3층 중예배실에서 매주 11시에 외국인 유학생들을 위한 공식적인 예배로 정착되어 예배 외에 다양한 친교 활동과 봉사활동을 하기도 하였다. 초기에는 박소영 목사가 담당하였으며, 2015년부터는 곽호철 목사가 담당하여 2018년까지 운영되었다. 또한 중국 유학생과 조선족을 대상으로 한 중국어 예배부는 2011년부터 시작되었다. 초기에는 임수무 목사가 담당하였으며, 2013년부터 2019년 8월까지 최금화 전도사가 담당하였으며, 이후 최금화 전도사가 푸른초장교회로 옮기면서 대학교회는 푸른초장교회의 중국인 유학생 사역을 후원하고 있다.

2) 지역교회와의 연합예배

대학교회는 5월에는 이웃교회를 초청하여 연합예배를 드리기도 하였으며, 12월에는 구세군과 연합하여 봉사활동을 하기도 하였다. 매년 5월 가정의 달을 맞이하여 아름다운 계명대학교 캠퍼스에서 예배드리기 위해 오는 이웃교회와 연합예배를 드리기도 했으며, 때로는 장애인들로 구성된 이웃 교회나 미자립 교회를 초청해서 함께 연합예배를 드리기도 했다. 이러한 연합예배를 통해 성도들은 개교회주의를 극복하고 좀 더 포용적인 기독교 세계관에 입각한 신앙을 갖는 기회가 되었다.

2005년 1월 2일에는 둥지장애인교회와 연합예배를 드리고, 예배 시간에 드려진 헌금과 성탄헌금전액을 둥지장애인교회에 지원하였다. 대학교회는 2016년 9월 기아대책 아동결연사업의 일환으로 희망월드컵 브라질 팀이 방문하였을 때 연합예배를 드렸으며, 2017년 10월에는 종교개혁 500주년을 기념하는 강연 형식의 예배를 드리면서 종교개혁의 의미를 되새기기도 하였다.

또한 대학교회는 매년 5월 전교인 연합예배를 드린 후, 학군단 훈련장에서 공동체 식사를 한 후 체육대회를 하면서 성도들 간의 친목과 단합을 도모하고 있다. 준비체조를 겸한 율동을 한 후, 보물찾기, 족구, 피구, 단체 줄다리기 등을 하면서 친교를 통해 관계를 더욱 돈독히 하고 있다.

3) 신앙 강좌

대학교회는 성도들의 신학적 지식과 성경에 대한 이해를 높이고, 기독교 세계관을 정립시키고자 정기적인 신앙 강좌를 개최하였다. 2007년 9월 제1회 아담스 신앙 강좌를 장경철 목사(서울여자대학교 기독교학과 교수)를 강사로 모시고 개최하였으며, 11월에는 추수감사절 행사를 겸하여 제2회 아담스 신앙 강좌를 개최하였는데, 김진영 목사(호남신대 상담학 교수)를 강사로 모시고 개최하였다. 또한 2011년 4월 춘계사경회(강사 강성일 목사)와 6월에는 가정사역 세미나를 개최하였다. 2013년 11월에는 제1회 '계명신학포럼'을 개최하였으며, 12월에는 제2회 '계명신학포럼'을 개최하였다. 그리고 2015년에는 민경배 교수(연세대학교 명예교수)를 강사로 모시고 한국교회의 역사에 대해 이해하며 사명을 새롭게 하는 시간을 가졌다.

(4) 대학교회의 선교와 봉사

1) 캠퍼스 선교

대학교회는 계명대학교 성서캠퍼스 체육관에서 진행된 “Again 1907 in Daegu” 대학청년기도회 행사를 후원하였다. 2006년 11월에는 바우어관 앞에서 사랑의 차 나눔 행사를 가졌으며, 매주 화요일과 수요일에는 기도회 후 학생들을 대상으로 전도를 하기도 하였으며, 2008년 가을학기를 맞이하여 경제적인 어려움으로 점심을 거르는 학생들을 위해 식권을 나눠주면서 격려하기도 하였다.

대학교회는 계명대학교와 계명문화대학교 학생들을 위하여 다양한 봉사활동과 전도활동을 진행해 오고 있다. 2008년 6월 기말고사 기간을 맞이하여 시험 준비로 아침을 거르는 학생들을 위해 아침 7시 도서관에서 사랑의 빵 나눔 행사를 처음 가졌다. 이후 매 학기 중간고사와 기말고사 기간을 이용하여 사랑의 빵 나눔 행사를 했는데, 2009년 10월에는 삼각김밥 1,000개와 음료를 나누었으며, 이후에도 커피와 녹차, 우유 등의 음료와 빵을 준비하여 도서관 로비에서 나누면서 시험 보는 학생들을 격려하였다. 10년 동안 지속되었던 사랑의 빵 나눔 행사는 2018년 9월부터 매주 화요일 아침기도회를 위한 빵과 음료 지원 행사로 변경되었다.

대학교회는 2012년부터 2014년까지 매년 가을 명교생활관 학생들을 대상으로 사랑 나눔 바자회 행사를 가졌다(2012년 10월 30일, 2013년 10월 31일, 2014년 9월 25일). 2015년 이후부터 2017년까지는 매년 봄마다 신학기를 맞이하는 명교생활관 학생들을 위해 바자회 행사를 개최하였다(2015년 3월 5일, 2016년 3월 31일, 2017년 3월 23일). 이를 위해 대학교회는 치약, 칫솔, 휴지, 샴푸, 비누, 세탁세제 등과 같은 다양한 물품을 구입하여 학생들에게 저렴하게 판매하였으며, 다양한 간식거리와 대학교회를 안내하는 팸플릿이나 소책자를 준비하여 소개하였다. 또한 2013년 4월에는 부활절 주간에 명교생활관 학생들을 대상으로 달걀 나눔 행사를 가지기도 하였다.

대학교회는 2016년부터 2018년까지 신입생 오리엔테이션과 입학식 기간을 이용하여 계명대와 계명문화대 신입생들에게 대학교회를 소개하는 리플릿과 물품을 전달하였다. 2009년 2월에는 학군단에서 임관하는 학생 47명에게 포켓용 성경을 전달하였는데, 이때부터 매년 2월 학군단 임관 예배시에 임관하는 후보생들이 성경을 가까이하고 신앙을 갖도록 포켓용 성경을 지원하였다. 2019년 9월에는 간호대학에서 주관하는 외국인 학생 건강검진 행사를 위해 빵과 음료를 지원하였으며, 이후 매년 외국인 학생 건강검진 행사를 위해 간식을 지원하고 있다.

2) 국외 선교

대학교회는 해외 선교에도 관심을 갖고 지원하였는데, 2004년 12월에는 키르기스스탄에 기독교 대학교를 설립하기 위해 신경희 손숙희 선교사를 파송하였다. 2006년 4월에는 동로교회와 연합예배를 아담스채플에서 드리면서 신경희 선교사의 설교와 선교 보고가 있었고, 당일 드려진 헌금을 키르기스스탄 기독교대학 설립을 위한 후원금(Seed money)으로 전달하였다. 2009년 9월에는 몽골 신다르항대학에 장학금을 지원하였으며, 11월에는 몽골 신다르항 대학교회의 교사들에게 겨울용 파카 20벌을 기증하였다. 또한 2010년 5월 몽골 신다르항대학 교사를 신축하는데, 게스트하우스 1실에 드는 비용 500만 원을 교사 신축비로 지원하였다. 2011년 10월 동일본 지진으로 인한 쓰나미로 피해를 입은 이들을 돕기 위하여 기아대책본부를 통하여 100만 원을 후원하였다. 2011년 7월에는 청소년 대상 비전 트립(Vision Trip)으로 필리핀 마닐라를 다녀왔으며, 2012년 8월에는 대학청년부 여름 단기선교로 태국과 라오스를 다녀왔다.

3) 대사회적 봉사

대학교회는 “하나님과 세상을 섬기는 공동체”임을 선언하였는데, 이 선언에는 대학교회의 본질과 사명이 잘 내포되어 있다. 대학교회의 성도들은 교회와 세상을 섬기는 이들로 규정한다. 성도는 하나님과 세상을 균형 있게 섬기기 위해 부름을 받은 자들이라는 이중적인 정체성을 갖는다. 성도는 죄 많은 세상 가운데서 ‘거룩한 하나님의 백성’으로 부름 받은 이들이며, 세상에서 진리를 드러내며 복음을 전할 제자로 파송받은 이들이다. 성도는 세상을 섬기기 위해 친히 삶으로 보여주신 예수 그리스도를 따라 세상 속에서 하나님의 거룩성을 드러내면서 섬기는 삶을 살아야 한다.

대학교회는 설립 10주년이 되던 2009년, 하나님이 통치하시는 더 크고 넓은 세상을 섬기려는 목적에서 봉사를 통해 세상으로 나아갈 것을 천명하였다. 이를 실천하기 위한 방법으로 첫째, 교회 재정의 50%를 교회 밖 소외된 지역과 이웃을 향해 사용하고, 둘째, 특별절기헌금은 모두 교회 밖에 있는 더 큰 하나님의 교회를 향한 재정임을 선언하고 이를 위해 사용하기로 하였다. 대학교회는 이를 위해 정기적으로 섬김을 위한 동기를 부여하고, 이를 실천하면서 지역사회와 주변의 이웃들을 향하여 카리타스의 정신으로 섬기고 있다.

또한 설립 10주년 기념사업으로 계명대학교 내에 기독선교센터를 설립하고, 기독교학과와 학생 및 재정 지원을 위한 교류협정을 체결하였다. 교회의 섬김은 계속해서 교회 밖을 향하여 흘러넘치지 않으면 그 본질과 방향을 잃게 될 수 있다. 성도들은 세상 속에서 끊임없이 하나님의 뜻과 계명을 따르며 그리스도의 사랑과 섬김의 정신으로 세상을 섬기기 위해 부름 받은 이들이라는 소명의식을 갖고 실천하기에 힘써야 한다. 하나님의 나라가 이 세상에 세워지도록 대학교회는 세상을 적극적으로 섬기면서 교회의 생명력과 활력을 유지해 오고 있다.

구세군 자선냄비 참여

대학교회는 2004년 12월 구세군이 주관하는 불우이웃돕기 자선냄비 사역에 처음 참여하였으며, 2008년부터 2012년까지 매년 성탄절을 기해 구세군 불우이웃돕기 자선냄비 사역에 참여하였다. 개신교에 속한 교회로서 구세군 자선냄비 사역에 참여한 것은 우리나라에서 처음 있는 일이었다. 성도들이 자발적으로 자선냄비를 통해 섬김과 봉사를 실천할 수 있는 적절한 장소를 물색했으며, 그 결과 지역에 위치한 대형쇼핑몰 입구에 구세군 자선냄비를 설치하여 봉사활동에 참여할 것을 구세군 본영에 신청했다.

신청한 지 1년 만에 구세군 본영으로부터 허락을 받았으며, 대학교회는 매년 12월 초순부터 성탄절 전날까지 약 15일 동안 자선냄비 봉사를 했다. 봉사에 자원한 교인들은 구세군 사관으로부터 사전 교육을 받은 후, 2명씩 팀을 구성하여 2시간씩 정해진 곳에서 구세군 자선냄비 유니폼을 입고 종을 흔들면서 자선냄비 봉사를 했다. 이처럼 교단과 교파를 초월한 연합사역은 교인들에게 개교회를 넘어 지역사회를 위해 섬김의 은사를 개발하고 활용하는 역량을 제공하였다.

발전 기금 및 장학금 기탁

대학교회는 2004년 5월 계명대학교에 발전기금 기탁식을 갖고 대학교회 장학금으로 1억 원을 전달하였으며, 2007년 5월에도 장학금 1억 원을 전달하였다. 2007년 6월에는 창립 8주년 감사예배 및 임직예식을 드리면서 임직자들이 드린 헌금을 포함한 1,000만 원을 계명문화대학교 장학금으로 기탁하였다. 2010년 3월에도 장학금 4,000만 원을 계명문화대학교에 전달하였으며, 2014년 12월에는 계명문화대학교에 발전 기금 5,000만 원을 전달하였다.

대학교회는 2014년 5월 계명대학교 발전기금 기탁식을 가졌으며, 이후 지금까지 계명대학교에 장학금으로 약 10억 원 이상을 기탁했다. 2003년 9

월에는 연합신학대학원 목회자 4명에게 장학금을 전달하였고, 2006년 1학기에는 학부생 26명과 외국인 학생 3명에게 장학금을 지급하였으며, 연합신학대학원생 2명에게는 교역자 장학금을 지급하였으며, 9월에도 연합신학대학원 재학 중인 교역자 10명에게 장학금을 전달했다.

2007년 4월에는 연합신학대학원에 목회자 장학금 500만 원을 전달하였다. 2008년 11월에는 장학금 수여식을 가졌다. 2010년 1월에는 기탁장학금으로 13명의 학생에게 각 100만 원을 전달하였으며, 2012년 4월에는 대학교회 장학생을 대상으로 워크숍을 가졌다. 또한 대학교회는 그동안 계명대학교에 기탁한 장학기금에서 나오는 이자로 매년 장학금을 지급하고 있으며, 2024년 12월에는 15명의 장학생을 선발하여 전달식을 가졌다.

시설 보수와 집기 기탁

대학교회는 아담스채플 시설 보수와 집기 기탁에도 힘쓰고 있다. 2007년 8월 대학교회 창립 8주년을 기념하여 임직자 일동이 에어컨 3대를 기증하여 208호와 209호에 설치하였다. 2008년 10월에는 냉난방기 3대(1000만원)를 기증하여 친교실에 설치하였으며, 2009년 11월에도 사무실 냉난방기를 학교에 기증하여 설치하였다. 2010년 3월에는 아담스채플의 강단용 카페트를 구입하여 예배와 행사용으로 기증하였다. 또한 2018년 11월에는 아담스채플 시설관리 기금으로 5,000만 원을 냈으며, 2019년 2월에는 연합신학대학원 교회음악학과에 피아노를 기증하였다.

대학교회는 2019년 6월 계명대학교 동산병원과 MOU를 체결하여 선교비 30만 원을 매월 지원하고 있다. 2019년 3월에는 대학교회 창립기념사업으로 계명대학교에 발전기금 1억 5천만 원을 전달하였는데, 중앙아시아 고려인 출신 학생을 대상으로 한 장학금 및 아담스채플 수리비용으로 기탁하였다.

지역사회 봉사활동

대학교회는 지역사회를 섬기는 다양한 봉사활동을 하였다. 2006년 7월에는 지역 보훈 가족을 위한 사랑 나눔 헌금(784,000원)을 기독교사회복지실천협의회에 전달하였다. 2007년 5월에는 외국인 노동자 체육대회를 위해 점심 식사 비용으로 150만 원을 지원하였다. 2012년 11월에는 제1여선교회 주관으로 외국인 근로자교회인 대구평화교회 돕기 행사를 가졌는데, 이후 행사가 더욱 확대되어 대구 지역 외국인 근로자를 위한 추석 행사가 계명대학교 체육관에서 진행되어 오고 있다. 대학교회는 이 행사를 위하여 여러 물품을 지원받아 전달했으며, 아울러 행사를 위한 후원금도 지원하였다.

2012년 12월에는 성탄절을 맞이하여 구제를 겸한 봉사활동을 했다. 이후 성탄절과 부활절 헌금을 지역사회의에서 소외된 이들을 섬기기 위해 구역별로 분담해서 지원하기로 하였다. 각 구역에서는 동사무소의 복지 담당 직원의 도움을 받아 저소득층 가정을 파악하였고, 독거노인들을 대상으로 반찬을 준비하여 배달하는 봉사를 시작하였다.

2005년 1월에는 와촌에 위치한 청구재활원과 탈북가정을 돕기 위하여 300만 원을 지원하였으며, 12월에는 성탄 헌금 전액을 서재에 위치한 둥지장애인교회에 지원하였다. 둥지장애인교회는 1999년부터 여선교회에서 후원하던 교회였는데, 현금과 쌀, 떡국을 지원하였으며, 2016년까지 지속적으로 교류하면서 후원하였다. 또한 둥지장애인교회에서 분리하여 이곡동에 새롭게 개척한 시각장애인들이 중심이 된 하늘빛교회를 제2여선교회는 지금까지 후원하고 있다.

2006년 7월에는 지역 보훈가족을 위한 사랑나눔헌금을 기독교사회복지실천협의회에 전달하였으며, 12월에는 성탄절을 맞이하여 인근 지역 17개 동 100세대에 성탄 선물을 전달하였다. 또한 2008년 3월에는 부활주일을 맞이하여 사랑나눔행사를 가졌는데, 신당중, 와룡중, 다사고의 차상위계층 학생 10명에게 1년 동안 급식비를 지원하였다. 또한 2008년 9월에는 성서복지관과 연계하여 봉사활동을 했는데, 독거노인들을 위해 조별로 점심 반찬을 준비하여 전달하였다. 또한 이들을 대상으로 김장 김치를 직접 담가 배달하였으며 무료 배식 봉사에도 참여하였다.

2008년 11월 추수감사절에는 저소득층 가정 대상으로 천사찾기운동을 통해 김장 김치를 준비하여 배달하였다. 또한 지역의 어려운 경제 형편에 처한 학생들과 미자립 교역자 자녀를 대상으로 식권을 나누었다. 2008년 12월에는 성탄절 헌금으로 독거노인 100가정에 선물을 전달했으며, 2009년 11월에도 천사찾기운동 행사를 가졌는데, 추수감사절 예산 600만원으로 어려운 이웃을 도왔다. 또한 12월에는 성탄절을 맞이하여 신당, 다사, 서재 지역의 50가정에 사랑의 반찬을 준비하여 도시락으로 전달하였다.

2010년 11월에는 제2여선교회 주관으로 독거노인 및 조손가정을 위한 바자회를 개최하였으며, 추수감사절을 맞아 계명1%김장나누기 행사에 참여하였다. 2011년 4월 부활절 헌금 전액(450만 원)을 지역사회의 불우이웃을 위해 사용하였다. 2011년 10월에는 일본 쓰나미 피해 돕기를 위해 기아대책본부를 통하여 100만 원을 후원하였다. 2012년 9월에는 둥지교회를 위한 금요 반찬봉사를 했으며, 2013년 9월에는 비산동 지역 독거노인 무료급식 나눔 봉사활동을 했다.

2013년 추수감사주일 헌금은 계명대학교와 계명문화대학 일용직 근로자들을 위해 사용하였으며, 헌물은 평화교회와 하늘빛교회에 전달하였다. 또한 겨울을 맞이하여 대학교회의 청년대학부, 영어 예배부, 중고등부가 연합하여 지역의 저소득층을 대상으로 한 연탄 나눔 봉사활동도 했다. 2019년 6월에는 갑작스러운 화재를 당해 어려움을 겪게 된 개척 교회 목사 가정에 위로금과 물품을 전달하였다.

2022년 4월 부활절 헌금 전액은 전쟁으로 고통 받는 우크라이나의 피난민을 돕기 위해 사용하였다. 2022년 11월 12일에는 청년대학부가 함양 임불교회를 비롯한 미자립교회 독거노인 및 다문화 가정을 위한 봉사활동을 하였으며, 지역사랑 봉사활동을 2023년 5월에는 성주 송강교회에서, 그리고 11월에는 경산 남산교회에서 진행하였다.

4) 교회음악의 저변 확대

대학교회는 지역사회 및 지역교회와 협력하면서 교회음악의 저변을 확대하기 위해 힘썼다.

성탄 축하 음악회

2013년 12월 16일에는 성탄절을 맞이하여 오르간학과 학생들을 중심으로 핸드벨 팀을 구성하여 '핸드벨과 함께 하는 크리스마스 음악회' 행사를 개최하였다. 2014년에는 제1회 헨델의 메시아 함께 찬양하기 행사를 가졌다. 메시아 함께 찬양하기는 헨델의 오라토리오 <메시아>를 오케스트라의 연주에 맞추어 참석한 모든 회중이 찬양대의 인도에 따라 직접 부르는 행사였다. 관현악 서곡 연주와 솔리스트의 솔로, 이어지는 합창은 대학교회의 성가대원을 비롯한 모든 회중이 각자의 파트로 오라토리오를 함께 부르면서 찬양하는 행사로 자리 잡았다. 해를 더할수록 찬양의 수준이 높아졌으며, 대학교회 성도뿐 아니라 지역의 성도들도 함께 참여하여 합창을 함께 부르면서 성탄을 축하하였다. 메시아 함께 찬양하기는 2019년 12월 2일 제6회 행사로 마무리하게 되었는데, 2020년에는 코로나19 팬데믹으로 인해 중단되었다.

2021년 12월 13일에는 헨델의 메시아 함께 찬양하기 행사 대신 아담스 채플 리모델링 공사를 기념하면서 오케스트라와 브라스밴드와의 협연으로 성탄 축하 음악회를 가졌다. 음악회를 통하여 주님의 평화가 온 누리에 가득 차고, 바이러스 팬데믹으로부터 온전하게 회복되기를 기원하였다. 이후 매년 12월에는 성탄 축하 음악회가 열리고 있다.

2022년 12월 10일 오후 7시에는 “세상의 빛, 그리스도 예수”라는 주제로 성탄 축하 음악회를 개최하였다. 성도들은 인근 식당에서 구역별로 식사하면서 친교를 한 후, 성탄 축하 음악회에 참석하였다. 음악회는 말씀 봉독과 솔리스트(테너 김은국, 소프라노 성정화)의 찬양, 하프 연주 그리고 성가대의 합창으로 구성되었다. 2023년 12월 16일에는 “임마누엘, 그리스도 예수”라는 주제로 음악예배를 드렸는데, 도현정 성우가 성경말씀을 낭독하고 현악앙상블과 브라스퀸텟의 연주, 호른 연주와 대학교회 성가대의 찬양으로 구성되었다.

2024년 12월 17일에는 우리 고유의 성탄 찬송가 중심으로 성탄 축하 음악예배를 구성했다. 기타, 플룻, 트럼펫, 호른, 트롬본, 튜바 연주와 유년부 어린이, 성악 독창과 대학교회 성가대, 푸른초장교회 중국어부와 모든 성도들이 성탄 찬송가를 부르면서 하나님께 영광 돌렸다.

찬양세미나

2016년 9월과 2017년 10월, 그리고 2018년 2월 3회에 걸쳐 대구·경북 지역교회의 찬양대원을 위한 찬양세미나를 가졌다. 대구와 서울의 지휘 전공 교수를 강사로 초청하여 교회음악과 지휘, 성가에 관한 강의를 들으면서 합창 지도와 더불어 성악 지도도 함께 가졌다. 참여한 찬양대원에게는 유익한 배움의 시간이 되었으며, 서로 간의 교류를 통해 찬양대가 발전하는 계기가 되었다.

성가大합창제

대학교회가 주최한 성가大합창제는 대구·경북 지역교회의 성가대들이 함께 모여 하나님께 찬양드리는 뜻깊은 행사였다. 2017년 5월(제7회)과 2018년 6월(제8회), 그리고 2019년 6월(제9회)에 성가大합창제를 가졌는데, 6~7개 교회의 찬양대가 참여하여 한두 곡씩 찬양하였다. 참여한 이들은 다른 교회의 찬양을 들으면서 눈과 귀를 넓게 여는 배움과 도전의 시간이 되었다. 마지막 곡은 연합합창으로 피날레를 장식하였는데, 아담스채플 가득하게 울려 퍼지는 300~400명의 찬양은 깊은 감동과 울림을 선사하였다.

2017년 6월과 2018년 5월에는 수요예배를 통해 교양합창 클래스와 함께하는 찬양 예배를 드렸다. 교양합창 클래스는 한 학기 동안 합창을 배우고 학기 말에 채플 시간에 공연하는 일정으로 진행되었다. 이들을 대학교회 수요예배에 초청하여 학생들이 수업을 통해 배우고 연습한 찬양곡을 연주하면서 성도들과 함께 찬양을 나누는 은혜로운 시간이 되었다. 참여한 학생들은 그동안 연습한 음악을 다른 사람들에게 선사하는 봉사의 기회가 되었으며, 비기독교인 학생들은 예배를 통해 기독교의 진리를 경험하는 기회가 되었다.

2019년 6월 9일은 대학교회 창립 20주년이 된 것을 기념하면서, 주일예배 성가대의 찬양을 특별하게 준비하였다. 평소 성가대의 찬양보다 더 길고 예술적이며 어려운 곡인 W. A. Mozart의 <대관식 미사> 전곡을 준비하여 찬양으로 하나님께 영광 돌렸다.

대학교회는 다음과 같이 교회음악을 통한 지역사회와 지역교회의 섬기는 데 앞장서고 있다. 첫째, 아담스채플의 파이프오르간 연주회를 비롯한 다양한 연주회를 통해 지역사회를 섬기고 있다. 둘째, 지역교회 성가대원의 지속적인 성장과 발전을 위해 성가대원 세미나를 매년 1회 이상 개최하고 있다. 셋째, 성가大합창제를 통해 지역교회 성가대원 간의 교류를 도모하고, 함께 모여 찬양하면서 서로에게 도전을 주고 격려하는 장이 되도록 하고 있다. 넷째, 성가대 지휘자, 오르가니스트, 피아니스트를 위한 세미나를 통해 지역교회 음악인들의 지속적인 연구 활동과 성장을 도모하여 교회음악의 발전에 기여하고 있다.

전교인 수련회

대학교회는 2024년 8월 31일 팔공산에 위치한 평산아카데미에서 “진리와 사랑 안에서 하나되는 대학교회”라는 주제로 전교인 수련회를 가졌다. 평산아카데미는 정갈하게 단장되어 있어 숲속을 거닐며 묵상하며, 식후에 둘러앉아 담소를 나누기에 너무나 쾌적한 장소였다. 분주한 일상에서 벗어나, 함께 찬양하며 말씀을 나누며 공동체 훈련을 통해 친교의 시간을 가지면서 진리와 사랑 안에서 하나가 되는 뜻깊고 유익한 시간이었다.

대학교회 전교인 수련회, 2024년

김용일 목사(계명대 전 부총장)의 “진실한 마음으로 사랑하자”라는 주제의 특강을 통해 ‘말과 혀’로만 사랑하는 것이 아니라 ‘행함과 진실함’으로 사랑할 것과 조화롭고 균형 잡힌 신앙생활에 대해 깊이 성찰할 수 있었다. 청년부가 인도하는 찬양으로 함께 은혜를 나누었으며, 오후에는 푸짐한 경품과 함께 진행된 공동체 훈련을 통해 친교를 나누었으며, 주님의 사랑 안에서 하나 됨을 고백하면서 폐회 예배로 마무리하였다.

6. 결론 및 제언

지금까지 계명대학교가 “진리와 정의와 사랑의 하나님 나라를 위하여”라는 기독교적 건학이념으로 창립되어 126년을 지내는 동안 수많은 이들의 믿음의 헌신과 사랑의 수고로 이루어진 캠퍼스 선교의 발자취를 살펴보았다. 1899년 제중원으로 시작된 계명대학교는 대구 선교지부를 개설하고 예수 그리스도의 사랑과 봉사의 정신으로 섬김을 실천했던 제임스 아담스 선교사, 우드브리지 존슨 선교사, 헨리 브루언 선교사 등 많은 이들의 헌신과 봉사 위에 세워졌다.

예수 그리스도의 공생애 사역은 복음전파(preaching)과 가르침(teaching)과 치유(healing)를 중심으로 한 사역이었다. 이러한 예수의 3대 사역은 대구에서 선교활동을 했던 선교사들에게 그대로 적용되었다. 선교사들은 복음을 전하면서 교회를 세웠고, 계성학교와 신명학교, 그리고 계명대학교를 통해 근대식 교육으로 이 민족과 교회를 이끌 지도자들을 양성하였고, 동산병원을 세워 질병으로 고통받는 이들을 치유하였다. 대구동산기독병원은 병원전도회를 조직하여 환자들에게 기도하며 복음을 전했으며, 전도인을 파송하여 농촌 전도에도 힘썼다. 병원전도회의 출촌진료전도대는 1951년부터 1960년까지 가난하여 의료시설이 없는 농촌 지역에서 큰 성과를 거두었다. 무의촌 단거리 진료 전도와 고아원 순회 진료 전도를 통한 선교 봉사활동은 큰 인기를 끌면서 효과적으로 복음을 전했다.

계명대학교의 설립은 평양의 숭실, 서울의 연세에 이어 대구에서 기독교 정신에 기초한 고등교육의 장을 여는 획기적인 성과였다. 에드워드 아담스 선교사는 간절한 열망으로 선교부를 설득하여 9만 달러를 지원받았으며, 신태식 학장은 계명대학교의 발전을 위해 솔선수범하면서 헌신적으로 봉사하였다. 대명캠퍼스의 아담스관과 쉐턱기념관 사이의 언덕길 옆의 청석 바위에는 "이런 바위산을 깎아 오늘을 마련했다"라는 글귀가 새겨진 조형물이 있다. 이는 초창기 계명인들이 황무지 돌산을 깎아 건물을 세우고 나무를 심고 잔디와 꽃을 가꾸었음을 보여주는 개척 정신과 도전 정신의 상징이다.

설립 당시 계명기독대학이라는 교명에서 알 수 있듯이 계명대학교는 '기독교 정신'을 바탕으로 하는 점에서 다른 학교와 차별성을 지닌다. 초기부터 현재 채플에 해당하는 '경건회'와 '교목제도'를 구체적으로 성문화하여 기독교 정신을 반영했으며, 채플 출석을 수험 자격을 위한 기본 요건으로 명시하였다. 또한 교목실을 두고 기독교 과목 교육을 관장하고, 예배 및 종교 행사를 통해 학생 및 교직원의 신앙지도를 담당하도록 하였다. 그리하여 교목실을 중심으로 한 종교교육은 '예배', '경건회', '수양회' 및 기타의 활동 등으로 진행되었다.

1975년에는 채플성가대가 발족되었으며 채플 시간에 기타 반주를 시도함으로써 학생들에게 적극 다가서며 관심을 촉구하였다. 신앙 수양회는 해마다 봄과 가을 2회에 걸쳐 진행되었다. 계명의 구성원들은 수양회를 통하여 신앙 성숙의 계기가 되었고 비기독교인들은 기독교의 진리를 깨닫고 복음을 받아들여 신앙의 결실을 맺는 기회가 되었다. 또한 다양한 종교지도자들이나 사회 인사들을 초청하여 종교강연회도 진행하였는데, 이를 통하여 신앙심을 고취시키고 종교에 대한 관심을 환기시켰다.

전도·봉사활동은 1956년 7월 경동노회에 전도대를 파견한 것에서 시작되었으며, 방학을 이용하여 농촌 계몽 활동도 겸하여 진행하였다. 또한 학생 동아리는 1957년에서 1959년까지는 전도, 성경연구, 봉사를 목표로 하는 기독동아리가 중심이 되어 진행되다가 1960년부터 친목동아리가 만들어지기 시작하였고, 1963년부터는 학술동아리도 만들어졌다. 1977년에는 교내 종교반 친선체육대회가 열려 기독동아리 회원들끼리 친목을 도모하기도 했다.

계명대학교는 "진리와 정의와 사랑의 나라를 위하여"라는 창립정신을 실현하기 위하여 봉사활동을 지속적으로 진행하였으며, 2015년 3월부터 계명카리타스 봉사센터를 신설하여 다양한 봉사활동을 지속적으로 펼쳐나가고 있다. 교목실에서도 기독교 정체성 확립과 봉사정신을 실천하기 위한 목적으로 2011년부터 2014년까지 미국, 멕시코, 필리핀 및 타지키스탄 등 4개 국가에서 봉사활동을 진행하였다.

교목실에서는 그동안 채플의 형식과 내용을 다양화하면서 여러모로 힘썼다. 열린 채플 외에 영어 채플을 개설하였으며, 리더십 채플, 봉사 채플, 신앙 채플 등 채플의 콘텐츠를 다양하게 기획하였다. 또한 정체성 채플, 관계 채플, 사명 채플, 예식 채플 등을 개설하면서 기독교적 정체성과 소명을 부각했으며 수요예식 채플, 화요아침경건 채플 등을 통해 예배의 회복과 중보기도하는 기독인의 사명을 일깨웠다. 아담스채플의 강점을 살린 오르간 채플을 운영하였으며, 현재는 특성화 채플로 영어 채플과 글로벌리더십 채플과 문학콘텐츠 채플을 운영하고 있다.

교목실 주관으로 기독인들이 연합하여 부활절에는 아침기도회로 모여 캠퍼스 복음화를 위해 기도하며, 추수감사절에는 찬양예배를 드리면서 기독인들의 연대와 협력에 힘쓰고 있다. 또한 교수선교회는 매주 수요일 기도모임을 가지면서 선교에 힘쓰고 있으며, 교수선교합창단은 절기예배와 채플에서 특별찬양을 담당하고 있다. 또한 복음선교회는 월례 예배, 기도회, 봉사활동, 장학금 전달 등의 방법을 통해 학원 선교에 힘쓰고 있다. 대학교회는 주일 오전 11시에 아담스채플 대예배실에서 주일예배를 드리고, 청년대학부는 주일 오후 1시 30분에 중예배실에서 예배를 드리면서 캠퍼스 복음화를 위해 기도하고 있으며, 학교에 기탁한 발전기금의 이자로 캠퍼스 선교를 위해 헌신하는 15명 이상의 재학생들에게 선교장학금을 지급하고 있다.

세계를 향해 빛을 여는 계명대학교가 지닌 특성 중에는 기독교대학으로서의 정체성이 큰 축을 차지하고 있다. 오늘날 기독교대학은 세속화의 위기를 겪고 있는데, 세속화의 위기는 정체성의 약화 또는 상실로 이어질 수 있다. 정체성이란 한 번 약화되고 상실되기 시작하면 다시 회복하기 위해서는 고통스러운 과정을 밟아야 한다. 기독교적 정체성의 강화와 유지를 위해 교목실의 위상과 역할이 중요하며, 교목실은 구성원들과 협력하여 정체성 유지와 회복을 위해 힘써야 한다. 교목실을 비롯한 구성원 전체가 기독교적 정체성이 약화되고 있거나 표류하고 있지는 않은지 점검하고 "의도적으로" 회복하려고 노력하지 않는다면 "다시 돌아가야 할 길은 멀고도 길다"는 것을 인식해야 한다.[273] 교목실은 대학의 구성원들과 다양하게 교류하면서 캠퍼스 선교를 위해 새로운 인식과 소명을 재확인시키는 역할을 감당해야 하며, 이를 위해 계명의 전 구성원이 한 마음으로 적극 협력해야 한다.

계명대학교의 캠퍼스 선교 역사를 마무리하면서 몇 가지 제언을 덧붙이고자 한다. 먼저 채플과 관련하여 채플 강사료를 조정할 필요가 있다. 교목실은 시대적 요구에 맞추어 다양한 문화콘텐츠를 채플에 접목시킬 필요가 있다. 현재 CCM이나 국악 공연, 오르간 채플을 진행하고 있는데, 음악공연 일변도에서 벗어나 연극이나 뮤지컬, 무용 등 좀 더 다양한 콘텐츠를 접목시켜 채플을 운영할 필요가 있다. 이를 위해서는 별도의 특별 예산을 편성하거나 예산 규모를 현실에 맞게 책정할 필요가 있다.

그런데 현재 채플 강사료는 25년 전인 2001년의 수준에 머무르고 있다. 2001년 채플 수업의 질 향상을 위해 드라마, 찬양, 무용팀 및 우수 강사를 초빙하기 위해 강사료를 2배로 대폭 인상하여 특별강사의 강의료는 10만원에서 20만원으로, 일반강사의 강의료 5만 원에서 10만 원으로 상향 조정하였다. 그런데 현재 채플 강사료를 보면, A급 강사는 시간당 20만 원, B

273 허도화, "기독교대학의 정체성을 회복 방안: 기독교인 교수의 책임과 역할을 중심으로," 『대학과 선교』 19 (2010. 12), 77.

급은 15만 원, 인근 지역의 강사는 10만 원 수준이다. 낮은 강사료로 인해 유명 공연팀이나 강사를 모시지 못하는 어려움이 많은데, 실현가능한 수준으로 강사료를 개선할 필요가 있다.

신앙 강화 주간과 같은 특별한 행사를 기획하여 신앙을 환기시킬 필요성이 있으며, 채플 이수율을 높이기 위해 보충 채플을 실시할 필요가 있다. 또한 다종교 시대를 맞이하여 외국인 유학생이 급증하고 있는데, 이들에 대한 관심과 선교적 접근이 시급하다. 한때 교수선교회를 중심으로 외국인 유학생을 품고 섬긴 적이 있지만, 현재는 부족한 인력과 관심 부족으로 인해 유학생 선교를 적절하게 하지 못하고 있는 실정이다.

교목실을 중심으로 학원 선교의 효율성을 강화하기 위해 좀 더 체계적인 조직 구성과 효율적인 인력 활용이 필요하다. 현재 계명대학교에는 교목실과 기독교학과, 연합신학대학원, 타불라라사대학, 각 단과대학 등 목사안수를 받은 교수들이 다른 학교에 비해 상대적으로 많다. 목사 안수를 받은 교수들을 단과대학별 책임교목제로 세우고 구성원들을 세밀하게 보살피는 역할과 책임을 부여한다면, 이들이 책임감을 갖고 선교를 효율적으로 감당할 수 있을 것이다. 교목실과 연계한 책임교목을 중심으로 선교를 동력화할 필요가 있다. 기독교적 정체성을 유지하고 실천하는 노력에 핵심 역할을 감당할 학과별 신앙지도교수를 발굴하여 세우는 작업이 필요하다. 책임교목과 신앙지도교수를 중심으로 단과대학이나 학과별 성경공부 모임이나 신우회 모임을 부활시킬 수 있을 것이며, 이를 위해 적극적인 행정적인 지원도 필요하다.

또한 기독교인들의 연합 모임이 활성화될 필요가 있다. 2000년대에는 예수대행진 행사를 통해 기독인들의 존재감을 드러내며 다채로운 선교 활동을 펼쳤는데, 현재 진행하고 있는 부활절과 추수감사절 연합행사 외에, 캠퍼스 선교에 활기를 불어넣는 새롭고 창의적인 행사들이 기획되고 시도될 필요가 있다. 이를 위해 중보기도 모임과 신우회 모임이 활성화되도록 힘쓸 필요가 있다. 먼저 학과나 단과대학별로 교수들과 학생들이 모여 기도하는 데서 시작되어야 할 것이며, 기도 모임을 한데 모아 연합행사로 발전시킬 필요가 있다. 또한 계명인성교육원에서 인성 관련 비교과프로그램이 다채롭게 진행하고 있는데, 기독교적 창립정신과 접목시켜 다양한 기독교 인성 프로그램을 새롭게 시도할 필요가 있다.

이상에서 계명대학교 126년의 선교 역사의 발자취를 살펴보았다. 본 저서를 통해 교목실의 역할과 위상뿐 아니라 캠퍼스 선교의 중요성을 환기시키고 통찰력과 비전을 일깨우는 계기가 되었으면 한다. 그동안 대학교육의 세속화, 시장화, 정보화로 인한 극심한 변화 속에서 캠퍼스 복음화는 어려움을 겪고 있는데, 캠퍼스 복음화를 위해 힘썼던 신앙 선배들의 사랑과 헌신, 섬김과 봉사를 계승하여 복음에 대한 뜨거운 열정을 품고 매진하는 신실한 계명인이 더 많이 일어나기를 소망한다.

참고 문헌

계명대신문사, 『계명대신문: 축쇄판 1~5』, 대구: 계명대학교, 1994.

계명대신문사, 『계명대신문 CD 자료 - 1996~2003년도』 771호~920호.

계명대학교, 『21세기 대학의 이념: 미래를 향한 계명의 청서』, 대구: 계명대학교출판부, 1996.

계명대학교 120년사 편찬위원회, 『계명대학교 120년사』, 대구: 계명대학교출판부, 2019.

계명대학교 간호대학 100년사 편찬위원회, 『빛을 여는 어제와 오늘 계명대학교 간호대학 100년사: 1924-2024』, 대구: 계명대학교 간호대학, 2024.

계명대학교 동산의료원, 『동산의료원 100년: 1899~1999』, 대구: 계명대학교 동산의료원, 1999.

계명대학교 성서이전사 편찬위원회, 『계명대학교 성서캠퍼스 세계를 향해 빛을 비추다』, 대구: 계명대학교출판부, 2024.

교육희년기념사업준비위원회, 『행소』, 대구: 계명대학교출판부, 2016.

교재편찬위원회, 『빛을 여는 전당』, 대구: 계명대학교출판부, 2010.

김문영, 『한국 기독교대학 채플에 대한 비평적 연구』 미간행 박사학위논문, 2011년 6월.

김중순·이은숙, 『이 사람들아, 지금 머하노?』, 서울: 소통, 2009.

김중순 편역, 『아, 대구! 브루엔 선교사의 한국생활 40년』, 대구: 평화당출판사, 2013.

대구경북교수선교회 편, 『기독교수행전』, 대구: 조이트리, 2016.

도널드 R. 플레처, 『십자가와 수술칼』, 대구: 동산의료선교복지회, 2021.

동산의료선교복지회, 『한 알의 밀알이 되어』, 대구: 동산의료선교복지회, 2021.

리처드 베어드, 숭실대학교 뿌리찾기위원회, 『윌리엄 베어드』, 서울: 숭실대학교출판국, 2016.

빛을여는계명인편찬위원회, 『빛을 여는 계명인』, 대구: 계명대학교 출판부, 2017.
장봉학, 『한국선교의 개척자들』, 부산: 육일문화사, 2016.
초창기의계명인편집위원회, 『초창기의 계명인』, 대구: 계명대학교 출판부, 2004.
허도화, "기독교 대학과 교목실의 역할과 구조," 『대학과 선교』 11집, 2006년 12월.
허도화, "한국교회의 위기극복을 위한 대안교회로서의 대학교회," 『대학과 선교』 19집, 2010년 12월.
허도화, "기독교대학의 정체성 회복 방안: 기독교인 교수의 책임과 역할을 중심으로," 『대학과 선교』 19집, 2010년 12월.
허도화, "신앙과 학문의 통합을 위한 복음적 인성교육," 『신학사상』 173, 2016년 여름.

색인

ㄱ

ㄴ

ㄷ

ㄹ

ㅁ

ㅂ

ㅅ

ㅇ

ㅈ

ㅊ

ㅋ

ㅌ

ㅍ

ㅎ

A-Z

이종원

숭실대학교 철학과(B. A), 장로회신학대학원(M. Div.), 연세대학교 연합신학대학원(Th. M)에서 수학한 후 숭실대학교 대학원(Ph. D.)에서 기독교윤리학으로 철학박사 학위를 받았다. 숭실대학교 베어드학부대학 조교수를 거쳐 계명대학교 교목실장과 연합신학대학원장을 맡았으며, 한국기독교사회윤리학회의 학회장을 역임하였다. 현재는 계명대학교 타불라라사대학 부교수로서 교목으로 재직하고 있다. 저서로는 『기독교윤리로 보는 현대사회』, 『기독교 생명윤리』, 『희생양과 호모 사케르』(2020년 세종 우수학술 도서 선정), 『선한 영향력과 서번트 리더십』, 『기독교협동조합론』 등이 있으며, 그 외 다수의 공저가 있다.

저서 목록

『기독교윤리로 보는 현대사회』, 북코리아, 2011.
『기독교 생명윤리』, 북코리아, 2013.
『희생양과 호모 사케르』, 계명대학교출판부, 2019.
『선한 영향력과 서번트 리더십』, 계명대학교출판부, 2021.
『기독교협동조합론』, 계명대학교출판부, 2024.
이종원, 류은숙 공역, 『히포크라테스와 생명윤리』, 북코리아, 2013.
공저, 『성서다시보기』, 숭실대학교출판부, 2008.
공저, 『가치가 이끄는 삶』, 동연, 2013.
공저, 『능력주의의 함정』, 새물결플러스, 2023.
공저, 『한국기독교사회윤리의 흐름과 전망』, 선학사, 2024.